MOI, GIUSEPPINA VERDI

KARINE MICARD

MOI, GIUSEPPINA VERDI

roman

ROBERT LAFFONT

Nous souhaitons remercier les Éditions Jean-Claude Lattès pour leur aimable autorisation à reproduire certaines lettres de Giusepppe Verdi, traduites par Sibylle Zavriew et publiées à Paris en 1984.

À ma fille Julie, mon étoile adorée.
Et à mes parents,
qui m'ont appris à aimer sans mesure.

Sommaire

Prologue
1852

2 février 1852, théâtre du Vaudeville,
boulevard des Capucines – Paris

Le fiacre bleu à galerie attelé de deux magnifiques chevaux noirs se dirige à vive allure vers le boulevard des Capucines. Il ne faut pas être en retard à la représentation ! Au travers des fenêtres, Paris défile : les travailleurs, harassés, rentrent chez eux à pied, les promeneurs oisifs savourent leur soirée qui commence à peine. Il fait encore très froid à cette période de l'année : quelques gouttes de pluie commencent à tomber et bientôt les parapluies s'ouvrent. Je me blottis un peu plus contre mon voisin... Je touche machinalement le bras qui m'enlace affectueusement l'épaule, et je le caresse avec amour ; je me sens bien, je suis en sécurité avec l'homme que j'aime. Il est bercé par les chaos de la chaussée, il semble déjà être loin. J'aime la richesse de son monde intérieur, j'en perçois la musique à travers son regard. La musique... La musique habite Giuseppe et rythme chacune de ses pensées ; à moins que ce ne soit le contraire ?

Ce soir, mon homme a les yeux rieurs ; c'est un staccato ! Devant le théâtre du Vaudeville, le cocher vient nous ouvrir et nous tendre un parapluie. Giuseppe me précède pour mieux m'aider à descendre : mon cachemire, dont la pointe touche à terre, laisse échapper de chaque côté les larges volants d'une robe de soie. Très excitée à l'idée d'assister à ce spectacle, et dans le secret espoir de triompher de mes trente-sept ans, je me suis vêtue de mes plus beaux atours. Comme avant. Comme à l'époque de mes succès. Cette fois pourtant, ce n'est pas moi qu'on s'apprête à applaudir. J'attends cette soirée avec impatience : je connais le thème de l'œuvre pour avoir lu le roman à sa parution, il y a quatre ans. Je m'étais alors totalement identifiée à l'héroïne, tant à travers elle resurgissait mon passé.

Quelques regards bienveillants se tournent vers nous, nous sourient et nous saluent avant d'entamer une conversation dont nous sommes très certainement le sujet. Un petit vendeur de programmes annonce fièrement le spectacle du soir : « Mesdames et Messieurs, demandez le programme, *La Dame aux camélias*, la pièce d'Alexandre Dumas fils en cinq actes, demandez le programme !... »

Il règne dans le hall du théâtre une ambiance de liesse, une atmosphère euphorique, une excitation contagieuse. Les journaux ne parlent que de cette comédie de mœurs, interdite l'année dernière pour immoralisme. Le duc de Morny, ministre de l'Intérieur et frère utérin de Napoléon III – séduit par la peinture réaliste de la passion amoureuse entre

Marguerite Gautier et Armand Duval – vient de lever
la censure, et la première représentation a lieu ce soir.

Ça y est, la sonnerie retentit. Il est temps de
prendre place.

Qu'il est beau, mon Giuseppe, dans son smoking ;
son chapeau haut de forme lui sied bien, sa
démarche lui confère une certaine noblesse son
regard juvénile gris-bleu étincelle. Ah, ce regard
perçant... Quand il me fixe, il met mon âme à nue,
le temps se fige, je n'ai plus d'autre repère que lui.
Même si sa barbe et sa canne le vieillissent un peu,
une candeur générale émane de toute sa personne
à l'aube de ses quarante ans.

Ces derniers jours, il est plus épanoui que jamais.
Il a retrouvé une âme d'enfant intrépide, toujours
prêt à s'extasier d'un rien et il me prodigue des
trésors d'affection.

Il me tient enlacée, et avant de suivre la foule qui
entre dans la salle, il me retient par la hanche, me
fait pivoter vers lui, essuie tendrement une goutte
de pluie sur ma joue gauche. « Tu es très belle,
ce soir, ma Peppina... Je te retrouve comme au
premier soir. » La façon dont il me caresse la joue
m'émeut. Je suis comme une adolescente, jamais
un homme ne m'a aimée avec autant de respect.
Giuseppe à Paris ne se soucie pas du regard que
posent sur nous les passants, je le sens libre et
insouciant, très sûr de lui et de ses engagements.

Oh, comme je l'aime !
Depuis dix ans déjà ! Il lui en a pourtant fallu du

temps pour m'aimer librement, sans remords, sans honte, sans retenue et sans pudeur...

Les ragots du petit monde de Busseto – dont les habitants ne tolèrent pas que nous vivions ensemble sans être mariés – nous ont fait fuir momentanément l'Italie. Nous aimons nous retrouver à Paris, dans l'anonymat de la grande ville, d'autant que c'est ici que nous avons appris à vivre ensemble. Ici, nous nous sentons invincibles, et plus amoureux que jamais. Quand je ne donne pas de cours de piano, auxquels mon Giuseppe assiste parfois assis discrètement dans un des angles de la pièce, nous passons nos journées à flâner dans les rues, malgré l'hiver. Giuseppe éprouve un plaisir évident à évoluer en toute liberté dans le cercle de ses fréquentations parisiennes. Nous allons au concert et à l'opéra, mais il nous arrive aussi de rester des soirées entières dans notre appartement, à nous aimer.

Nous nous sommes installés à la mi-décembre dans notre nid d'amour de la rue Saint-Georges, au lendemain du coup d'État : l'ambiance parisienne n'était pas à la sérénité. Le palais Bourbon avait été occupé par la troupe, la fusillade du 4 décembre sur les Grands Boulevards avait fait une centaine de victimes et éclaboussé de sang le nouveau régime. Louis Napoléon Bonaparte, futur Napoléon III, président de la République française depuis trois ans, conservait de force son pouvoir, violant la Constitution de la IIe République.

Nous suivons la suite des événements dans la presse ou dans les salons où toutes les conversations tournent autour de la politique.

Tandis qu'une ouvreuse nous place dans une loge, Giuseppe me prend la main dans un mouvement très affectueux, et me regarde en souriant tendrement. Je suis heureuse.

Le spectacle auquel nous nous apprêtons à assister va agir comme une catharsis sur notre relation amoureuse. L'histoire de ce drame est bouleversante : femme du demi-monde, Marguerite Gautier tombe amoureuse d'un jeune bourgeois, Armand Duval, qui l'emmène vivre à la campagne et lui fait abandonner sa vie de courtisane. Mais le père d'Armand intervient auprès de Marguerite et obtient d'elle qu'elle rompe avec son fils : elle laisse croire à Armand qu'elle le quitte parce qu'elle a cessé de l'aimer... Or seuls l'esprit de sacrifice et sa volonté de ne pas entacher la réputation de l'homme qu'elle aime en le fréquentant la font s'éloigner de lui. Son désespoir accroît la maladie de poitrine dont elle était atteinte et dont elle meurt, après avoir avoué toute la vérité à Armand dans un petit carnet qu'elle n'aura jamais l'occasion de lui remettre en mains propres.

En lisant ce roman la première fois, j'ai été émue aux larmes par la ressemblance entre mon parcours et celui de cette jeune femme. Mise en scène, la dramatique du thème prend ce soir une nouvelle dimension et j'ai l'impression de découvrir en même temps que Giuseppe (qui n'a contrairement à moi jamais lu l'œuvre) la pièce qui se joue devant nous. L'histoire de Marguerite Gautier, dont tout Paris sait qu'elle est autobiographique – Alexandre

Dumas fils a vécu une histoire d'amour avec la belle courtisane Marie Duplessis, morte de tuberculose à l'âge de vingt-trois ans –, trouve aussi en Giuseppe des résonances intimes.

Comme Marguerite, j'ai été une *traviata*, une « dévoyée », multipliant les frasques sentimentales et m'étourdissant dans les tourbillons de la vie nocturne. Et le père d'Armand est la réplique théâtrale de Carlo Verdi, le père de Giuseppe, cet homme si exigeant, intransigeant et soucieux des convenances... Je ne sens pas tout de suite les larmes couler sur mon visage mais perçois en revanche la musique qui se joue dans la tête de Giuseppe dès que les mots se transforment pour lui en notes silencieuses. Je ferme les yeux, je l'entends de façon de plus en plus distincte... La musique est là, entre nous, avec nous, comme toujours. Des mesures dépouillées et poignantes pour traduire la passion de l'amante blessée et des accompagnements plus légers pour exprimer l'apparente frivolité de la vie de la courtisane. Giuseppe est absorbé par la pièce, il est très loin, et pourtant si proche de moi à cet instant : il a resserré l'emprise de sa main sur la mienne jusqu'à m'en faire mal.

Je le regarde... L'émotion dont il a triomphé quelques instants plus tôt est plus forte que lui, il porte une main à ses yeux : c'est la première fois de ma vie que je le vois pleurer. Une source d'inspiration magistrale vient se combiner à ses émotions dans une confusion d'images et de sentiments. J'y accède, je suis dans sa tête, dans son cœur, dans sa vie.

J'entends ta musique Giuseppe, je l'entends et je la comprends mieux que jamais à cet instant.

ACTE I

*Ces notes qui se bousculent dans ma tête, ces airs entê-
tants... Je dois à tout prix les ordonner. Marguerite
Gautier dans* La Dame aux camélias, *c'est toi ma
Peppina ! Laisse-moi imaginer un instant ce que fut ta
vie avant qu'on se rencontre et je tiendrai là ma mélodie,
les notes viendront à moi sans que j'aie à les chercher.
Mon personnage s'appellera Violetta, en hommage à ta
fleur préférée.*

*L'acte I s'ouvre sur des festivités que tu donnes dans le
magnifique appartement parisien que t'a offert ton protecteur, un baron : tes convives s'apprêtent à envahir les
lieux. Je te vois évoluer dans ce décor qui ne te ressemble
pas, trop grand, trop froid, trop luxueux. Tu vérifies si
tout est à sa place, toi qui, à vingt ans déjà te soucies de
l'élégance de ton intérieur. Tu n'en reviens pas toi-même
d'évoluer au sein de l'élite, de toucher du doigt la richesse
et ses extravagances. Tu tournoies dans ce vaste salon,
préoccupée par de nombreux détails ; tu es excitée de
recevoir autant de monde, tu te persuades que tu es faite
pour cette vie, mais pourtant, dans ton cœur, une angoisse
sourde t'étreint... Tu es si triste, si seule.*

Mon prélude introductif sera intime et déchirant, comme l'état de ton cœur malgré la fête. Un prélude bref et dense, une sonorité suave et veloutée, saisissante. Une atmosphère qui tranche radicalement avec la fête qui éclate quelques mesures plus tard. Violetta... ma Giuseppina, si douce et tendre dans tes années de perdition, je sais ce que tu as souffert, je devine les sacrifices que tu t'es imposé, je sais tes nombreux moments de trouble, de désespoir et d'égarement. Cette mort à laquelle mon personnage est condamné du fait de la maladie me ramène à celle que tu as failli bien des fois te donner.

Le baron est dans son bureau, juste à côté, tu l'entends tousser. Tu te figes soudainement. Les larmes coulent sur tes joues. Tu aimerais tellement connaître la liberté, ne dépendre de personne, et ne devoir ton succès qu'à ton talent... Pourquoi t'es-tu à ce point acharnée à suivre une voie qui ne te correspondait pas ?

On sonne à la porte : ce sont tes convives, qui viennent « faire la fête ». Pour fêter quoi, au juste ?

Parmi eux, un homme, fervent admirateur. Je l'appellerai Alfredo. Dès le premier regard, tu sais qu'il scellera une part de ton destin, mais tu t'en défends tout d'abord. L'attitude d'Alfredo irrite le baron : au moment de porter un toast, c'est Alfredo qui chante le brindisi, *cet air qui invite à boire à la gloire de l'amour : « Libiamo, libiamo », que tu reprends en chœur, célébrant l'allégresse et la joie. Tandis que tous s'apprêtent à passer au salon pour danser, tu pâlis soudain et dois te rasseoir pour ne pas céder à un malaise qui t'envahit. Seul Alfredo reste à tes côtés, profitant de l'occasion pour être seul avec toi et te déclarer sa flamme. Bien que bouleversée par l'éveil de l'amour, tu n'oses pas tout de suite t'abandonner au*

bonheur. Tu le rejettes en lui faisant cependant la promesse de le revoir. Une fois seule, le souvenir d'Alfredo te
poursuit. Cet homme contraste tellement avec ceux que tu
as l'habitude de fréquenter : il s'intéresse à toi pour ce que
tu es au fond de toi, pas pour ce que tu représentes.

Le protecteur

À dix-sept ans et demi, une force invisible me pousse à affronter la réalité de toute mon énergie. Le compte à rebours est engagé, l'avenir se dessine. Il n'y a pas une minute à perdre ! Je suis bien décidée à prendre mon avenir en main avant même la fin de mes études ; je sens que deux années supplémentaires d'attente et de théories pourraient freiner mon ascension. Je m'estime déjà suffisamment chanceuse d'avoir pu poursuivre l'enseignement du conservatoire de Milan, cette école si sélective et si impitoyable à l'égard des femmes. Mais depuis que mon père n'est plus, je me sens portée par le devoir de me réaliser, plus déterminée que jamais à prouver au monde entier que je suis sa digne héritière tant par le talent que par la volonté.

Quand j'ai retiré mes chaussures, un petit papier griffonné est tombé de mon corset... C'est le contact que cet homme qui organisait le concert à la mémoire de Papa m'a donné. Comment s'appelle-t-il, ce monsieur, déjà ? Je retourne le papier, déchiffre l'écriture :

Acte I

Signore Camillo Cirelli,
Costumes et décors de théâtre « Bel canto »
Via Filodrammatici
Milan

Un agent théâtral qui tient un magasin de costumes et de décors de théâtre ? Je remets mes bottines, ma cape, sors de ma chambre de bonne et me dirige vers cette rue, en préparant mentalement un discours que ma spontanéité et mon sens de l'improvisation modifieront quoi qu'il en soit, et rendront inutile comme à l'accoutumée. Je n'ai pas de mal à repérer le magasin dans la rue : des tas d'étoffes recouvrent des mannequins de cire en vitrine dans une reconstitution de scène théâtrale. Un lourd rideau pourpre encadre la porte d'entrée qui émet un tintement de carillon quand je la pousse. Dans la pénombre de la boutique, je crois discerner deux hommes qui, dans un même mouvement, lèvent la tête. Ils sont affairés à assembler des éléments de décor dans le fond du magasin. Une forte odeur de poudre de riz me parvient, la même que celle du Teatro Grande dans lequel jouait mon père – son image s'impose fugacement à mon esprit, le temps que mes yeux s'acclimatent à l'obscurité du lieu. Une vague d'émotion me transperce le cœur.

— Mademoiselle, je peux vous aider ?

Un homme bedonnant aux cheveux gris et à l'allure avenante s'approche de moi, l'air curieux, tandis que son collègue replonge dans son jeu de construction. Il doit avoir un peu plus de cinquante ans ; il a l'allure d'un bon médecin de province, plutôt jovial.

— Bonjour monsieur, je cherche le *signore* Cirelli.

— Lui-même, me dit-il, d'une voix puissante et grave. À qui ai-je l'honneur ?

— Giuseppina Strepponi, dis-je dans une révérence.

Mais il me coupe aussitôt :

— Strepponi, Strepponi... Vous êtes la fille de Feliciano ?

— En personne !

— Entrez, entrez, je vous en prie ! Je connais bien Feliciano ! Je vous ai même déjà croisée, une fois, jolie demoiselle, à une soirée qu'il organisait à Monza. Mais je ne vous aurais pas reconnue, j'ai le souvenir d'une enfant ! Vous êtes devenue une jeune femme... ravissante ! Votre papa est un homme exquis, d'une culture et d'une sensibilité hors du commun.

— Était, monsieur, était : Papa est décédé il y a cinq jours. Mais je vous remercie, je ne me lasse jamais d'entendre ce genre de témoignages.

Il y a un silence. Cirelli me dévisage avec émotion.

— Pardonnez-moi, mademoiselle, on ne m'a pas prévenu de sa mort. Il était encore si jeune... Recevez mes sincères condoléances.

— Merci, monsieur. Vous ne pouviez pas le savoir, je fais éditer demain seulement dans la *Gazetta di Milano* le faire-part de son décès. Il avait tellement d'amis dans cette ville...

Cirelli me propose de le suivre dans l'arrière-boutique, là où se situe son « bureau ». J'hésite, mais son collègue écoute notre conversation et je redoute les oreilles indiscrètes. En passant à ses côtés, Cirelli me présente :

— Voici mon collaborateur Antonio Bassi – je lui fais une élégante révérence. – Antonio, voici Giuseppina Strepponi, fille du regretté Feliciano qui était mon ami.

— Nous avons un ami commun qui m'a beaucoup parlé de vos talents : signore Lanari !

— Signore Lanari ?

Je me sens rougir, car je ne sais pas de quel talent Lanari a bien pu oser parler à cet homme dont le regard perçant et lubrique ne me dit rien qui vaille.

— Signore Lanari est un grand professionnel et j'ai eu l'honneur de bénéficier de quelques-uns de ses conseils en effet.

Le bureau de taille moyenne présente un joyeux désordre de partitions et de dossiers. Un chevalet trône au centre. L'endroit, encombré de miroirs et de meubles sent le tabac, les pommades et le moisi. On dirait une loge de théâtre bien que tout laisserait penser plutôt à un joyeux lupanar. Cirelli dégage quelques costumes qui jonchent le sol – des costumes de femmes – et me propose le canapé, tandis qu'il me sert déjà une coupe de champagne.

— Monsieur, je ne veux pas vous déranger !

— Je vous en prie, Giuseppina, me répond-il, me tendant la coupe, je dispose de tout mon temps.

— Signore Cirelli, voilà ce qui m'amène à vous. Je suis étudiante au conservatoire de Milan, en seconde année. Il me reste deux ans à effectuer jusqu'au concours, mais maintenant que Papa est décédé, je ne suis plus en mesure de financer mes études. Je vais avoir besoin de gagner ma vie, parallèlement, pour poursuivre ma scolarité et aider ma famille. Je sais chanter, jouer du piano et du clavecin. – Je balbutie, perdant progressivement mon faux aplomb : – Pourriez-vous me recommander en tant que remplaçante auprès des théâtres de la ville ?

Cirelli m'apprendra plus tard que la clarté de ma requête et ma franchise déconcertante l'avaient à cet instant beaucoup séduit.

— Mmmh... si je vous donne une partition, vous sauriez la déchiffrer spontanément, et me faire une petite démonstration ?

— Euh... oui !

J'ai à cet instant ma carte à jouer, ce n'est pas le moment de faillir.

Il se lève, saisit une partition qui dépasse d'une pile poussiéreuse et me la tend. Il s'agit de *La gazza ladra* (*La Pie voleuse*) de Rossini. Je l'ai très longuement étudiée au conservatoire, et j'en connais toutes les mesures. J'avais deux ans à sa création, les mélodies de cet opéra ont souvent empli la maison familiale.

Je me lève, pose ma coupe de champagne sur un guéridon, place la partition sur le chevalet, repère l'extrait le plus mélodique de l'ouverture, éclaircis ma voix puis sans effort, me laisse porter par mes émotions en fermant les yeux. Comme chaque fois que je chante, une assurance qui me vient de loin m'aide à me concentrer et me transporte dans des sphères musicales enchanteresses. Ma voix devient de plus en plus cristalline au fur et à mesure que disparaît mon anxiété. Quand je me sens suffisamment à l'aise pour rouvrir les yeux, je risque un regard en direction de Cirelli : il me fixe avec admiration, désir et stupéfaction. Il est accoudé au divan, une main sur une cuisse, l'autre sur la bouche, dubitatif. Il se lève tout doucement, s'approche de moi, saisit mes deux mains, les porte à ses lèvres et les baise longuement. Puis il prend sa coupe, me tend la mienne, trinque et boit en l'honneur de Rossini !

J'ai mon agent.
Et je crains d'avoir, par la même occasion, trouvé mon « protecteur ».

Il me donne rendez-vous le lendemain, après mes cours, me promettant de réfléchir à des idées pour moi. De retour à la maison, je suis très excitée à l'idée d'intégrer peut-être déjà le monde concret du travail. S'il souhaite me revoir si vite, c'est qu'il compte sûrement me faire une proposition.

Le lendemain, pour me saluer, il enlève d'un geste passionné et viril mon châle, et se montre un peu plus entreprenant. Je tente de freiner ses ardeurs en feignant la timidité. Il se ravise, s'excuse de son empressement, et m'invite à m'asseoir à son bureau. Il me dit qu'il a parmi ses contacts professionnels plusieurs directeurs de théâtres qui le sollicitent régulièrement pour des remplacements de musiciens ou de chanteurs au pied levé. Si je signe avec lui, je m'engage à libérer mes soirées chaque fois qu'une date m'est proposée. Je serai payée à la soirée de représentation.

J'accepte chacune des conditions sans discuter.

Je le remercie en me levant et en allant l'embrasser sur la joue spontanément. Il est surpris, il rougit.

— Camillo... Comment puis-je vous remercier ?

Je lui pose la question avec une moue que j'ai appris à travailler au cours de théâtre.

— En acceptant de dîner avec moi ce soir, par exemple !

Ai-je le choix ? Bien sûr que non.

Je l'ai un peu éconduit tout à l'heure, je ne peux pas une fois encore me dérober ; il se lasserait très vite de ma réserve et ne répondrait plus à mes attentes...

J'entre dans le monde de la feinte et de la comédie par la porte d'honneur. Ce soir-là, lors du dîner dans un des plus beaux restaurants de la ville, je m'aventure à parler à Cirelli des soucis matériels que je rencontre depuis la mort de mon père : mes oncles, qui m'ont jusqu'ici si gentiment aidée, ne pourront pas payer ma dernière année au conservatoire, d'où la nécessité de gagner ma vie. Il m'apprend que, sur une demande auprès d'une commission, après étude de mon dossier et de ma situation familiale, je peux prétendre à une année d'études gratuites aux frais de Sa Majesté impériale. Je saurai m'en souvenir. Il m'interroge ensuite sur ma formation, le répertoire dans lequel je suis le plus à l'aise, mes goûts musicaux et mon enfance.

Cet homme s'intéresse visiblement à moi. Je joue de mon charme et je reste spectatrice du dîner en m'écoutant lui répondre avec des simagrées. Mon manège est toutefois plutôt naturel ; cet homme ne m'attire pas, notre différence d'âge m'effraie un peu. Je n'aime pas son allure, sa façon de manger les huîtres m'écœure, celle de servir le champagne manque de distinction, mais je le regarde comme s'il était la huitième merveille du monde. Et il entre dans mon jeu. Il y a chez lui quelque chose de très paternel qui me soulève le cœur. Je crois que je pourrais finalement apprendre à le supporter. J'apprends qu'il est marié, qu'il a une fille de mon âge – Dieu préserve Maman de l'apprendre un jour ! – qu'il pratique le métier d'agent depuis bientôt dix ans et celui d'imprésario du théâtre de Trieste depuis peu, qu'il vit très bien de son négoce grâce à son association avec Adolfo Bassi qui possède le commerce de costumes et de décors depuis une quinzaine d'années. Il m'explique qu'il préfère de loin mettre en place lui-même les spectacles plutôt que se contenter de repérer de jeunes talents qu'il loue pour quelques saisons. Son rêve est de parvenir à égaler Lanari, le « Napoléon des imprésarios » et Merelli, l'imprésario de la Scala. Il faut être combattant, orgueilleux, vorace et retors pour évoluer dans ce milieu de stratèges ! Il est celui qu'il me faut pour gravir les échelons de ma carrière. Maintenant que je l'ai approché, il faut que je le garde près de moi.

Après le repas, il m'entraîne dans sa garçonnière, via dei Angelii, où, sans trop s'encombrer de préambules, il m'allonge sur le lit ! Je lui offre mes faveurs, prenant garde de paraître extrêmement débutante en ce domaine, alors que la nature et mes premières expériences m'ont dotée d'un sens aigu de la volupté. Son souffle dans mon cou, ses gémissements et les rougeurs de son visage me dégoûtent. Je ferme les yeux et me projette sur une scène où j'interprète un rôle de femme éperdue d'amour.

Je repars, non sans l'avoir chaleureusement embrassé, consciente de jouer parfaitement le rôle de composition qui m'aidera à poursuivre mon défi.

Je devrais être transportée de joie, un agent compétent m'a remarquée, mais je me sens triste ; je me sens oppressée, et une petite voix me dit que je suis dans l'erreur, qu'il faut que je reste maîtresse de mon corps et que je me traite avec plus de respect. Une autre voix intervient, plus sensée cette fois : « Giuseppina... félicitations ! C'est comme ça qu'il faut agir pour atteindre ses objectifs et rester fidèle à ta promesse. »

Hélas, le sentiment de honte prédomine et je m'endors ce soir-là avec une forte impression de perte.

Trois jours plus tard, Cirelli me fait parvenir des fleurs au conservatoire. Avec un petit mot :

Je vous attends à mon domicile ce soir à vingt heures. Soyez à l'heure pour signer votre premier contrat...

La promesse

1815 – Lodi

Résidant à Lodi – patrie de Franchino Gaffurio, compositeur du XVe siècle et théoricien de la musique –, mon père, Feliciano Strepponi, avait su gagner l'estime de ses concitoyens. Il eut la chance d'évoluer dans un climat familial musical : ses frères et son père, furent eux-mêmes des musiciens. Il présenta très rapidement des prédispositions naturelles, et étudia la musique en suivant des cours particuliers, et ses professeurs remarquèrent très vite son talent. En fidèle bonapartiste, il se fit connaître en dirigeant le solennel *Te deum* dans la cathédrale de Lodi, pour célébrer le retour de l'Empereur en 1812 ; il n'avait alors que quinze ans. À dix-huit, il acheva la composition de son tout premier opéra, qu'il comptait présenter au concours du conservatoire de Milan. Marié à Rosa, Feliciano souhaitait assumer financièrement sa famille qui était à la veille de s'agrandir, et savait qu'il était temps pour lui d'achever ses études. Son rêve le plus cher était de vivre de sa musique et il était intimement convaincu qu'il était sur le point de le réaliser ; il estimait donc qu'il était parfaitement inutile de perdre son temps dans un emploi alimentaire qui l'éloignerait de sa passion. Frère Paolo Bonfichi, organiste et maître de chapelle de Loreto, une bourgade près de Lodi, l'encouragea en ce sens. « Tu ne dois pas composer une musique pour la reconnaissance de tes œuvres. Cherche à donner plutôt qu'à recevoir, insuffle ta passion à tes descendants, de façon à les aider à embellir notre monde. »

Quand son enfant naquit, le 9 septembre 1815, Feliciano se sentit pousser des ailes.

C'était une fille. On la nomma Clélia, Maria, Giuseppa.

C'était moi.

1824 – Lodi

Aussi loin que je me souvienne, Papa m'a toujours fascinée.

Pour l'avoir très souvent observé à son insu, sa spontanéité extravagante, sa gestuelle expressive, sa faconde et son optimisme rayonnant dans ses moments de joie les plus intenses me ravissaient l'âme et le cœur. J'aimais sa nature enjouée et son art de la mise en scène dans la vie privée. Il faisait de chaque instant un moment magique : déjeuner ou dîner en sa compagnie était une fête, il était capable de s'inventer un rôle de serveur chanteur du bel canto pour nous amuser, ou encore de nous emmener visiter des théâtres ou des musées en passant par des accès interdits, rien que pour le plaisir de nous surprendre. Être en sa compagnie était un privilège ; retenir son attention, un grand défi. Car il partait souvent loin dans ses pensées, et dans ces instants-là, bien que présent physiquement, il semblait à des années-lumière de nous. La vie avec lui n'était jamais monotone, car nombreux étaient les imprévus. Il disait qu'il fallait savoir savourer chaque instant, et surtout savoir être sensibles aux signes que Dieu nous envoyait au quotidien. Un simple chant d'oiseau ou une simple feuille d'automne qui virevoltait dans les airs suffisait à lui inspirer un air de musique qu'il se mettait à siffloter aussitôt sans que rien puisse le distraire ensuite. Il donnait le *la* pour qu'on le suive sur le chemin de l'inspiration, et nous reprenions tous en chœur la mélodie naissante jusqu'à trouver des variantes qui venaient dénaturer les premières mesures d'origine, ce qui nous faisait rire. Insouciante immaturité.

Je respectais aussi ses moments de silence ; je sentais qu'une vie intérieure palpitante l'habitait. On pouvait presque penser qu'il y trouvait plus de plaisir que dans la vie réelle. Sauf quand on savait communiquer avec lui. Comme moi.

Il souhaitait devenir un compositeur reconnu, continuait de croire en ses rêves et en ses ambitions et savait de toute évidence que la fortune serait proche. Il était extrêmement sincère dans ses convictions, et réussissait sans trop d'efforts à nous faire croire que ses intuitions étaient fondées. Je percevais parfois que sa volonté à réussir socialement

et à acquérir une notoriété visait à faire vraisemblablement la joie de mes grands-parents. Papa
parlait souvent de son père : il répétait qu'il souhaitait briller pour le récompenser de la confiance
qu'il avait su investir en lui. Il se voyait déjà grand
compositeur d'opéra, à côtoyer les plus grands
blasons – les Belgioso, Trivulzio, les Litta –, il se
voyait acquérir un palais dans lequel il allait bientôt
pouvoir installer confortablement ses parents, sa
sœur, son frère, et le foyer qu'il avait créé avec
Maman. Il avait un immense esprit de famille. Sa
grande joie, nous disait-il, était de nous savoir tous
réunis dans le salon, à l'écouter jouer du piano. Il
aimait briller, il était fou de musique, fou de la vie !

Depuis tout petit déjà, la musique était une
composante de son quotidien : mon oncle, Francesco, était organiste et c'est lui qui joua, d'ailleurs,
lors du mariage de mes parents à l'église. Sa sœur,
Giovanna, était institutrice ; elle fut ma préceptrice
durant toute mon enfance. Elle m'apprit à lire et à
écrire. Je lui dois mon apprentissage du latin, mon
aisance en français – langue qu'ils pratiquaient cou-
ramment entre frères et sœur et qui allait plus tard
m'être fort utile pour évoluer dans la haute société
milanaise puis à Paris –, en allemand, en espagnol
et mes rudiments d'anglais ; je lui dois aussi mon
amour des belles lettres, ma fascination pour Shakespeare, Lord Byron, Calderon et Cervantes, ou
encore les Saintes Écritures, grand ouvrage de réfé-
rence qui inspira bien des classiques. Elle avait une
douceur et une pédagogie innées qui me faisaient
retenir les plus laborieuses notions d'histoire, de
géographie et même de mathématiques que j'avais

pourtant en aversion. Adorable Giovanna qui souffrait en silence d'une maladie pulmonaire qui allait bientôt avoir raison d'elle : je ne sus jamais lui dire à quel point je lui étais attachée.

En épousant par amour Rosa Cornalba, ma mère, très jolie petite roturière de Lodi, mon père s'imaginait vite réussir dans la vie et s'installer à Milan . quand j'étais petite, Papa m'endormait en me racontant la belle vie que l'on s'apprêtait à connaître. Et que l'on a longtemps attendu de connaître. Mes dons musicaux me rapprochaient de lui comme si je détenais des clés d'accès à son univers personnel. Ma mère, ainsi que mes quatre frère et sœurs, n'avaient pas le même rapport avec lui. J'avais pris pour habitude d'exprimer comme Feliciano un enthousiasme démesuré pour tout ce qui concernait de près ou de loin notre domaine de prédilection. Sensiblement douée pour la tragédie, je laissais s'épancher mon cœur à la moindre émotion sans pour autant avoir l'impression de simuler. J'étais vraiment sincère ! À l'écoute d'une composition interprétée par mon père au piano, il n'était pas rare que mon visage fût baigné de larmes. L'émotion me submergeait tout naturellement, c'était ma façon de le complimenter. Je m'endormais parfois sur le canapé du salon, bercée par les mesures de ses compositions. Lorsque, tard dans la nuit, il émergeait de sa léthargie musicale, il remarquait ma présence. Il s'emparait de mon petit corps et me portait dans ma chambre. Je me plaisais à croire qu'en montant les marches très lentement, il mesurait l'intensité de ses sentiments pour moi et se promettait de m'aider aussi à gravir un jour celles du succès. Je voulais tellement qu'il soit fier de moi !

Mais je n'étais pas très proche de mon frère et de mes sœurs et mon lien privilégié avec mon père suscitait des jalousies, qui contribuèrent à m'éloigner d'eux.

Notre ressemblance physique, d'abord, était troublante. J'ai hérité de son teint blanc, de ses cheveux très bruns. Les mêmes sourcils prononcés qui rehaussent d'immenses yeux noisette et qui donnent naissance à un même nez un peu trop envahissant. J'ai tant de fois haï ce nez ! J'ai toujours évité d'ailleurs sur scène de me mettre de profil. Adolescente, j'avais trouvé un subterfuge : le dissimuler derrière des petites mèches rebelles que je laissais échapper de mon chignon pour encadrer mon visage ! On ne dit pas de moi que je suis belle. Non, jamais. Ce que j'entends le plus fréquemment, c'est que je suis pleine de charme. Mon expression change radicalement quand j'interprète un air d'opéra ; je deviens une autre femme, je suis comme transportée, et je séduis mon public ! Je le captive, je l'ensorcelle ! Une autre moi, plus fantasque et délurée, s'empare de mon âme et me rend envoûtante. En plus d'avoir cet enthousiasme infini pour la musique, j'ai aussi hérité des Strepponi leur côté bons vivants, leur aptitude aux langues étrangères, leur intérêt pour la politique, eux que l'on nommait les « grands libéraux ».

Je crois que Papa avait pour moi une réelle fascination, même si, éperdue d'admiration pour lui, je m'étais aussi persuadée que j'étais un de ses principaux centres d'intérêt. Son fils Davide, et ses filles Maria-Teresa, Maria-Antonietta et plus tard Barberina souffrirent de cette complicité unilatérale, et ma mère également. Maman déjà si loin de moi.

Je crois qu'elle aurait aimé vivre la vie que Feliciano lui avait promise. Avec le poids des années et l'accumulation des déceptions, son adoration pour lui s'est doucement muée en rancœur. J'aurais tellement aimé être plus proche d'elle. Je n'ai étonnamment jamais su quelle attitude adopter en tant que fille auprès d'elle ; je me rappelle avoir souvent été son interprète en l'absence de Papa, car elle ne parlait que le dialecte local de Lodi. Mais cela ne la rapprochait pas de moi. Elle attendait tout de son époux. Tout de la vie. Et plus tard tout de moi. Je sais toutes les privations dont elle a souffert, je sais qu'elle tentait de donner le meilleur d'elle-même. Cantonnée à un rôle d'épouse et de mère par défaut, elle n'a jamais pu librement exprimer sa nature véritable. Je n'ai jamais su en fait qui était cette femme : ses envies, ses désirs, ses goûts, ses dégoûts... Elle reprochait souvent à Papa de ne pas l'emmener dans ses sorties, de ne pas lui offrir de parures, de bijoux, de ne plus la considérer en tant que femme tout simplement. Elle se ferma, devint amère, et son instinct maternel déjà faible à ma naissance s'amenuisa au fil des années. Elle pourvoyait aux soins nécessaires au bon développement d'un nourrisson, mais dès que l'enfant était en âge de marcher, elle se désintéressait de lui pour mieux s'occuper du petit dernier. Autant dire que je ne conserve aucun souvenir de tendresse qui pourrait me lier à elle, moi qui fus l'aînée de la fratrie. Je sentais Maman si vulnérable, et si fatiguée, un peu perdue entre l'éducation de ses enfants et l'entretien de la maison. Elle aurait sans doute mérité un peu plus de considération et d'intérêt mais la vie ne lui en offrit jamais. Toute petite, je me promis de ne jamais lui ressembler, de rester une femme libre, d'avoir une vocation dans laquelle je m'épanouirais et de me donner les moyens de ma liberté conquise ! C'était naïf et prétentieux. Mais cela m'a servi de ligne de conduite.

Je n'ai jamais vraiment mesuré l'étendue des ravages suscités par ce lien privilégié avec mon père, trop heureuse et flattée de me sentir ainsi aimée. Davide avait dix-sept mois de moins que moi. Il allait opter pour la voie de la médecine.

Maria-Teresa, de trois ans ma cadette, possédait un talent pour le dessin et révéla ensuite un don pour la peinture, mais ne manifesta jamais aucun intérêt pour le monde de la musique. Maria-Antonietta, quatre ans de moins que moi, eut une santé précaire. Enfin Barberina, la petite dernière, avait presque treize ans d'écart avec moi. Elle est la petite sœur dont je me sentis toujours le plus proche, celle qui reproduisit également certaines de mes erreurs...

J'étais infiniment heureuse de partager les passions de Papa et je voulais que la vie le récompense de sa bonté. Si j'étais une de ses sources de joie, je ne devais jamais le décevoir. Je veillerais sur lui et il pourrait compter sur moi, à jamais. Il était tout particulièrement à l'écoute de mes désirs, se régalant de nos études de piano à quatre mains :

quand il rentrait de son travail, avant même d'embrasser Maman, il s'installait au clavecin à mes côtés. La nature m'avait dotée d'un don pour le piano, et lorsque je jouais en sa compagnie, nous dialoguions grâce aux notes dans une communion parfaite. Nous improvisions, nous esclaffant, irritant la maisonnée par notre connivence artistique. Il était mon mentor, mon modèle, mon Pygmalion. Un jour où je peinais à répéter un morceau dans cette maison pleine d'enfants où il était difficile d'obtenir le silence, il me dit :

— Tu as fait une fausse note sur le *fa* majeur, Peppina... Essaie de nouveau.

— Impossible, papa, je n'arrive pas à me concentrer avec ce vacarme.

— Ferme les yeux, ma chérie. Pense aux notes de musique, imagine-les vivantes : elles viennent de nulle part, elles volent dans les airs, elles t'encerclent... Sens-les se rapprocher de toi et bouger autour de toi... Tu sens ce léger vent musical te caresser la peau ? Tu aperçois ces croches, ces blanches et ces noires qui valsent, se croisent, s'entremêlent, s'enlacent, se meuvent tout autour de toi ?

Je fermai les yeux et je sentis ce vent de passion. Je respirai fort et tentai de reprendre où j'en étais, mais de nouveau je butai sur le *fa* majeur. Papa se leva, observa un instant les enfants, jugea qu'il ne pouvait les empêcher de faire du bruit et me proposa de le suivre.

— Allons-nous-en, suis-moi. Allons à l'église écouter l'orgue.

— Mais, je dois avant m'entraîner à jouer cette nouvelle partition...

Sans me répondre, Papa me prit fermement par la main et m'entraîna à l'extérieur de la maison. Il marchait vite, serrant ma petite main dans la sienne, sans dire un mot. Je pressai le pas pour accorder ma cadence à la sienne et nous continuâmes à marcher en silence. Dans l'église, la fraîcheur de l'endroit contrastait violemment avec la chaleur extérieure. J'aimais ce climat obscur et mystique qu'offrait ce sanctuaire. Nous nous assîmes en silence. Il ne m'avait pas dit un seul mot depuis que nous étions partis de la maison, mais j'entendais presque ses réflexions intérieures tant elles étaient intenses. Je priais aussi, tout en jetant de nombreux coups d'œil vers Papa. L'orgue répétait un récital lancinant, le climat de l'instant était très fort. Et je devinais le dialogue que Papa avait avec Dieu : s'Il l'avait généreusement doté d'un talent artistique, Il aurait dû aussi le libérer de toute contingence matérielle en lui apportant une aisance financière bien méritée... tandis qu'au lieu de s'épanouir totalement grâce à son talent, les préoccupations financières le freinaient dans sa création.

Il avait, après ses études, opté pour la fonction de maître de chapelle à Monza, mais si cette fonction lui permettait d'entretenir sa famille, elle l'empêchait aussi de vivre pleinement ses aspirations majeures : la composition d'opéras. Il était comme habité par cette vocation, et, dans ses longs moments d'absence, je savais qu'il orchestrait avec une précision d'orfèvre les instruments dont il entendait les voix dans sa tête. Quand bien même il n'était pas encore devenu un compositeur mondialement reconnu, il était pour moi le plus fabuleux des pianistes, le plus exigeant des professeurs et le plus grand des virtuoses !

Il avait quitté le conservatoire de Milan avec un prix spécial en composition d'opéra quand j'avais cinq ans, accumulant entretemps différents petits emplois d'organiste pour subvenir à nos besoins ; nous avions déménagé (il avait alors déjà quatre enfants) à Monza, cette bourgade près de Lodi où il avait obtenu son poste de maître de chapelle après l'obtention de son diplôme, à défaut d'en avoir trouvé un à Milan. Il y resta sept ans, aspirant de plus en plus à la vie milanaise et proposant ses opéras aux agents de la grande ville. Il fit du café Martini son quartier général à partir duquel il développa tout un réseau professionnel et amical. En rencontrant le librettiste Felice Romani qui venait d'écrire un livret à partir du roman de Silvo Pellico, révolutionnaire réputé, il fit son entrée dans le réseau politique révolutionnaire libéral. L'Italie aspirait déjà à la liberté et commençait à réfuter toute domination étrangère. En juillet 1830, Louis-Philippe d'Orléans succéderait à Charles X en France, installant avec lui un vent de liberté qui soufflerait sur toute l'Europe. Paris allait bientôt être considérée comme la nouvelle ville libre d'Europe. Hélas, les quelques mouvements rebelles italiens qui anticipèrent ces événements à une échelle européenne furent vite réprimés. Feliciano devint un des acteurs des rébellions locales ; plus intermédiaire qu'acteur véritable de la révolution, il n'en était pas moins consciencieux, fidèle et appliqué quand il s'agissait d'organiser des rassemblements ou de transmettre des messages importants aux têtes pensantes du réseau pour les prévenir de conspirations. Lors des répressions conduites par les Habsbourg, il fut épargné mais nombre de ses amis d'alors furent arrêtés.

Il fit ensuite ses débuts à Turin, avec un opéra bouffe qui ouvrit la saison : les critiques furent favorables. Il multiplia ses amitiés dans le métier : écrivains, éditeurs, journalistes de la presse spécialisée étaient ses amis. Il continua à conspirer en étant plus actif et en créant une société secrète, la Carboneria, inspirée du mouvement carbonariste, suscitant de nombreuses tensions. Ses opéras bouffes comme *L'Amogliato nubile, Chi fa cosi fa bene,* ou *Francesca da Rimini* étaient pourtant assez appréciés et leur relatif succès l'encourageait à poursuivre. À Monza cependant, ses absences répétées étaient de plus en plus mal vécues par les prélats qui lui avaient confié le poste de maître de chapelle qu'il négligeait et n'utilisait que pour faire parler de lui et de ses créations artistiques. Il était convaincu que seule la composition d'opéras offrait le meilleur avenir possible aux musiciens dignes de ce nom. Même les gouvernements étrangers appréciaient ce genre musical, au point de recommander l'ouverture des théâtres à chaque saison de l'année, même aux périodes de l'avent et du carême.

Ses convictions politiques étaient également mal perçues.

Maman à cette époque avait tiré un trait sur lui. Sa préoccupation était l'état financier du foyer. Elle ne cherchait plus à le comprendre, ne partageait pas du tout son enthousiasme quant à ses compositions. Ses priorités étaient de nourrir et d'habiller convenablement ses enfants. Autant dire qu'il n'y avait plus de place dans son cœur pour les futilités et espoirs incertains de son mari, surtout quand celui-ci paradait à la maison avec ses amis – de mauvaises fréquentations –, habillé de la tête aux pieds comme un dandy de style anglais avec chapeau haut de forme et paletot de cachemire...

Mais Papa persévéra.

En apprenant son renvoi du poste de maître de chapelle, Feliciano ne fut pas surpris, encore moins peiné. Ce fut au contraire le moyen pour lui de partir à la conquête d'une métropole beaucoup plus prometteuse que Lodi ou Monza : Trieste. Il avait, durant ses périples à Milan, été sollicité en tant qu'assistant directeur par le maître Farinelli qui officiait au Teatro Grande de la ville. Il allait enfin pouvoir engager des chanteurs, conduire un orchestre et travailler avec tous ces artistes qu'il affectionnait tant. Feliciano, en excellent concertiste, savait tout des composantes d'un orchestre, du phrasé et des voix. La mission qui lui fut confiée devait permettre au Teatro Grande, par le recrutement d'excellents chanteurs, de se hisser au rang de la Scala. La famille impériale, les Habsbourg, étant souvent en visite officielle à Trieste, il comptait voir son travail reconnu très rapidement.

En septembre 1828, nous déménageâmes pour loger dans un petit appartement du second étage d'un immeuble très ancien, près de la piazza Piccola à Trieste. L'endroit ne présentait rien d'exceptionnel mais tout nous éblouissait. Le golfe s'ouvrait largement devant la piazza Maggiore, les vagues fouettaient les rochers et se déversaient dans le grand canal. Derrière la ville, se découpaient les Alpes carniques, et dans le port venaient mouiller de nombreux bateaux décorés des bannières de tous les pays. Cette agitation était si nouvelle, si soudaine, si intense pour nous ! Trieste nous semblait en effervescence permanente et cette effervescence sembla apaiser Papa : pendant la journée, il respirait la poussière du théâtre et la nuit il composait. Le maître Farinelli le chargea de remanier deux opéras, *Sargino, ossia L'allievo dell' amore* (*Sargino ou l'élève de l'amour*) et *Gli Illinesi*.

Les mois passèrent et le climat de la ville nous fut favorable : mes frère et sœurs grandirent et Maman avait une humeur plus positive car, grâce à Papa qui commençait à être connu, elle menait une vie un peu moins monotone, sortant parfois au spectacle le soir et se constituant une toute nouvelle garde-robe. Je m'occupais souvent de mes frère et sœurs, développant auprès d'eux un certain instinct maternel : Davide m'appelait d'ailleurs « petite mère ».

Je commençais à mettre en valeur mes dons musicaux. J'étudiais le bel canto et ma voix était de plus en plus limpide, vibrante, et étendue. Il ne me manquait plus qu'une mise en pratique, me dit Papa.

Fin octobre 1829 – théâtre de Trieste

Pour la première fois de ma vie, j'accompagnai mon père aux répétitions de *Gli Illinesi* au Teatro

Grande de Trieste : il avait accepté à la condition que je fasse preuve de discrétion pour ne pas perturber les comédiens, ni déconcentrer le maître des lieux réputé pour son tempérament cyclothymique. Signore Farinelli était un metteur en scène que sa réputation précédait.

Je venais d'avoir quatorze ans, la vie m'offrait de multiples promesses : j'étais douée pour le piano et pour le chant et les longues heures de leçons ne me semblaient jamais un labeur ingrat. Au contraire, je prenais un plaisir évident à apprendre. J'étais rigoureuse, opiniâtre et perfectionniste. J'aimais tellement aussi la sensation de liberté que me procuraient les notes du clavier : j'avais le sentiment de voler sur les ailes dés mélodies que je me plaisais à répéter inlassablement. Je désirais plus que tout intégrer le conservatoire de Milan, où mon père, quelques années plus tôt, avait brillé en obtenant une mention spéciale en composition. J'espérais de toutes mes forces un jour collaborer avec lui. Pas dans la composition qui était un métier réservé aux hommes, ni dans la mise en scène mais en tant que musicienne : pianiste, claveciniste, cantatrice ? J'hésitais car j'avais une inclination naturelle pour l'art lyrique également. J'avais de nombreuses fois eu l'occasion d'être transportée par le chant, mais composer au piano m'entraînait dans une telle exaltation qu'il m'était quasiment impossible de choisir entre ces passions, d'autant que j'avais vraiment des dons dans les deux domaines. Pour m'orienter vers une carrière, je devais cependant effectuer un choix et mon père tentait de m'aider à me décider. Il m'emmenait avec lui au spectacle, aussi bien découvrir de grands classiques que d'étonnantes nouveautés, cultivait mon amour de la musique ; pourtant j'hésitais toujours sur le chemin à suivre. Ce jour-là, je trouvai ma véritable vocation.

Mon père m'avait demandé de ne pas m'éloigner de lui, mais je n'avais pu résister à l'envie de satisfaire ma curiosité. Je n'avais jamais vu les entrailles d'un théâtre et les couloirs des coulisses m'attiraient, l'odeur de poussière des rideaux lourds mêlée à celle de la poudre de maquillage m'étourdissait, les gigantesques paysages peints des décors m'intriguaient. L'excitation contenue des répétitions était communicative... Je me retrouvai soudain face à Farinelli et craignis de subir ses foudres car son regard était sévère, ses sourcils froncés, son air très condescendant. Cependant, à bien y regarder, il y avait comme un éclair d'attendrissement dans son regard. Papa arriva, essoufflé, l'air paniqué, et pour rompre le silence glacial qui s'était installé, il balbutia quelques mots :

— Maître, je vous présente Giuseppina, la plus mélomane et la plus douée de mes enfants ! Elle chantait avant même de savoir parler ! Elle rêvait de vous rencontrer...

À cet instant, contre toute attente, le maître prit ma main, l'embrassa délicatement et me dit :

— Petite, si vous avez hérité des multiples talents de votre père, tâchez d'en être digne. Accrochez-vous avec acharnement. N'ayez pas peur des longues heures de labeur et dites-vous qu'en visant la perfection, vous êtes sûre de faire vibrer votre public : à la seule condition bien sûr, de vous adresser en premier lieu à son cœur. Vous chanterez, jolie demoiselle, vous chanterez, tout en vous me le dit, et quand je ressens si fortement ce genre de prédisposition, je me trompe rarement. Venez, je vais vous présenter Giuditta Grisi et Carolina Ungher... vos consœurs !

Je fus tellement surprise par la spontanéité de sa proposition que j'omis de faire une révérence et restai bouche bée à regarder mon père, abasourdie à l'idée de rencontrer deux divas dont tout l'opéra parlait, et encore plus à l'idée d'être déjà assimilée aux grands noms du métier ! Il tourna les talons, et Papa me fit comprendre d'un regard que j'avais tout intérêt à me dépêcher de le suivre avant qu'il ne changeât d'avis. Je rattrapai Farinelli à petits pas de souris et m'aperçus alors que je foulai la scène avec ses rangées de sièges pourpres vides qui me faisaient face. Farinelli se retourna vers moi, attendit que je sois à sa hauteur, me prit par la main, et m'entraîna vers la soprano tandis que la contralto nous tournait le dos, concentrée sur l'extrait qu'elle chantait avec l'orchestre. Farinelli fit interrompre les répétitions pour me présenter. J'étais rouge de confusion. La Ungher me serra la main mollement et manifesta un certain agacement en secouant nerveusement son éventail : nous l'avions interrompue... La soprano Grisi quant à elle me sourit très gentiment : j'étais son alliée puisque sa rivale était humiliée !

Farinelli leur dit que j'étais la fille de Feliciano et que je marcherais très bientôt dans leurs pas : il me demanda alors de chanter sans plus de préambules n'importe quel extrait d'opéra qui me passerait par la tête. Extrêmement intimidée, j'étais incapable de rassembler mes idées. Le maître me suggéra quelques mélodies :

— Connaissez-vous Rossini ? *Le Barbier de Séville, Cendrillon...*

— Oui, *Cendrillon,* tout à fait ! Je connais par cœur deux ou trois extraits de l'œuvre que je joue avec Papa à la maison !

Je savais qu'il fallait que je saisisse ma chance et que je fasse mes preuves, maintenant, tout de suite, comme ça, sans échauffement. Je me concentrai quelques secondes, tentai d'oublier les divas qui me cédaient leur place avec beaucoup de curiosité et de méfiance, Farinelli et les nombreux membres de l'équipe technique et artistique. Je fermai les yeux, et me lançai. Ma voix était claire, mon trouble était à peine perceptible. J'imaginais les notes de musique valser autour de moi, comme me l'avait conseillé Papa. Quand j'eus fini, Farinelli ne réagit pas aussitôt ; la tension retomba progressivement et j'eus le temps de m'inquiéter du silence qui succéda à ma prestation. Soudain, un applaudissement, puis deux, puis trois puis une dizaine m'ôtèrent mon inquiétude. Farinelli s'approcha de moi, applaudissant toujours et son regard encourageant m'emplit de joie. Papa était là, juste derrière lui, les yeux pleins de fierté et, cela me comblait peut-être plus encore que tout le reste. La Grisi me fit un amical baiser sur la joue en me félicitant, tandis que la Ungher, l'air pincé, secouait encore plus fort son éventail !

Malgré l'incongruité de la situation, et au-delà des petits règlements de comptes internes, cette scène fut pour moi décisive. Je devine aujourd'hui qu'un homme de l'envergure de Farinelli n'avait pu que s'amuser à me présenter de la sorte, envenimant des tensions déjà existantes entre les deux divas. Devant Farinelli, elles n'avaient rien laissé paraître mais j'appris des années plus tard par Giuditta Grisi que la Ungher n'avait jamais pardonné à Farinelli l'irrespect qu'il lui avait témoigné ce jour-là.

Si Farinelli voyait en moi une future diva, qu'il en fût ainsi ! Pour avoir tant de fois rêvé en écoutant Papa du faste de ces artistes qu'il fréquentait, de leur luxe, de l'admiration que leur public leur vouait et des déclarations d'amour qu'elles suscitaient de la part des grands princes, j'étais fascinée par l'idée d'en devenir une un jour. Je pourrais porter les plus beaux habits, mener un train de vie enviable, être adulée toujours et encore et surtout rendre hommage à Papa qui croyait en moi depuis toujours, aussi fort que je l'aimais.

Voilà ce à quoi je pensais ce jour-là, durant le reste des répétitions. Farinelli m'avait fait asseoir au premier rang, et pendant deux heures j'admirai le talent des deux divas et me disais : « Pourquoi pas moi ? »

Il est des rencontres dans la vie qui interviennent à point nommé, des paroles prononcées qui résonnent dans votre cœur toute la vie et restent inscrites à jamais dans votre inconscient. Farinelli m'avait révélée à moi-même par cet oracle qu'il avait rendu.

Quand il viendra me saluer dans ma loge après une représentation de *L'elisir d'amore* (*L'Élixir d'amour*) de Donizetti au théâtre communal de Bologne sept ans plus tard, il ne se souviendra pas des paroles prononcées ce jour-là. Mais il se rappellera ma prestation et l'impression que je lui avais faite. Étranges rencontres dictées parfois par la main du destin.

Ma décision était prise : j'allais me consacrer au chant ! Papa, encore plus fier que moi, m'inscrivit au conservatoire de Milan, ouvert aux filles depuis peu. Farinelli l'aiderait certainement à appuyer ma candidature.

Invraisemblable immaturité d'un père pourtant si sincère. Il s'apprêtait à me jeter aux lions, oubliant de me parler du sort réservé aux femmes dans ce milieu. À l'annonce de ma décision, Maman réagit de façon froide et blessante. Elle me conseilla de bien réfléchir, me dit que je n'aurais jamais une vie respectable si j'optais pour cette voie. Mais elle n'en dit pas plus et je ne compris pas sa réaction. Je lui en voulus de ne pas partager ma joie. Si seulement l'un des deux m'avait mise en garde sur les mœurs du métier. Pour moi, il suffisait de savoir chanter et d'être reconnue par la critique et le public pour faire carrière. J'appris les semaines suivantes que Farinelli acceptait d'appuyer ma candidature au conservatoire. Pourtant, j'avais quinze ans et avais dépassé l'âge pour présenter le concours d'entrée. Le censeur Francesco Basily, qui connaissait bien mon père, accepta néanmoins de me recevoir et de tester mes aptitudes : il reconnut mes « prédispositions évidentes et innées pour la musique » et je réussis l'examen. Je commençai mon année au conservatoire le 9 décembre 1830 ; un an et demi de félicité absolue s'ouvrait devant moi.

J'allais résider à Milan, car la distance entre Trieste et Milan était bien trop importante pour que je fasse des allées et venues chaque jour, et installer le piano chez moi, car j'étudierais au conservatoire l'art de la scène et le chant et je consacrerais mes soirées à l'étude de cet instrument. Afin que mes progrès soient rapides, un professeur de clavecin viendrait me donner des cours au domicile de mes parents chaque dimanche. Papa, souvent à Milan lui aussi, me ferait répéter quelques cours le mardi et le jeudi soir : et une fois par semaine, il organiserait un dîner mondain à Monza où j'aurais ma place. Papa avait gardé une profonde amitié avec le père Chiavoli, curé de la chapelle de Monza, qui croyait en son avenir de compositeur, et c'est chez lui qu'il allait organiser des dîners avec les principaux acteurs de la scène lombarde.

Septembre 1831 – Milan

Je venais d'avoir seize ans et faisais plus que mon âge. J'étais une élève studieuse et assidue. Mes cours au conservatoire me transportaient de bonheur : mes journées étaient trop courtes à mon goût. Je me passionnais pour chaque matière même si je m'illustrais tout particulièrement dans le cours de tragédie. Hélas, mes facilités, mon âge et les nombreuses relations de mon père me valurent rapidement quelques médisances. Les rares filles du conservatoire étaient absolument inintéressantes et souvent en rivalité avec moi ; seuls certains garçons suscitaient mon intérêt, et je m'aperçus vite que j'étais toujours plus à l'aise dans un entourage à dominante masculine.

Grâce à mon père qui avait su me former bien malgré lui contre l'adversité, je ne me souciais guère du regard des autres ni de leurs ragots.

À cette époque, Papa avait déjà fait la connaissance de Felice Romani, auteur de l'opéra qui se répétait au Teatro Grande, *Gli Illinesi*. Poète mélodramatique, auteur de livrets d'opéras de Bellini et Donizetti, Romani était un homme de culture qui cherchait dans la littérature un nouveau type de musique, s'inspirant beaucoup des grands auteurs français comme Dumas, Voltaire ou Hugo. Diplômé de littérature classique, il souhaitait apporter ses lettres de noblesse au théâtre. Il collabora avec Donizetti et Bellini et introduisit le romantisme à l'opéra, ce mouvement qui s'apprêtait à prendre de l'ampleur. Les intrigues s'inspiraient de Walter Scott, Schiller ou Shakespeare. De nouveaux ingrédients comme la folie, la mort précoce et la maladie apparaissaient dans les livrets. La rencontre de Papa avec Romani fut déterminante : après les remaniements proposés par Feliciano pour *Gli Illinesi*, le poète lui confia le livret de son dernier mélodrame comique *L'Ullà di Bassora*, qui fut représenté à Milan, le 20 septembre 1831, au théâtre de la Scala ! Le rêve de mon père ! La distribution était grandiose : la Grisi, Winter, Badiali et Galli figuraient à l'affiche. Il était prévu qu'ils chantent quinze soirs d'affilée. J'assistai à la première représentation, en compagnie de mon professeur de chant, Pietro Ray. Ce soir-là, j'étais excitée comme si je m'apprêtais à passer un examen ; en fait, c'était pour mon père que je tremblais. Quand le rideau se leva, mon cœur battit à l'unisson du sien. Il était en coulisses, et je sus ce qu'il éprouvait à cet instant précis : de l'anxiété, de l'angoisse mêlées à de la joie intense, un mélange explosif d'émotions qui galvanisait plus qu'il ne paralysait finalement. La représentation se déroula à merveille : la Grisi, alors en pleine ascension, était au meilleur de ses capacités. Pietro me fit simplement deux ou trois remarques sur son jeu scénique et la qualité de sa voix ; à son avis, la soprano cherchait trop la perfection dans les aigus, et surjouait légèrement son rôle. Comme elle était très attentive à sa voix, cela limitait son jeu de scène, notamment ses déplacements, et son registre scénique était un peu pauvre. Je me promis de m'inspirer de ce qu'elle avait de mieux et d'éviter ses travers. J'eus droit au passage à quelques réflexions de mon professeur sur l'amplitude des voix masculines et leur complémentarité vocale avec les voix féminines. À la fin de la représentation, j'applaudis de toute mon âme ! Le public salua le travail de Papa : j'étais fière, tellement fière de lui !

Suite au succès qu'il rencontra, sa notoriété se fit plus grande et les dîners de Monza devinrent le rendez-vous de tous les chanteurs de renom, des *prime donne* et des plus grands musiciens, agents et imprésarios. C'est là que Merelli, imprésario de la Scala, ou Lanari, que Romani avait présentés à Papa, furent quelquefois nos hôtes. Ces hommes mûrs regardaient alors à peine la toute jeune fille que j'étais, et furent peut-être simplement intrigués par ma présence. En apprenant à me tenir en société, à être discrète tout en sachant me rendre indispensable, j'occupais un poste d'observation très enviable. Je scrutais, j'analysais, et j'apprenais à décoder les gestes, attitudes ou mimiques des adultes qui m'entouraient. Ces personnalités de la scène lombarde ignoraient alors qu'elles participaient à ma formation et allaient me permettre d'acquérir beaucoup d'aisance en société.

Un soir où je m'étais apprêtée plus qu'à l'accoutumée, je remarquai que signore Alessandro Lanari me dévisageait comme s'il me voyait pour la première fois. Son regard fixe et profond me troubla. Je ressentis comme du plaisir mêlé à une étrange excitation. Je l'évitai pourtant le reste de la soirée. Les fois suivantes, il répondit présent à chacune des invitations. Il s'arrangea pour s'installer à mes côtés. Je l'écoutai avec attention, le couvant d'un regard sans doute admiratif qui le flattait. Progressivement, cet homme qui avait presque l'âge de mon père – trente-quatre ans – devint mon complice des soirées de Monza. Je me sentais attirée par lui, sans trop comprendre pourquoi. J'ignorais qu'il deviendrait quelques années plus tard un des principaux médiateurs de mes tournées nationales. Cette proximité d'alors ne le fit pas plus tard favoriser ma carrière : il ne m'accorda jamais de privilèges lors de nos contrats futurs. Toutefois nos rapports, devenus plus professionnels qu'amicaux, se firent toujours sans intermédiaire, ce qui n'était pas l'usage ; je pris souvent la plume pour lui écrire directement, ou me déplaçai jusqu'à son bureau quand il fallait parler d'argent. Un peu déstabilisé par cette attitude – aucune des divas qu'il fit travailler ne se permit ces libertés – il ne m'en fit jamais le reproche, allant même jusqu'à conserver précieusement notre correspondance.

Un soir, Alessandro me raccompagna jusqu'à mon appartement dans son fiacre. Sur le chemin du retour, il me dit qu'il avait beaucoup d'admiration pour mon père, que si l'opportunité se présentait, il tâcherait de l'aider à devenir imprésario car il avait deviné cette ambition chez lui. Il m'interrogea sur la complicité exceptionnelle que j'avais avec Feliciano mais ma réponse fut évasive car je n'aimais guère me livrer sur ce sujet et je me contentai de sourire. Il en profita pour m'embrasser et l'émotion que je ressentis fut si intense que les palpitations qui l'accompagnèrent auraient pu être comparées à celles qui précèdent l'entrée en scène au théâtre. Tous mes sens étaient en éveil, mon cœur battait à tout rompre ; j'éprouvais beaucoup d'attirance pour Alessandro et la jeune fille que j'étais voyait en lui un chevalier servant un peu entreprenant mais malgré tout respectueux. Il eut l'intelligence de s'arrêter là, sachant freiner mes emportements et les siens, trop conscient de notre différence d'âge et surtout trop soucieux de sa réputation auprès de mon père. Je ne le revis que quelques années plus tard : je ne lui tins pas rigueur de son attitude, au contraire, il me fallut quelques expériences malheureuses après lui pour me rendre compte de sa délicatesse d'alors.

Très vite ensuite, dans le domaine des sentiments, je compris qu'il fallait être une bonne comédienne. Jamais d'implication, beaucoup de prudence
et énormément de manipulation. J'appris à feindre
les sentiments avec beaucoup de naturel. J'avais été
amenée à deviner seule l'importance que pouvait
avoir sur mon avenir la situation sociale de mes
admirateurs. Et j'étais décidée à privilégier toujours
ma carrière et non ma vie personnelle. Je n'attendais rien d'Alessandro ; je ne cherchais pas de
protecteur à ce moment-là de mon existence. J'étais
bien décidée à construire seule ma vie. Je ne
pensais pas à me marier, pas plus que je ne res-
sentais le besoin d'être mère de famille ; j'étais déjà
un peu celle de mes frère et sœurs, et cela me suffisait grandement.

Décembre 1831 – Milan

Quand mon père arriva chez moi ce soir-là, je le
trouvai encore plus mince et plus pâle qu'à l'accoutumée. Nous ne répétâmes pas au piano car il était
extrêmement nerveux et ne tenait pas en place ; je
ne l'avais jamais vu dans cet état.

— Ces derniers temps, je te trouve très fatigué
Papa : qu'est-ce qui t'épuise à ce point, la composition ?

— Mmmh ? La composition ? Non... c'est au
contraire pour moi une source d'équilibre ; je
compose la nuit, quand le sommeil refuse obstinément de venir. À vrai dire, je me suis ces derniers
temps un peu dispersé dans une quête vaine.

Peppina, je te dois un aveu : je suis ruiné. Le peu d'argent que j'étais parvenu à mettre de côté depuis qu'on habite Trieste, je l'ai dilapidé dans quelques investissements malheureux et dans les soirées de Monza. J'ai voulu m'improviser imprésario ; mon poste d'assistant au Teatro Grande ne me rapportait pas assez et j'ai démissionné il y a quatre mois sans en parler à ta mère. Je me sentais l'étoffe d'un imprésario, tu sais : j'ai toujours su repérer les grands talents et j'ai misé sur des chanteuses excellentes, des sopranos, essentiellement. Non seulement elles ne connaîtront jamais la célébrité, mais mon argent s'est envolé dans les sorties, réservations de salles, représentations en tout genre sans aucun espoir de rentabilité. Je ne comprends pas ce qui s'est passé, je ne sais pas comment j'ai pu me méprendre à ce point, je suis ruiné, Peppina, ruiné !!... Je n'aurais pas assez de ma vie pour rembourser mes dettes. Je ne suis qu'un piètre compositeur qui a eu des velléités de production et qui s'est brûlé les ailes ! Je dois de l'argent à tout le monde : j'en ai emprunté à nos relations, à ma famille, et je suis aujourd'hui dans l'incapacité de les rembourser ! Je ne suis qu'un incapable et un irresponsable, ta mère a raison ! J'ai une femme à nourrir, et cinq enfants. En venant à Trieste, je pensais qu'enfin l'avenir s'ouvrait devant moi, je croyais avoir trouvé la solution pour subvenir à tous nos besoins. Et puis j'ai cru à mes chimères, je me suis laissé séduire par le chant des sirènes et j'ai pensé que je réaliserais mes rêves jusqu'à ce que je m'aperçoive que je ne serais jamais qu'un pauvre musicien, incapable d'aller au bout de ses ambitions ! Je suis maudit.

Il s'était levé d'un bond et avait asséné un coup de poing vengeur aux touches du piano. Doucement, je le pris dans mes bras : il fut alors secoué d'une quinte de toux qui l'aurait plié en deux si je ne l'avais pas soutenu... Je l'allongeai sur le lit, et lui servis un verre d'eau : son état de santé me paraissait de plus en plus alarmant. Je tentais de garder mon sang-froid alors que mon cœur battait la chamade. Il montrait de nombreux signes de fatigue depuis quelque temps et même Maman m'avait confié qu'elle s'inquiétait pour sa santé. Je ne m'en étais pas souciée, habituée à l'entendre se plaindre en permanence ; et puis Papa était tellement solide, invincible, indestructible, pour moi.

Il m'avoua que ces derniers jours il avait été pris de malaises de plus en plus fréquents ; il était atteint d'insomnies, et le manque de sommeil était sans doute en partie à l'origine de ses défaillances. J'étais inquiète, mais restais optimiste : s'il n'était pas tout jeune, il n'était pas non plus très vieux – trente-cinq ans ! Son corps le mettait peut-être simplement en garde contre un dangereux surmenage.

— Papa, tu vas te reposer ici un peu. Dès demain matin, si tu ne vas pas mieux, je fais venir un docteur. J'en connais un excellent, j'irai le chercher, son cabinet est à deux pas...

Il ne me répondit pas tout de suite. Il me fit asseoir à ses côtés, puis me regarda avec amour :

— Ma Peppina, je suis honteux de t'imposer le spectacle d'un père si défaillant. Tu sais que je place en toi d'immenses espoirs de réussite. Ta formation te destine à un brillant avenir. J'ai toujours veillé sur toi, et je veillerai toujours sur toi à ma façon, mais j'aimerais que tu me promettes une chose en retour toi aussi.

— Bien sûr, laquelle ?

— Promets-moi, un jour, de faire honneur aux Strepponi et à ton pauvre père : le succès après lequel je cours depuis toujours en vain, je veux que tu le rencontres. Je souhaite que tu connaisses les scènes les plus prestigieuses du monde en tant que cantatrice, et que tu côtoies les plus grands compositeurs de notre époque. Tu as le talent pour devenir une vraie diva... Si tu avais eu deux ou trois ans de plus, j'aurais pu connaître le succès avec toi, en devenant ton agent ; mais j'attendais que tu sois un peu plus âgée et expérimentée : tu as encore besoin de te perfectionner dans l'art du chant et dans ton jeu de scène.

— Mais Papa, on en reparlera dans deux ou trois ans justement, ce qui compte pour l'heure, c'est que tu te rétablisses très vite !

— Peppina, promets-le moi ! Dis-moi que je peux compter sur toi !

Je sursautai tant sa voix avait changé d'intonation. Il s'agissait presque d'une sommation. Son regard s'était de nouveau assombri. Je saisis la gravité de l'instant et perçus dès ce moment que ce serment qui était de la plus haute importance pour lui le serait aussi irrémédiablement pour moi. Son regard impatient me remplit de larmes ; je compris qu'il se sentait dans une impasse et que le moment était venu pour moi de grandir.

— Je te jure d'être à la hauteur de tous tes espoirs, de devenir une diva que tous aduleront, je serai à la fois la Malibran et les sœurs Grisi réunies ! Tu seras fier de moi, comme je suis fière de toi ! Quant à toi, tu vas vite composer à nouveau et proposer tes opéras à de nouveaux théâtres ! Et tu rencontreras toi aussi le succès, Papa, et je chanterai pour toi ! Ce sera une affaire de famille, lui dis-je en me forçant à rire.

— Ma Peppina... J'ai encore autre chose à te demander. Je vais te parler comme à une adulte. Tu es mûre, tu as le sens des responsabilités, tu es douée d'un tempérament fort qui te rend sûre de ton jugement quoi que tu fasses. Je sais que tu es capable d'assumer une situation difficile. Si je venais à disparaître, j'aimerais que ce soit toi, l'aînée, qui deviennes le nouveau chef de famille. Davide est trop fragile. Tu t'occuperais de l'avenir de tes frère et sœurs, et tu prendrais soin de ta mère aussi.

— Mais Papa...

Je ne savais que dire. J'éprouvais un puissant sentiment d'injustice. Une violente douleur vint me frapper en plein cœur. Il pensait, je ne sais pourquoi, que ses jours étaient comptés, et je l'enlaçais de toutes mes forces, cherchant à lui transmettre toute mon énergie vitale. Je ne posais pas de questions et comprenais que sa mauvaise santé récente et le désespoir le portaient à croire qu'il allait bientôt disparaître. Je ne voulais pas en parler pour éloigner la fatalité. Malheureusement, il avait vu juste, même s'il ne pouvait prévoir le mal qui allait l'emporter quelques jours après. Je restais à écouter les battements de son cœur, tandis que Feliciano me caressait les cheveux. Il s'endormit et je lui mis une couverture : je l'embrassai encore une fois. J'eus du mal à trouver le sommeil mais ne l'entendis pas repartir dans la nuit. Il avait sans doute préféré rentrer chez lui au cours d'une insomnie.

Je ne le revis plus jamais.

Il s'éteignit le dimanche 13 janvier 1832, cinq jours après que je l'ai vu.

Seul, et désespéré.

Je reçus un télégramme le mardi suivant. Deux phrases seulement : *Ton père est mort. Rejoins-nous à l'enterrement qui sera célébré mercredi prochain en l'église de Santa Maria-Maddalena à Lodi. Ta mère.* Maman ne s'était pas alarmée malgré les symptômes qu'il avait développés les jours précédant son décès. Elle l'avait laissé dormir et s'était contentée de lui offrir des potages à heures régulières, au lieu de prévenir un docteur. Je ne me remis jamais d'avoir été absente lors de son agonie : mes sœurs m'apprirent qu'il avait longtemps déliré et n'avait cessé de m'appeler. Il me cherchait, m'implorait, et moi, je n'étais pas là.

Même si ces jours-là avaient été consacrés aux révisions des examens qui allaient me faire accéder à la dernière année de conservatoire et au concours final nécessaire pour embrasser la carrière de cantatrice, je ne pouvais me pardonner mon absence. Je me consolai en me disant qu'à défaut d'avoir été à ses côtés lors de ses dernières heures, je me donnais les moyens de réussir la carrière que je lui avais promise, mais cela n'empêcha pas mon chagrin.

La promesse

Tout mon univers s'était écroulé : plus qu'un père, je perdais un guide.

« Vois valser les croches, les blanches, les noires... tu ne seras jamais seule si tu sens valser la musique tout autour de toi... »

Un tourbillon d'engagements

Cirelli, qui planifie ma vie, me fait croire que je ne serais rien sans lui et que je lui dois mon ascension sociale. J'ai l'impression d'être totalement dépendante de lui. Je sais pourtant que personne n'est indispensable et que les rencontres que me procure mon métier peuvent aussi me permettre d'évoluer.

Après un concert à Lodi, dans ma ville natale, je dois me produire à Brescia aux mois de décembre, janvier, et février 1835. Cirelli et Adolfo Bassi ont pris un engagement avec tous les théâtres de la ville où une tournée de concerts est prévue. Le rythme de ces représentations provinciales est soutenu mais je compte bien assumer, en parallèle, l'engagement que j'ai pris auprès de signore Stefano Salvadore, agent théâtral affilié au conservatoire de Milan ; il est venu un soir dans ma loge me proposer de faire mes débuts officiels dans des rôles féminins principaux.

Décidé à faire de moi une vedette de l'opéra, cet agent a su me convaincre de relever ce défi sans en parler à Cirelli. J'ai très vite compris tous les bénéfices que je pouvais tirer de cette expérience. Cet homme, en plus de m'aider à accéder plus vite à la gloire, me fera profiter de ses nombreuses relations très influentes dans le métier. Et en outre, il me plaît : je suis pour la première fois de ma vie troublée par la présence d'un homme. La nuit je rêve de lui, le jour je pense à lui...

Chacune de mes prestations à Brescia m'est payée quatre cent soixante florins. Je suis très loin des émoluments de prima donna – Eugenia Tadolini et Giuditta Pasta touchent sept à huit fois plus – mais je suis à la première marche du succès, il m'en reste beaucoup à gravir. Je suis déjà très heureuse de pouvoir gagner ma vie avec mon art. Stefano quant à lui me propose un minimum de huit cents florins par prestation, ce qui est très bien payé pour un début.

Plus tard, lorsque j'aurai l'étoffe d'une cantatrice confirmée, ce sera un jeu d'enfant pour moi de négocier à la hausse mes contrats. Je serai bientôt réputée pour être intraitable en affaires.

Cette tournée me fait améliorer certains réflexes comme savoir lire un rôle la veille pour le lendemain, dans le calme le plus absolu, et le relire au petit matin pour parfaitement l'intégrer ; j'apprends également à être attentive à l'essence même du rôle du personnage que j'interprète pour en dégager la substance une fois sur scène, à plus ressentir et moins réciter. J'acquiers surtout une certaine discipline pour m'entraîner vocalement, le plus souvent possible tout au long de la journée, en préservant cependant ma voix deux heures avant mon entrée

en scène, deux heures pendant lesquelles je chu-
chote plus que je ne parle, grimace plus que je ne
m'exprime. Ma technique de concentration pro-
gresse également : jusqu'à une demi-heure avant
mon entrée en scène, rien ni personne ne peut
réussir à me déconcentrer.

Cirelli est présent la plupart du temps lors de la
tournée ; Brescia n'étant pas très loin de Milan,
nous rentrons tous les soirs à l'appartement. Ce
rythme de vie me convient : je me lève à dix heures,
j'apprends ou je relis mon rôle, je me promène
jusqu'à l'heure du repas à quatorze heures, puis
j'effectue mes exercices vocaux jusqu'à dix-huit
heures. À dix-huit heures trente, nous partons pour
Brescia en carrosse où le spectacle commence vers
vingt et une heures. Après avoir reçu mes admirateurs – de plus en plus nombreux – dans ma loge,
sous l'œil vigilant de Cirelli, nous rentrons à Milan
quand nous ne restons pas souper et chanter toute
la nuit avec la troupe.

Ces trois mois me permettent également de
mieux connaître mes atouts et mes points faibles.
Je sais déjà que je retiens très facilement mes textes
grâce à ma mémoire prodigieuse, et je prends
conscience de la qualité incontestable de mon
niveau technique et de la flexibilité de ma voix :
enfin, mes talents dramaturgiques sont indéniables.
En revanche, ma trop grande sensibilité me joue
souvent des tours et il me faut la dompter et plus
seulement la dissimuler sous cette assurance apparente. Je dois aussi composer avec mon caractère
trop entier et ne pas perdre confiance en moi si
vite, au moindre problème.

Je passe la fin de l'année en compagnie de la troupe et apprécie les liens chaleureux que nous nouons le temps de cette tournée. J'aime les répétitions, ou les moments qui précèdent une représentation. Une excitation commune et un fort esprit d'équipe soudent tous les acteurs qui forment une sorte de famille. Je prends un immense plaisir à retrouver tout le monde après le spectacle, pour des soupers à rallonge à la brasserie des Artistes. Nous reparlons des temps forts de la soirée, des réactions du public, des anecdotes et autres rumeurs sur quelques-uns d'entre nous, et nous rions de bon cœur une bonne partie de la nuit. Je me sens comme en famille – même si je sais que ces liens sont éphémères et ne durent que le temps de la tournée – et je découvre ce qu'est l'entraide amicale, les tensions mineures et même la jalousie à l'égard de consœurs talentueuses qui seraient susceptibles de me faire de l'ombre. Je tisse quelques amitiés féminines, mais ma confiance va plutôt d'instinct à mes collègues masculins.

Je deviens plus superficielle et légère, et collectionne les aventures amoureuses, que ce soit avec les artistes ou mes admirateurs. Cirelli commence à m'en faire des reproches, d'ailleurs. Il me dit que mes incartades m'éloignent de mes rôles, que bientôt ma réputation me précédera... Quand ils viennent dans ma loge après le spectacle, les compliments de ces messieurs, leurs jolis bouquets, parfois même les bijoux qu'ils m'offrent ont la faculté de briser rapidement la glace entre nous. S'ils sont dotés d'un certain charme ou d'un titre de noblesse – trop rarement jusqu'ici –, c'est un atout supplémentaire, et j'accepte très rapidement leur invitation à dîner ! Je m'aperçois vite que le jeu de la séduction s'empare de moi de façon quasiment compulsive : j'ai absolument besoin de plaire et de recevoir des marques d'affection, d'amour, même de la part de personnes que je connais à peine. Un simple compliment, un regard un peu trop insistant, ou un sourire admiratif me font aussitôt déployer tous mes charmes de façon presque systématique et incontrôlable : c'est d'autant plus gênant que je le fais généralement en présence de Cirelli.

Durant cette période, je fréquente assidûment les salons de la comtesse Orchidia que j'ai rencontrée à Lodi. J'essaie de profiter de ses soirées pour développer mon réseau relationnel car le monde de l'opéra est relativement fermé et si je veux que ma carrière évolue, il est important de me faire connaître des grands de ce monde ; mais je ne suis pas toujours très à l'aise, consciente de jouer un rôle. J'y rencontre quelques acteurs de la vie politique et j'y parfais ma culture, spectatrice de joutes verbales instructives que mon père aurait beaucoup appréciées. J'aime ces salons où la femme a un rôle éminent, différent de celui auquel elle est cantonnée habituellement dans la société où elle a très peu de droits. On y croise artistes, écrivains, et acteurs de la vie politique du pays. Celui de la comtesse est un parfait condensé de l'actualité sociale du royaume lombard-vénitien, et je suis fière d'y être invitée en tant qu'artiste reconnue et célébrée.

La comtesse habite un hôtel particulier du xviiie siècle. Un mobilier Louis XV confère aux lieux un charme d'un autre temps, sobre et guindé. Le tomber des rideaux vert opaline est soyeux et met en valeur la hauteur sous plafond des lieux ainsi que le magnifique lustre vénitien ; au sol, un somptueux tapis persan. Tout est précieux et luxueux. Un quatuor à cordes joue une musique douce et accueillante.

Ce soir-là, il est question du mouvement nationaliste italien qui prend de l'ampleur. Après le congrès de Vienne – en 1815, année de ma naissance –, les frontières de l'Europe ont été redéfinies et certains États italiens sont sous domination autrichienne. La Révolution française puis l'Empire napoléonien avaient bouleversé l'équilibre européen et les grandes puissances se sont mises d'accord, après la défaite de Napoléon, pour fixer une nouvelle carte géopolitique selon trois principes fondamentaux : le retour à la situation politique d'avant la Révolution ; la reprise du pouvoir par les dynasties de l'Ancien Régime et la mise en place d'une politique de défense commune aux souverains à l'encontre des mouvements révolutionnaires. Depuis ma plus tendre enfance, les Autrichiens occupent les territoires du nord-est de l'Italie et les princes de dynasties fidèles à la puissance autrichienne sont à la tête de différents petits États italiens qui composent le reste du pays. Seul le royaume de Sardaigne, très francophile, échappe à la pression autrichienne.

Acte I

La comtesse Orchidia lance le débat :

— Comment expliquer de nouveau l'aspiration d'unification de l'Italie, telle qu'elle était pendant l'Antiquité et la Renaissance ?

— Vous voulez parler de ce piètre mouvement du Risorgimento à la durée de vie aussi courte que son nom est long ? ironise le comte Notario, fervent défenseur de François Ier d'Autriche.

— Un peu de respect pour feu notre poète Vittorio Alfieri, qui a inventé ce mot à partir du verbe « ressurgir ». Le terme renvoie aux aspirations et aux idéaux de bien des habitants de la Péninsule..., rétorque le prince Castello.

— Mais justement, comment ce mouvement a-t-il ressurgi, insiste la comtesse, faisant des émules dans chaque région de la Péninsule ?

— Le Risorgimento puise ses fondements dans une expérience vécue pendant la période de l'occupation de Napoléon Bonaparte. Quand il s'est proclamé roi d'Italie en 1805, il a installé l'ordre français partout. Pour la première fois, les Italiens des divers États ont partagé une même législation et une même administration. De là leur est venue l'idée d'avoir une seule et même patrie à partir de lois qui leur seraient propres. Ainsi s'est mis en marche un idéal national, explique le prince.

— Idéal national de pacotille, oui ! Rien ne vaut la division séculaire et le protectionnisme douanier ! L'Autriche est pour nous une source de richesse et de commerce ! Le clergé et l'aristocratie ont repris leur pouvoir légitime sur le peuple. La Révolution française n'a véhiculé que des inepties ! Comment espérer que la population ait de meilleures idées qu'un souverain, quand on sait l'inculture qui la caractérise ? s'indigne Notario.

— Vous vous égarez monsieur le comte, assène Castello. Les souverains, en refusant toute forme de réforme, s'apprêtent de nouveau à entrer en conflit avec le peuple. Autant vous dire que vous n'êtes pas au bout de vos peines en cherchant à freiner les complots... Même la bourgeoisie et l'aristocratie éclairées revendiquent aujourd'hui leurs libertés !

— Prince Castello, dans quel camp êtes-vous donc ?

— Dans celui des orateurs objectifs...

La comtesse cherche alors à calmer les esprits et se tourne vers moi.

— Bien, messieurs, abordons un autre sujet moins houleux et interrogeons plutôt une de nos invitées de choix ce soir, *signora* Strepponi, notre cantatrice préférée !

Aux regards qui s'échangent entre la comtesse et le prince, je comprends qu'elle est sa maîtresse, et qu'ils ne partagent pas seulement leurs idéaux mais vraisemblablement aussi leur lit... Répondant aux questions, je leur parle de mes répétitions, de mes prestations, de mon engouement, des rôles que j'interprète et, au moment du dessert, je leur livre un aperçu de mon art.

Cette même année, je sors beaucoup et l'on me voit partout : via dei Filodrammatici, le siège milanais des acteurs de l'opéra, au théâtre de la Cannobiana, le petit frère du théâtre de la Scala, à la Scala également, le plus souvent possible, accompagnée ou pas. Lors de ces virées nocturnes, il m'arrive fréquemment de retrouver Lanari ; une amitié indéfectible naît entre nous. Il me surnomme bientôt affectueusement le « petit général », pour mon tempérament déterminé et volontaire. Nous avons chaque fois beaucoup de plaisir à nous voir, mais il ne me propose aucun nouveau contrat. Je retrouve également signore Stefano mais j'apprends hélas qu'il est marié depuis peu. Je ne comprends pas cette attirance que j'ai pour lui : je suis comme envoûtée, et ne parviens pas à réfréner les élans de mon cœur.

Après les premières représentations à Brescia mi-décembre, j'attends avec impatience d'honorer mon contrat avec Stefano le 9 janvier, et surtout le 15. J'apprends le rôle de Mathilde du *Matilde di Shabran* de Rossini avec un grand plaisir : ce personnage est pour moi absolument idéal car il requiert une voix à la fois fine et forte. Mon défi est de réussir à chanter sur la scène qui a vu s'épanouir Carolina Ungher et Giuditta Grisi, dans un répertoire moderne. Le soir du 9, de la première de *Chiara Rosenberg* de Luigi Ricci, je suis dans un état d'excitation incontrôlable. Je me suis disputée la veille avec Cirelli que je sens jaloux de Stefano, et qui est heureusement en voyage officiel à Vienne.

Le Teatro Grande... Les froissements d'étoffe, l'odeur de poudre, les murmures d'excitation dans les coulisses maintiennent une pression qui déjà est à son comble. Je dois faire honneur à Stefano. La représentation se déroule à merveille, vu le peu de temps dont j'ai disposé pour répéter avec la troupe. Je retrouve Stefano à la sortie de scène, heureux et fier, dans la clameur des applaudissements.

L'opéra de Rossini se joue dans une semaine, et j'ai entretemps deux dates à Brescia à honorer. L'une d'elles s'annule, me laissant plus de temps pour répéter le rôle de Mathilde avec Stefano. Ce mélodrame comico-héroïque fait vibrer une corde sensible en moi : l'ouvrage est dramatiquement assez léger, voire inconsistant : un tyran de pacotille se laisse séduire par une belle (Mathilde), la déteste et même la condamne à mort, mais la retrouve pour l'épouser car comme le dit Mathilde : « Les femmes sont nées pour vaincre et régner. » Je prends un plaisir inouï à incarner cette héroïne : je la trouve absolument attachante et j'envie sa liberté d'expression, en particulier dans l'acte II. Je découvre la sérénité et le bonheur auprès de Stefano, les quelques fois où nous passons du temps ensemble. Hélas, une affectation à Venise va bientôt m'arracher ce nouveau mentor que j'avais un instant imaginé m'être destiné... Nos répétitions mêlées à nos effusions n'en sont que plus mémorables.

Le jour J, je suis dans un état inhabituel : extrêmement sereine et persuadée que tout se passera bien. Je retrouverai difficilement par la suite cette assurance de mes dix-neuf ans. Extraordinaire insouciance de la jeunesse.

Quand le rideau s'ouvre, je suis déjà une autre : le sang de Mathilde coule dans mes veines. Les critiques de la presse locale le lendemain seront dithyrambiques : « Grâce à son élocution mordante, sa ligne expressive et sa présence dramatique, elle a conféré une réelle étoffe humaine au rôle-titre. » Un article dans *La Stampa* locale me complimente sur mon interprétation à la fois « intelligente, limpide, claire et désinvolte ». Il s'agit là d'une consécration !

Dans ce tourbillon de succès et de reconnaissance professionnels, ma personnalité et mes choix s'affirment. Je deviens une grande coquette, dépensant mes cachets en tenues et accessoires à la mode. Cirelli satisfait aussi certains de mes caprices et ma garde-robe prend de plus en plus de place dans mon petit appartement de la rue des Anges. Mais j'y ai aussi une petite bibliothèque et choisis avec soin mes lectures. Je m'intéresse énormément aux écrivains français. On parle beaucoup en ce moment de Victor Hugo qui aurait fait mouche avec sa pièce de théâtre, *Hernani,* qui a suscité de vastes polémiques.

L'article de *La Stampa* a déclenché la curiosité des directeurs de théâtre et autres mécènes qui me sollicitent : les dates s'ajoutent aux dates et Cirelli n'est plus mon seul mentor.

Quelques jours après ma prestation dans l'opéra de Rossini, le directeur du Teatro Grande me fait une proposition très enthousiasmante : interpréter le rôle de Jane Seymour dans *Anna Bolena* (Anne Boleyn) de Donizetti le 12 février, soir de l'anniversaire de l'empereur d'Autriche. C'est un grand rôle et l'enjeu est de taille : si je séduis l'empereur et l'impératrice, mon avenir est assuré. Dussé-je trahir mes convictions indépendantistes.

Cet opéra, le trentième de Gaetano Donizetti, a été créé à Milan en décembre 1830, et connaît un vrai triomphe. Tragédie en deux actes, elle a été composé pour les plus grands du moment, le ténor Giovanni Battista Rubini, la basse Filippo Galli et l'illustre soprano Giuditta Pasta ! L'écriture vocale de Donizetti est des plus exigeantes. Elle requiert à la fois technique et tempérament. Il va me falloir répéter longuement.

La représentation se déroule comme dans un rêve : je m'investis pleinement dans le rôle et donne toute ma mesure au moment de l'apogée dramatique.

Dans la salle ce fameux soir, se trouve Merelli, que je ne connais pas encore très bien à cette période de ma vie. Je sais juste de lui qu'il est l'imprésario numéro un de Lombardie, celui de la Scala. Après la représentation, l'opportunité m'est offerte de faire sa connaissance :

— Signora Strepponi, c'est un honneur de vous saluer ; on m'a déjà beaucoup parlé de votre talent. On dit que vous êtes le nouvel espoir des scènes lombardes, et ce soir, vous venez de me le prouver ! Je suis absolument bouleversé par votre jeu de scène.

— Signore Merelli, vous me faites un bien grand honneur, j'ignorais votre présence ce soir dans la salle... Si je l'avais su, mon jeu aurait été bien plus nerveux.

Je mens avec l'assurance de ceux qui viennent de brillamment relever un défi et ma réponse l'amuse. L'impertinence de mon jeune âge l'incite à me demander de passer le voir à son bureau le lendemain.

— J'ai peut-être une idée pour vous...

Élisabeth d'Autriche et l'empereur François-Joseph me font porter un courrier de félicitations et d'encouragements. Je crois que je les ai séduits ! Non seulement ils peuvent favoriser mon ascension en Italie, mais ils sont susceptibles aussi de faciliter ma carrière sur les grandes scènes autrichiennes. Ce qui arrivera une dizaine de fois en l'espace d'un an.

Le lendemain matin, je rencontre Merelli à son hôtel. Avec ce je-ne-sais-quoi de malicieux dans le regard, il me dit que je brûle d'un feu remarquable lorsque je suis sur scène, qu'il sait détecter les nouveaux talents et qu'il parie sur ma personne pour les cinq années à venir ! Il a pensé me donner les rôles dans *Anna Bolena* de Donizetti pendant une semaine à compter du 15 avril, et dans la *Norma* de Bellini, une semaine également à partir du 22 avril, au théâtre Kărntnertor de Vienne.

Cirelli me félicite du bout des lèvres. Il craint la concurrence de Merelli qui pourrait aisément l'évincer.

Vienne est une ville splendide et raffinée et le public viennois est réputé pour sa froideur et son exigence. Doutant pour la première fois de moi, je suis rassurée par les applaudissements que je reçois à la fin du spectacle. On me rappelle quatre fois sur scène pour le salut final. La *Norma* de Bellini consacre définitivement mon talent auprès du public viennois et me confère une réputation de grande professionnelle auprès de Merelli. Une soirée d'honneur clôt en beauté la saison viennoise ce 15 mai 1835. Cirelli me rejoint à cette occasion.

Ce soir-là une partie de la Cour est présente et l'empereur me fait l'honneur de venir me saluer en personne pour me dire tout le bien qu'il a pensé de mon jeu. L'impératrice me sourit avec bienveillance et me complimente à son tour pour ma prestation. Merelli lors de cette soirée est très chaleureux. La présence de Cirelli l'importune un peu : je décèle dans son attitude les prémices d'un jeu de séduction à mon égard qui définira notre rapport à venir, sans jamais vraiment s'affirmer. Beaucoup de respect mutuel nous liera toute la vie, lui et moi.

Je sens bien que Cirelli est partagé entre la fierté et l'agacement lorsqu'un homme me fait la cour. Il sait que le contrat qui nous lie ne peut m'obliger en aucun cas à lui être parfaitement fidèle. Il est lui-même marié, et j'use de cet argument régulièrement pour réclamer ma part de liberté. En outre, il se sert de mes succès pour favoriser sa propre ascension, parfois même à mon détriment.

Au retour de Vienne, Cirelli m'annonce fièrement que je vais faire partie d'une troupe encore plus importante que celle de Brescia : notre tournée commence en juillet 1835 à Venise et se termine en décembre de la même année à Vérone ! Je chanterai sans interruption durant six mois. Nous passons à Udine, Gorizia, et Brescia. J'en ressors épuisée mais ma voix ne me fait défaut à aucun moment.

J'enchaîne en janvier par des opéras de Rossini, Bellini, Donizzetti, Ricci et Mercadante. Cirelli valide chacune des dates sans tenir compte de ma fatigue qui s'accentue, comme les critiques le souli-gnent, bien qu'ils observent des progrès perma-nents dans mon chant. En juin, *Le Figaro* écrit :

La Strepponi, que nous croyions épuisée par le rythme soutenu de ses tournées et soucieuse de vouloir marquer une pause, se trouve maintenant à Piacenza où elle récolte sans doute autant d'applaudissements qu'elle en a eu à Venise et Mantoue. Nous espérons cependant que ce trop-plein d'activité ne lui soit pas fatal, pour qu'elle puisse récolter les honneurs auxquels elle aspire et qu'elle mérite tant.

En effet, j'aspire à la gloire. Et cela commence à se savoir. Je la touche du doigt mais ne me contente jamais de ce qu'on me propose : je souhaite chaque fois faire mieux et encore mieux. Je salue le profes-sionnalisme de Cirelli et sa ténacité à accumuler les dates qui flattent mon désir de réussite. Mais cette stratégie est épuisante : je vais avoir vingt et un ans et la vie ne m'offre que des opéras à interpréter. Je n'ai quasiment aucune vie sociale, les relations avec mes collègues restent très superficielles. Nous sommes tous en quête de gloire et un climat de défiance permanente règne dans la troupe. À la fatigue physique s'ajoute la fatigue morale : l'en-thousiasme des premiers temps a laissé la place à des automatismes quotidiens. J'ai peu de temps pour prendre du recul et me poser des questions existentielles, mais je mesure malgré tout la vacuité de ma vie privée. J'ai l'impression que mes vingt ans ne m'appartiennent pas. À la fin de chaque repré-sentation, je perçois le non-sens de mon existence.

Je continue d'envoyer de mes nouvelles à ma famille, à mon frère et mes sœurs, à Maman et à mes oncles. Maman m'écrit très peu. J'ai de ses nouvelles par les filles, beaucoup plus loquaces ! Davide mon frère effectue sa première année de médecine, et tout se passe bien apparemment. Ils me manquent. J'aimerais tellement me dire que je peux me reposer sur ma famille moralement pour aller mieux. Mais c'est elle qui a besoin de moi. À l'occasion d'une représentation à Trieste le 26 décembre 1836 – je clos la saison du carnaval –, je pense pouvoir passer les embrasser à Lodi. Hélas, mes répétitions sont plus longues que prévu et je dois remettre ma visite à une autre fois.

Les habitants de Trieste me réservent un merveilleux accueil. Presque deux ans après mon dernier concert, ils ne m'ont pas oubliée. Le directeur du théâtre n'hésite pas longtemps avant d'accepter mon retour en février 1837 dans l'opéra de Bellini, *I Capuleti e i Montecchi* (*Les Capulet et les Montaigu*). J'y interprète le rôle de Juliette et Giuditta Grisi interprète Roméo. Un chroniqueur du journal *Le Pirate* écrira au sujet de notre duo : *Mademoiselle Strepponi se dépasse et partage la palme avec son cher Roméo.*

Pas de rivalité avec Giuditta, mais une étonnante émulation. Je lui fais part un soir de mon désarroi et du décalage entre ce que j'ai au fond de mon cœur et la vie trépidante que je mène. Elle me sourit gentiment et avec la sagesse d'une aînée me répond :

— Ma chérie, ce que tu me dis là, je le vis cent fois par jour depuis que je fais ce métier. Je sais que tu es différente des autres cantatrices, Giuseppina, je l'ai très vite su. Ton âme extrêmement sensible et vulnérable est prête à des concessions pour suivre ses passions, mais tu ne transigeras pas avec ta conscience. Je te sens droite, sincère, ambitieuse dans le sens noble du terme. Mais c'est très dangereux d'avoir un cœur sensible et pur dans nos métiers. Mets-le de côté. Dieu seul jugera : il verra que tu n'as pas eu d'autre choix que t'adapter aux mœurs qu'impose ton métier, mais que tu as su conserver une belle âme.

Ses paroles me rassurent et me réconfortent : je ne me vends pas totalement au diable. Désormais, je saurai qui je suis véritablement au fond de moi, sans plus jamais me poser de questions sur l'image que je donne. C'est ce que je crois alors mais l'avenir démentira ces belles résolutions.

Camillino et Sinforosa

En avril 1837, je débute au théâtre communal de Bologne, le deuxième en Italie après la Scala, dans le *Marino Faliero* de Donizetti, avec deux partenaires illustres, Cosselli et Moriani. J'interprète désormais les tout premiers rôles. Mon mode de vie est en train de changer complètement : mes cachets sont de plus en plus importants, je joue les divas sur scène et dans la vie avec tenues vestimentaires dispendieuses et désirs impétueux.

C'est grâce à Lanari que j'ai rencontré Cosselli et Moriani. Il est venu un soir chez moi me proposer d'intégrer une compagnie pour les théâtres de Bologne et Faenza.

Lanari domine la plupart des théâtres de la Haute-Italie depuis son quartier général de Florence. Il doit sa réputation à la méticulosité avec laquelle il monte les spectacles et à ses heureux choix d'artistes. Un chanteur qui l'a comme impresario est considéré comme un artiste de valeur, mais il subit en contrepartie un entraînement très soutenu. Lanari contraint ses chanteurs à travailler

sept jours sur sept pour répéter cinq représentations, et toute absence doit être rattrapée. En cas
de maladie, des dommages et intérêts doivent lui
être versés.

Aujourd'hui, le grand Lanari me réclame. Après
m'avoir côtoyée sans jamais m'avoir sollicitée, maintenant, il me veut, me désire, me supplie et est prêt
à y mettre le prix ! Lui que je connais depuis
l'époque des soirées organisées par Papa, mais à qui
je n'ai jamais osé demander d'être mon agent. Merveilleux ! Il veut la Strepponi, persuadé que mes
« dons » ne sont pas correctement exploités. En
d'autres termes, il critique la méthode de Cirelli. Si
je souhaite évoluer, je dois lui confier mes talents,
sans pour autant m'éloigner de Cirelli : mieux, je
vais faire en sorte que ces deux hommes qui ont
tout pour se détester collaborent un jour !

Domenico Cosselli est un baryton absolument
remarquable, habitué à des répertoires rossiniens.
Un an et demi auparavant, il a participé à Naples à
la création de *Lucia di Lammermoor*, le chef-d'œuvre
de Donizetti qui, dans quelques années, va sanc-
tifier ma carrière. Nos rapports sont fondés sur le
respect mutuel, et nous trouvons plus d'intérêt à
être collègues que complices.

Je suis plus proche de Moriani ; il se fait appeler
« ténor de la belle mort ». Il sait se produire sur
scène de façon divine et son rôle de héros mourant
à la fin du mélodrame provoque auprès du public
féminin des larmes et des applaudissements d'hys-
térie ! Son long visage se prête parfaitement à la

scène de la mort avec ses joues creuses et pâles, et son large front ; il affiche en permanence un air désabusé et un sourire froid et triste.

Il est dans l'air du temps de cette époque empreinte de mélancolie et de morosité, ce qui explique son succès. À mon sens, il est le porte-parole musical de cette nouvelle vague européenne qu'on nomme « romantique ». Son attitude mystérieuse et son air perpétuellement pensif lui confèrent un charme indéniable qui perdure au-delà des planches. Ses traits ne sont pas particulièrement bien dessinés, mais son magnétisme impalpable est irrésistible.

J'ai d'abord été un objet de curiosité pour lui : comment une si jeune femme a-t-elle pu en l'espace de trois ans conquérir à la fois le public et les imprésarios ? Je ne corresponds pas aux canons esthétiques lombards, qui valorisent les femmes charnues et grandes, moi qui suis au contraire menue. Je pourrais sembler parfaitement insignifiante... jusqu'à ce que l'on m'entende chanter. Je sais que mes traits changent lorsque je suis portée par la scène ; les émotions de mon âme se lisent dans mon regard, je suis capable de passer sans effort de la bonté à la cruauté, de la vie à la mort, de la dépression à la joie de vivre. Moriani, intrigué par ma personnalité, se montre vite attentionné, puis je deviens une proie qu'il lui faut ferrer.

Après le *Marino Faliero* de Donizetti, nous enchaînons au théâtre de Bologne encore avec *Lucia di Lammermoor* du même compositeur et *I puritani* (*Les Puritains*) de Bellini. Notre trio fonctionne à merveille. J'acquiers une confiance implacable sur scène qui ne me quittera qu'au déclin de ma voix. Une réelle complicité se tisse entre nous trois : lorsque l'attention de notre public se relâche (les dandies ne viennent parfois que pour un acte voir des ballerines, d'autres n'arrivent qu'à la fin de la représentation afin de danser avec la prima donna), après un signe de tête à l'intention de l'orchestre et de mes deux partenaires, je me mets à chanter des morceaux dans lesquels je me suis auparavant dignement illustrée, mais qui n'ont rien à voir avec l'opéra du moment ! Le public revient alors soudainement au calme, plus attentif. Moriani me lance souvent un regard d'encouragement et il n'est pas rare que nous partions ensuite dans des crises de fous rires en coulisse quand nous évoquons ces libertés que nous prenons.

C'est le printemps, saison des amours, et nous avons pris l'habitude de nous retrouver après le spectacle avec Moriani, luttant ensemble contre le sommeil, avec un délicieux verre de vin, et contre la solitude au creux d'un lit. Il sait très peu de choses sur moi mais me parle souvent de lui et de sa vie privée si complexe. Il vit avec une certaine Lydia et ils ont un fils. Il n'aime pas cette femme et ne l'a d'ailleurs jamais aimée. Il s'est retrouvé père pour la première fois alors qu'il souhaitait la quitter pour une autre. Mais il n'a jamais pu se passer d'elle car elle est pour lui comme une mère. Il a tenté de rompre plusieurs fois sans jamais y parvenir, tant elle s'accroche à lui telle une sangsue. Cette femme, visiblement sans amour-propre, lui pardonne chacune de ses frasques. Il lui a pourtant fait les pires affronts : conquêtes d'un soir, parfois de plusieurs mois, voire plusieurs années, enfants adultérins. Lydia joue à l'infirmière du cœur après ses ruptures, à l'intendante des lieux et à l'épouse patiente et docile. Un lien curieux, voire malsain selon moi, unit ce couple. Moriani s'est créé de façon pernicieuse un lien de dépendance par rapport à cette femme, bien qu'il n'ait eu de cesse de lui échapper. Pauvre homme qui se laisse harponner, pauvre femme qui aurait pu trouver son bonheur ailleurs, et pauvre enfant qui sert d'appât et qui a toujours du mal à trouver sa place entre ses parents. « Surtout, me dit-il enfin, elle sait plier mon linge comme personne... » Voilà tout ce qu'il attend d'une femme ? Enchantée par son trait d'humour, je pars dans un éclat de rire de diva, mais devant son air contrit, je m'aperçois qu'il est tout à fait sérieux.

Je comprends surtout que le cas Moriani est irrécupérable et que je préfère de loin être sa maîtresse et obtenir de lui ce qu'il a de mieux à offrir à une femme. Cet homme, quoique trop tourné vers lui-même, fait preuve de qualités touchantes. Seul l'instant présent auprès de lui m'intéresse. Et pour être tout à fait honnête, l'idée d'être la favorite du ténor me séduit aussi.

Nous déambulons dans les rues silencieuses de Bologne à des heures indues de la nuit, chantant ensemble la dernière romance d'amour de notre couple d'opéra : notre duo sur la fameuse cavatine de la *Norma* de Bellini. Nous sommes devenus les personnages que nous interprétons ; un glissement s'est produit de la scène vers la réalité. Ces personnages nous habitent : il est indispensable de laisser parler notre attirance. L'attachement devient physiquement passionnel, nous incitant à nous aimer n'importe où, à toute heure : sous les étoiles, les places désertes ou encore les porches majestueux et silencieux de la ville à trois heures du matin. Dans les coulisses, les loges, et même sur scène lorsque, certains d'être seuls tard après une représentation, nous voulons honorer l'âme de nos personnages à l'endroit où s'est joué leur destin. Nous luttons contre l'épuisement, mais une force invraisemblable nous maintient éveillés pour nous aimer encore et toujours.

C'est la première fois que je vis un amour charnel aussi intense. Cet homme éveille en moi un instinct animal et nous ne pouvons pas rester seuls dans une pièce ou dans la rue sans ressentir le besoin impétueux de nous dévorer ! Le 1er juillet, notre amour est sublimé par notre triomphe à la Pergola dans *Lucia di Lammermoor*. Nous sommes rappelés vingt fois sur scène ! L'osmose avec le public, cette merveilleuse communion d'âmes, me transporte chaque fois un peu plus dans les sphères du délice. Beaucoup de personnes, déçues de n'avoir pu obtenir de billet ce soir-là, se déplaceront à Crémone au mois d'août pour assister au même opéra. Je savoure ces instants précieux de reconnaissance et d'adulation.

Juste après Bologne et Faenza, je pars pour Lodi, ma ville natale. Cirelli n'a pas trouvé de meilleur moyen pour m'éloigner un instant de la troupe et des griffes de Lanari. Je suis accueillie comme une reine ! Tous s'accordent à dire que j'ai embelli : mes aventures sentimentales me donnent en tout cas plus d'estime et de confiance en moi, on le perçoit au travers de mon regard, ou de ma démarche. La tristesse que la mésaventure et le besoin ont fait naître très jeune sur mes traits s'est estompée. Les habitants de Lodi captent peut-être un je-ne-sais-quoi qui me confère une aura mystérieuse : l'éclosion de vie. Je suis enceinte ! Voilà plus de trois mois que je porte l'enfant de Moriani.

Pour être une parfaite diva et une digne courtisane en cette première moitié de XIXe siècle, il faut savoir être stérile. A-t-on jamais vu une cantatrice avoir une vie de famille digne de ce nom, parallèlement à sa carrière ? Cet enfant est malvenu. Je me sens incapable de renoncer provisoirement au chant au profit d'un enfant dont je ne souhaite pas l'existence. Notre liaison avec Moriani, quoique intense et passionnelle, n'existe que pour combler ce vide qui m'habite en permanence. Tel un calice, mon cœur s'est laissé remplir d'un amour illusoire pour mieux combler l'attente de celui qui n'a toujours pas croisé mon chemin.

La réaction froide de mon amant à l'annonce de ma situation ne laisse aucun doute sur le peu d'engagement auquel je dois m'attendre de sa part.

Je porte un enfant que ni le père ni la mère ne désirent... Pourquoi le destin m'envoie-t-il cette épreuve ? Et pourquoi une si forte émotion m'étreint-elle à l'évocation de son existence dans mon ventre ? Comment de tels sentiments antinomiques peuvent-ils cohabiter ?

Femme flouée à qui le mariage est définitivement interdit, il ne me reste que la malice et le talent pour me relever de mon déshonneur.

Entre le mois d'août et le mois de décembre, tout en assumant mes dates de tournée, je lutte incessamment contre une grande lassitude. Les premiers mois de ma grossesse, incapable d'avouer la vérité à Cirelli, je prétexte de la fatigue physique, de l'éreintement vocal et un besoin de repos pour ralentir le rythme de mes prestations. Je ne donne plus le meilleur de moi-même, je n'ai plus le même dynamisme sur scène, je limite mon jeu d'actrice au strict minimum. Au cinquième mois de ma grossesse, en septembre, je ressens de nombreux signes de fatigue alarmants. Lanari menace d'interrompre mon contrat si je n'honore pas chacune des représentations annoncées. Il m'annonce dans la foulée quelques dates supplémentaires retenues en janvier et février prochains à Ancône...

Il est épuisant de recourir à des subterfuges pour dissimuler l'ampleur de mon ventre. Dieu merci, je n'ai pas grossi énormément, et j'ai perdu l'appétit. Sans nouvelles de Moriani depuis l'annonce de ma grossesse, je pose mes valises à Milan, dans un très grand appartement au sein d'un palais et ma mère, mes trois sœurs Maria-Teresa, Maria-Antonietta ainsi que Barberina déménagent pour habiter avec moi, l'âme légère et la joie au cœur. Maman est heureuse que je lui offre une vie décente dans un décor prestigieux. Je n'avais pas annoncé à ma famille mon état de grossesse avancé. Quand Maman s'en aperçoit, sa réaction glaciale m'indique qu'elle restera égale à elle-même, quelles que soient les circonstances de la vie : distante et égoïste.

— Tu ne comptes pas garder cet enfant, j'espère ! Tu as assez de nous à nourrir dorénavant !

À quoi bon entrer dans un conflit personnel alors qu'elle arrive tout juste ? Ma grossesse devient vite un sujet tabou à la maison.

Papa, vois comme le serment que je t'ai fait est honoré : je suis devenue prima donna, je nourris ma famille, et m'assure qu'elle ne manque de rien. Donne-moi la force de continuer, maintenant.

Début décembre, je suis contrainte de quitter la scène car mon costume se déchire ! Cirelli, furieux, m'accueille par des cris en coulisses. À bout de forces, je lui demande trois jours de repos pour essayer de récupérer quelque énergie. Au moment où il refuse tout net, une contraction me fait soudain pousser un cri. Étonné, Cirelli croit que je souffre d'un mal aigu que je tais. Je suis contrainte de le rassurer en lui avouant la vérité et lui montre mon ventre. Il me lance un regard froid, ses traits se figent, les bras tendus le long de son corps et les poings serrés, il est pris entre l'envie de me hurler des horreurs et celle de me ménager du fait de mon état.

— Qui est le père ?

— Moriani.

— Mesures-tu tous les ennuis que cette grossesse va engendrer ? Sans parler de cet enfant ensuite..., je suppose qu'il ne fera qu'un bref passage dans ta vie.

— Tu veux t'assurer que j'ai bien l'intention de m'en débarrasser, c'est ça ? Mais cet enfant n'a pas demandé à naître ! Il est là, dans mon ventre, et s'il naît en pleine santé, je ne pourrai pas aller le noyer comme un vulgaire chaton !

— Il ne s'agit pas de ça. Il y a d'autres façons de se débarrasser d'un enfant. Bon nombre de familles seraient prêtes à l'adopter et à bien le soigner, ton petit, moyennant finances.

— Je sais bien qu'il ne pourra pas partager ma vie, mais ne me demande pas de m'en séparer à jamais...

— Ce n'est pas moi qui te le demande, Giuseppina ! C'est ta carrière ! Il y a peu, ton talent sur scène n'était pas encore reconnu. Aujourd'hui, tu es célèbre et je t'y ai grandement aidée ! Je ne souhaite pas que ta vie privée entache la bonne évolution de ta carrière de diva. Tu es vouée à un destin exceptionnel. Dieu t'a fait don d'une voix en or, que tu te dois d'exploiter. Tu viens d'avoir vingt-deux ans, il te reste encore quelques années pour asseoir définitivement ce grand talent de cantatrice, ne laisse rien ni personne le gâcher !

Il se met à marcher en rond, les mains dans le dos :

— Giuseppina, tu es une professionnelle. Tu vas aller retrouver Lanari pour qu'il assure la prochaine tournée et si tu dois rechanter avec Moriani, tu rechanteras avec lui ! Si je reconnais ton enfant, il sera officiellement à l'abri du besoin. Je ne te verserai la moitié d'une pension qu'à la condition qu'il porte le même prénom que moi : je suis déjà assez le dindon de la farce ! Débrouille-toi pour lui

trouver une bonne famille d'accueil. Nous ferons
auparavant un baptême en bonne et due forme
auquel je convierai la presse. La grande diva bap-
tisera son enfant dans la tradition catholique : cela
te fera honneur, et à cette condition, je recon-
naîtrai ton enfant. Son âme trop impure à la naissance salirait mon nom. Après le baptême, tu
reprendras le chemin de la scène. Je vais faire en
sorte de te dégager dès ce soir de tes obligations.
Mais à ton retour, je ne tolérerai aucune défaillance !

— Camillo, je ferai ce que tu dis. Mais ne t'avise
plus jamais de me dicter ma conduite.

Je hais cet homme qui me manipule et me fait
du chantage, il est abject ! Je peux encore partir
loin d'ici, accoucher de mon petit et me refaire une
vie quelque part, sans liens, sans attaches.

Mais la promesse faite à mon père balaie aussitôt
cette pensée.

Je passe les fêtes de Noël seule – c'était mon
choix – partagée entre la joie et la tristesse. Malgré
le rythme infernal des représentations et le peu de
liberté dont je dispose, tout ce que je vis correspond
à mes aspirations profondes et je devrais en être
heureuse. Je suis devenue une grande chanteuse ;
j'entretiens Maman et mes sœurs, mon public
m'adore ; j'ai beaucoup de succès auprès de la
gente masculine ; Cirelli assure mon avenir professionnel même si je peux déjà m'estimer indépendante financièrement. Pourtant, mon cœur est
lourd, pourquoi ?

L'enfant est né le 14 janvier 1838, à midi. C'est un garçon, comme je le pressentais. Il est déclaré à l'état civil sous le nom de Camillo Luigi Antonio Strepponi, « né de père inconnu ». Lanari a prévenu les quotidiens locaux, perfide et complaisant avec Cirelli : mon accouchement y est raconté de façon tellement noble et théâtrale, que mon public vient déposer en bas de chez moi quelques fleurs et des courriers de félicitations très touchants. Je ne mesure pas tout de suite les effets redoutables et ravageurs sur mon âme de cette mascarade.

Camillo est un très beau nourrisson, de parfaite constitution. Ce petit innocent que j'ai porté en le dissimulant pendant tous ces mois, l'esprit empreint d'une grande contrariété, restera mon premier amour pur et entier. J'aime cet enfant de tout mon cœur, même si je ne pourrai jamais véritablement laisser libre cours à ce sentiment. Voilà ma condamnation pour avoir cherché à satisfaire mon père !

Si seulement je pouvais revenir sur mon serment...

Le 16 janvier, soit deux jours après sa naissance, Camillo reçoit les sacrements du baptême du père Loga à l'église San Eusebio de Milan. C'est quasiment un événement mondain : les personnalités de l'opéra italien sont présentes, ainsi que toute la société aristocratique milanaise dont j'ai fait la connaissance dans les salons littéraires. Quel étonnant décalage entre ces nombreux témoignages d'amitié et d'affection et le néant de mon cœur ! Camillo junior dans mes bras et Cirelli pseudo-père à mes côtés, je frissonne d'effroi en croisant le regard de Moriani dans le parterre. La vie n'est qu'un immense livret que Dieu se plaît à mettre en scène de façon absurde.

Lanari me parle ce jour-là d'une famille aux revenus modestes très réputée pour son sérieux et sa gentillesse qui peut accueillir mon enfant ; elle habite Florence et se dit prête à prendre Camillo dès la semaine suivante. Je suis tellement malheureuse que je me résigne sans me poser de questions à abandonner ce petit être de seulement quelques jours pour enchaîner mes représentations.

Je confie donc la chair de ma chair, le sang de mon sang. Je pleure toute la nuit précédente, en tenant contre mon cœur mon nourrisson de dix jours. Je sais que la mère d'accueil a bonne réputation. Elle a quatre enfants à elle, et deux adoptés. Mon Camillo sera le septième de la maisonnée. La modeste demeure qu'il va habiter me semble charmante quand je l'y dépose, le père paraît honnête et les six enfants ne semblent pas maltraités. J'embrasse tendrement mon enfant serré dans mes bras puis la nourrice, pressentant l'angoisse qui m'étreint, me le prend avec beaucoup de douceur et lui dit : « Maman reviendra te voir souvent. »

Je ne serai plus jamais la même.

Sur le chemin du retour, je ne verse aucune larme, je suis dans un état second. Il faut que j'aille m'étourdir, vite !

Acte I

Je reprends la scène à Turin le 11 mars, à la cour du roi, pour deux concerts où je suis énormément applaudie : je reçois avec gratitude ces témoignages d'affection qui m'ont manqué et dont je n'ai pu me nourrir durant un mois et demi. Le roi en personne me congratule pour mes prestations.

Hélas, mes joies ne sont chaque fois que de courte durée : j'apprends par courrier la mort de Maria-Antonietta, ma sœur. J'ai échoué dans un aspect de la mission que je m'étais assignée : à trop courir les cachets, je n'ai pas été et ne suis pas assez présente auprès de ma famille. Il aurait fallu faire suivre ma sœur malade par un médecin à l'hôpital.

Il faut que je me perde dans le tourbillon des soirées, des concerts, de mon existence mondaine, il faut que je brûle ma vie : il faut aussi que je tienne bon.

Quelques mois passent et me voici à nouveau enceinte. Si peu de temps après avoir accouché de mon premier enfant ! Plus je me sens perdue, plus je me perds. Il est encore plus évident que lors de ma première grossesse que je ne pourrai pas garder ce bébé et il est encore temps pour moi de m'en débarrasser. Je vais voir une de ces « faiseuses d'ange » pour qui j'ai un dégoût profond. Rosa Gravi, qui officie dans l'arrière-salle de son magasin de passementerie à Livourne me demande mille lires autrichiennes en échange de ses services. L'intervention ne doit durer qu'un quart d'heure. La douleur est vive, je pousse un cri, puis m'évanouis. Elle me réveille en me jetant un seau d'eau au visage et me dit qu'« apparemment, c'est bon ». La douleur ne me quitte pas durant un mois. Je reprends les représentations, épuisée par une grande fatigue qui ne me quitte pas. Je me sens de plus en plus engoncée dans mes tenues de scène. Mon ventre a grossi ! Mon bébé continue de se développer dans mon ventre ! Je pleure de rage face au destin qui s'acharne contre moi. Pour quelle raison Dieu a-t-il souhaité que je conserve encore cet enfant ? Je suis affligée d'une vilaine toux qui n'améliore pas mon humeur déjà bien sombre, et de retour à Florence, je me produis malgré tout, dès le 14 octobre, dans *Norma* au théâtre Alfieri.

J'annonce cette deuxième grossesse à Cirelli dont la seule réponse est un silence glacial. Il ne cherche pas à savoir l'identité du père que j'ignore moi-même. Je mords la vie à pleines dents sans me soucier des conséquences de mes actes. Je sais que depuis quelques mois, je ne vais pas bien : je n'ai plus l'enthousiasme qui me portait auparavant, et même sur scène, mon art me procure de trop rares satisfactions. Je pleure souvent, à la fois de honte, de dégoût, de désespoir et d'incertitude. Que va-t-il advenir de moi ?

La famille d'accueil de Camillino, mon fils, me demande tous les trois mois des sommes chaque fois plus importantes pour sa pension, car il souffre de maladies infantiles courantes qui nécessitent des soins. Je ne suis pas en état de négocier, et me refuse à le faire pour ne pas être une mère plus indigne que je ne le suis déjà.

Les dernières semaines qui me séparent de mon accouchement sont pénibles et douloureuses. Je souffre de contractions depuis mon cinquième mois, qui s'accentuent au fil des semaines, comme si mon corps lui-même refusait ce bébé que je dissimule : il ne faut pas qu'on le voie, il ne faut pas qu'il existe.

J'ai le rôle féminin de la *Straniera* le 30 octobre et celui de *Betly* de Donizetti le 10 décembre au théâtre Cocomero. Le 2, on donne *Lucia di Lammermoor* : le public est désappointé par une toux à répétition qui m'empêche de chanter convenablement. Quelques critiques le soulignent avec délectation : ma voix déraille, mes élans vocaux se concluent tous par des toux calamiteuses, le chef d'orchestre ne veut plus de moi !

Ma santé se dégrade de jour en jour. Je refuse de consulter un médecin de peur que mon état soit connu dans le métier. Mon moral flanche, je deviens irritable et susceptible. D'humeur à peu près égale avec Ronconi qui succède à Cosselli, je suis absolument intransigeante avec Moriani à qui je ne pardonne pas de m'avoir aussi lâchement laissée tomber quand j'avais le plus besoin de lui...

Il fait exactement comme s'il ne s'était jamais rien passé entre nous et comme si l'existence de Camillino n'avait jamais effleuré sa conscience. Je le découvre vil, puéril et prétentieux. Un soir où il trouble mon jeu en écourtant ma tirade, je lui fais une scène mémorable en coulisses devant tous les musiciens. Je l'insulte plus que de droit. Il me menace, jurant de me faire payer mon affront.

Le 28 décembre, je poursuis avec *La Sonnambula*
(*La Somnambule*) de Bellini et j'entame l'année
1839 avec un concerto et *Il Giuramento* (*Le Serment*)
de Mercadante. Le 6 janvier à Florence, une quinte
de toux m'empêche de finir mon aria du concerto
et je dois quitter la scène. Je dégrafe mon corset
pour pouvoir respirer et je vomis tout le désespoir
et la tristesse qui me submergent. Je ne vois pas
Moriani qui m'a suivie et assiste à cette scène pathétique. Il a aperçu mon ventre proéminent et
comprend que je suis enceinte : l'occasion est belle
pour lui de m'éliminer de la troupe et de sa vie.

Lanari reçoit un courrier virulent de la part de
Merelli avec qui il a signé un contrat un mois auparavant pour engager notre trio, lui expliquant
qu'une missive anonyme lui est parvenue, dénonçant
ma grossesse ! Lanari dément l'affaire, accuse les
langues de vipère du métier. Il jure de la bonne foi
de son artiste et promet à Merelli que je ne peux
pas être enceinte : ma ligne de jeune fille en
témoigne. Merelli paraît rassuré, mais le doute est
né chez Lanari. Il me pose la question par écrit et
me demande d'emblée de confirmer mon engagement à la Scala pour le printemps ou de déclarer
forfait. Je ne peux pas renoncer à cette opportunité. Ma famille, Camillino, mes charges quoti-
diennes... J'ai besoin de cet argent. Je confirme ma
présence à Lanari et lui confie mon intention
d'avorter. Mais avorter au huitième mois de la grossesse est de l'ordre de l'impossible.

Le surlendemain, 29 janvier, au théâtre Alfieri, se
tient la représentation d'*Il Giuramento* de Mercadante. J'interprète « avec un merveilleux abandon »,

comme le souligne l'article de *La Stampa*, la prière du troisième acte... juste avant de m'évanouir sur scène !

Sinforosa, mon deuxième enfant, vient au monde à Florence, le 9 février. Sinforosa comme *sinfonia* ; je trouve joli ce prénom musical qui évoque mon univers. Mariella, la femme de chambre, alertée par mes cris, m'a aidée à accoucher à l'appartement, seule dans ma chambre, seule dans ma vie, et seule dans ma tête. Il était hors de question de prévenir un docteur et d'éveiller des soupçons dans le voisinage. Le nourrisson est de taille normale. C'est une jolie petite fille bien proportionnée, arrivée plus tôt que prévu mais apparemment en pleine santé ; moi qui pensais mettre au monde un bébé extrêmement petit du fait de la taille de mon ventre...

Sa fragilité m'émeut. Je souhaite aussitôt l'allaiter et la choyer. J'aime son calme intérieur et sa chaleur rassurante. Je ne vis que pour elle durant trois semaines. Parfois, elle me regarde, semblant capter le drame intérieur qui me déchire. Mariella éloigne les visiteurs en prétextant que j'ai la grippe. Je repousse l'échéance de la séparation avec ce bébé. La date du 12 mars approche pourtant à grands pas : j'étudie le rôle féminin soprano de *Le due illustri rivali* de Mercadante que je vais chanter à la Fenice de Venise, un théâtre que j'aime passionnément, où j'ai déjà joué Bellini et Rossini en 1836. J'ai hâte de retrouver l'ivresse des rappels et des applaudissements. Je baptise Sinforosa en catimini, le 15 février. Le curé de la chapelle

accepte, moyennant finances, d'effectuer la cérémonie à une heure indue de la soirée.

Je réfléchis sans cesse à ce que je peux faire de
cet enfant qu'il m'est impossible de garder : je ne
peux la confier ni à ma mère si peu aimante ni à
mes sœurs malades ni à une famille d'accueil que
je ne suis pas en mesure de payer. L'abandonner
dans la rue ou lui ôter la vie n'est évidemment pas
envisageable. La solution, c'est peut-être l'hôpital
des Innocents de Florence qui recueille les enfants
abandonnés et les place : baptisée, elle a une
chance de trouver une famille qui prendra en
charge son avenir de façon très modeste certes,
mais sans que j'aie à subvenir à ses besoins. En
revanche, cela signifie que je ne la reverrai jamais.
Mais si je fais fortune et décide de la récupérer, une
fois ma carrière finie, je dois penser à un stra-
tagème pour prouver ma maternité auprès de
l'enfant, car je ne veux pas que mon nom appa-
raisse dans quelque registre que ce soit. Je cherche
une idée, arpentant l'appartement, le bébé contre
mon cœur : une marque sur la peau ? Trop douloureux pour elle ! Un courrier ? Trop délicat !
Mon regard se porte alors sur un vide-poche en
cuivre contenant quelques lires autrichiennes !
Voilà l'idée : je vais coudre la moitié d'un sou avec
un petit ruban au lange du bébé et je garderai précieusement l'autre moitié, pour le jour où je
viendrai la récupérer ! Je danse avec mon enfant,
enchantée par l'idée de génie que je viens d'avoir !
Je l'embrasse, la fais tournoyer dans les airs, en
entonnant un air de *Lucia di Lammermoor* !

Mariella m'aide à couper la pièce de monnaie avec un outil approprié et je m'applique à coudre personnellement le ruban sur le lange de Sinforosa : j'y glisse également un petit papier sur lequel Mariella a écrit le nom de l'enfant et son jour de baptême. J'allaite pour la dernière fois ma fille, puis avale deux verres de rhum pour me donner du courage et je sors dans les ruelles sombres de la ville. Je ne veux pas que Mariella m'accompagne et elle se contente de me serrer dans ses bras très fort. Je marche en direction de l'établissement, prenant tout mon temps, parlant à mon bébé qui dort et ne peut comprendre.

— Mon bébé, mon enfant innocent, je t'ai conçu, t'ai fait naître alors que je ne peux t'assumer ! Mais quelle mère suis-je donc ? Pardonne-moi. Mon cœur se déchire à l'idée de ce que je m'apprête à faire. Peut-être un jour sauras-tu pourquoi je t'ai ainsi abandonnée ; tout ce poids qui pèse sur mes épaules... Je dois assumer la charge financière de ma famille, du petit Camillino. Je ne peux pas interrompre ma carrière, je dois poursuivre coûte que coûte, ne pas faillir, ne pas abandonner. Jamais. Le spectacle doit continuer. Tu ne sauras jamais ma chérie combien je rêve de te voir grandir, combien j'aimerais te raconter des histoires, le soir, pour t'endormir, et combien j'aurais aimé t'offrir un papa. Mais je suis si seule mon amour ! Si désespérément seule. Dieu me donnera-t-il la force de tenir ?

Arrivée à l'hôpital des Innocents, je l'embrasse, la berce longuement puis la pose dans son couffin, sur une des marches et me sauve, de peur d'être vue, après avoir sonné la cloche de l'établissement. Cachée à l'angle de la rue, j'aperçois une ombre sortir en haut de l'escalier, regarder à droite puis à gauche, et prendre le nourrisson. La porte se referme, me laissant anéantie. Je reste couchée trois jours et trois nuits, assommée par ce que je viens d'accomplir, me réfugiant dans le sommeil.

Le 3 mars, je pars à Venise, non sans avoir demandé à Mariella de se renseigner pour savoir dans quelle famille va être placée ma petite Sinforosa. Je lui envoie ensuite de l'argent pour qu'elle se rende dans la province de Massa, une région pauvre, où mon enfant est prise en charge provisoirement par une nourrice, Monna Orsola Pasquini, qui va la nourrir. Je veux que Mariella voie à quoi elle ressemble et comment est sa maison.

Le 12 mars à la Fenice, j'interprète *Le due illustri rivali* dont j'ai eu toutes les peines du monde à apprendre la partition, du fait des événements. J'ai beaucoup de mal à me concentrer sur mon jeu lors de la répétition et je sors en larmes du théâtre. Depuis mon arrivée à Venise, je pleure constamment et me fais d'amers reproches. *Tu as fait pire que ta mère, pire que ta mère !!* Comparée à ce que j'ai fait, l'indifférence de ma mère n'est rien. *Mère indigne, irresponsable et superficielle ; ton égoïsme te perdra ; tu finiras seule, désespérément seule.* J'ai honte de moi, honte d'exister ! Mais je dois sécher mes larmes, dépasser cette angoisse. Ce soir, je me dois à mon public. On m'applaudira dans l'opéra de Mercadante, on me lancera des fleurs, on ne se doutera pas un seul instant que j'ai laissé une partie de moi sur les marches de l'hôpital des Innocents.

Je m'enferme dans un mutisme qui dure plusieurs jours et qui provoque la colère de Cirelli qui s'est engagé pour de nombreux concerts en mon nom. Je ne suis libre de rien, je n'ai le choix de rien, je ne peux ni gérer ma carrière ni vivre ma vie comme je l'entends. Cirelli s'étrangle de fureur :

— Tu vas faire la saison du carnaval à la Scala, le plus grand théâtre italien de tous les temps, jouer dans un trio à succès, interpréter les plus beaux opéras des plus grands compositeurs contemporains, ton nouvel imprésario, l'immense Merelli, est un homme que toutes les divas se disputent, et tu ne trouves rien de mieux que de faire ta timorée ? Replie-toi sur toi-même, tu as raison, tu ne te rends même pas compte combien tu es privilégiée !

Il ne se doute pas un instant, ce rustre, que la dépression me guette et qu'elle commence à altérer ma voix qui n'est plus aussi limpide et claire qu'auparavant. Parfois, je ne parviens même plus à pousser mes gammes élémentaires.

Mesdames et messieurs, voici le programme de la saison du carnaval 1839 à la Scala : I Puritani, L'Elisir d'amore, Pia de' Tolomei *et* Lucia di Lammermoor *!! Et l'opéra d'un tout nouveau compositeur, Giuseppe Verdi,* Oberto, conte di San Bonifacio.

Un mariage raté

Mon Peppino ! Si tu savais la femme que j'ai été avant toi ! Tu aurais honte de moi, honte de nous. Tu me rejetterais sûrement. Je ne t'ai jamais tout avoué pour préserver notre amour. Tu es le seul amour sincère de ma vie, le seul amour désintéressé, lié ni à l'argent ni à la gloire. Un amour pur et entier qui m'a aidée, je suis sûre – aux yeux de Dieu tout du moins –, à racheter toutes mes fautes passées.

Le 17 juillet 1839, je suis engagée par Lanarı pour une représentation de *Lucia di Lammermoor* au théâtre de la Fenice. Je suis alors obligée de quitter Milan, où j'ai commencé à répéter l'opéra d'un tout nouveau compositeur que j'ai recommandé à Merelli : Giuseppe Verdi. Un vrai coup de foudre musical ! J'ai trouvé sa partition sur le bureau de Merelli, et j'y ai jeté un œil par pure curiosité ; Merelli m'a dit qu'elle lui semblait de peu d'intérêt mais déjà, je ne l'entendais plus, comme si la musique de la partition envahissait toutes mes pensées. Merelli l'a vu, s'est tu et a attendu, intrigué, que je finisse ma lecture. Les notes me parlaient avec beaucoup de sensibilité, c'est comme si elles instauraient un dialogue intime avec mon cœur. Je n'ai eu qu'une phrase à prononcer pour que le génie musical de ce jeune compositeur soit joué à la Scala, une seule : « Merelli, si vous passez à côté de cette œuvre, vous n'aurez pas assez de votre vie pour le regretter. J'irai la proposer aux plus grandes scènes lyriques d'Europe s'il le faut, jusqu'à trouver l'écrin qui corresponde à ce bijou. »

J'ai de la peine car Verdi avait misé sur ma personne pour assurer son opéra et je n'ai pas pu l'accompagner finalement dans cette aventure. J'espère qu'il se remettra de cette déception et ne m'en tiendra pas rigueur. J'espère surtout ne pas l'avoir déçu car je tiens à son estime et à son amitié. Toujours de noir vêtu, il porte un deuil qui semble ne jamais devoir finir. J'ai entendu parler des malheurs qui l'ont frappé. Je n'ai pas cherché à séduire ce jeune homme qui m'impressionne tellement. J'ai noué avec lui des liens très forts, faits de complicité et de partage et j'ai l'impression de l'avoir trahi. C'est le cœur lourd que je me prépare à chanter *Lucia di Lammermoor,* cet opéra que j'adore. Peut-être le chant m'aidera-t-il à oublier mon mal-être ou me permettra-t-il d'exprimer toutes les tensions que j'ai accumulées, mes frustrations, mes peines. Ce soir, je ne vais pas jouer Lucia, je vais *être* Lucia !!

Depuis toujours, j'ai des affinités avec ce personnage, grande amoureuse de l'histoire de l'opéra, et, avec ma robe blanche, mes longs cheveux noirs et mon visage diaphane, j'incarne parfaitement le rôle. Jeune fille que l'on veut marier contre sa volonté pour sauver la famille de la ruine, Lucia aime Edgardo de Ravenswood. Mais des rivalités divisent les familles des deux amants et le frère de Lucia fera tout pour détruire les liens qui les unissent, faisant perdre la raison à sa sœur qui se meurt d'amour. Une histoire de passion impossible bien entendu : l'amour ne rend décidément personne heureux.

Sur scène ce soir-là, je suis transcendée par mon rôle. Je *suis* Lucia, je sens la défaillance de son cœur, son sang coule dans mes veines. Je ressens au plus profond de mes entrailles cet attachement amoureux qui la lie à son amant. Je réussis à interpréter la scène de la folie avec mon âme et elle est l'occasion pour moi d'exprimer toute la passion qui est au fond de mon cœur. Je suis comme en transe et je perds véritablement la raison ! En m'effondrant sur le sol, j'ai la vision de toutes ces notes de musique que je viens de chanter – les croches, les noires, les blanches – pleuvant en cascade sur moi. Un tonnerre d'applaudissements accueille la toute dernière croche. Je suis rappelée vingt-trois fois sur scène ! Je n'ai encore jamais connu cela. Mes partenaires m'applaudissent aussi, les yeux remplis d'émotion. Je mets du temps à reprendre mes esprits : je suis heureuse et pourtant si triste au fond de moi. Je pleure, et pleure encore, sans pouvoir m'arrêter et tous croient que je joue encore alors que ce n'est pas le cas. Cette intense émotion me marquera à jamais et suscite chez moi une question : si être en adéquation avec soi-même génère ce type de réactions de la part du public, c'est que l'authenticité est finalement la valeur la plus intéressante à développer pour une actrice ?

Et si j'essayais dorénavant d'être moi ? Pourquoi l'image de Giuseppe surgit-elle au moment où ces questions m'assaillent ?

Dans ma loge après cette ovation, les visites d'admirateurs se succèdent comme jamais. Lanari n'est pas loin, la porte reste toujours ouverte. Des femmes m'aident à me déshabiller, me démaquiller. Je ne peux que prononcer de brefs remerciements, n'ayant pas encore tout à fait retrouvé mes esprits et repris pied avec la réalité. Je remarque un grand sac contenant apparemment un objet lourd et volumineux, posé sur la table parmi des bouquets de fleurs et un seau à champagne. Sur le sac, un mot :

Mademoiselle... J'ai vu chacune de vos représentations à Milan le mois dernier et je vous ai trouvée remarquable. Dès que je vous ai vue sur scène, votre regard, vos mouvements, votre port de tête, et la noblesse qui se dégage de votre démarche m'ont particulièrement troublé, au point de me hanter jour et nuit. Je n'ai pas l'habitude de tenir ce genre de discours aux femmes, pardonnez mon audace, mais il fallait que vous le sachiez. Comme votre image me poursuivait, j'ai fait une sculpture de vous, mais en exprimant tout ce que je devinais au fond de votre cœur. Quelque chose de profondément maternel se dégage de vous. Il a fallu que je vous assimile à la donna... *la* donna e il suo bambino.

104

Je déchire le papier journal qui recouvre l'objet dans le sac : j'aperçois des pieds, des jambes de femme recouvertes d'une étoffe de marbre. Je libère entièrement la statue de son emballage et découvre Marie et l'Enfant Jésus. Je retiens un cri, des larmes se mettent à couler sur mes joues, je reste paralysée. Le visage de la statue est le mien et c'est celui d'une mère qui a abandonné ses enfants.

Je m'assois, incapable de prononcer une parole.

Lanari accourt dans ma loge, alerté par mes pleurs, voit la statue, et comprend aussitôt. Il ramasse le papier et en recouvre la sculpture.

— Confie-moi provisoirement ce présent, me dit-il doucement. Sache que j'en prendrai grand soin, jusqu'au jour où tu auras peut-être envie de le récupérer. – Il me serre dans ses bras. – Tu as donné le meilleur de toi-même ce soir et j'admire la façon dont tu parviens chaque fois à te dépasser et être encore meilleure que le concert précédent.

Il programme de nouveau *Lucia di Lammermoor* au Teatro Giglio à Lucca à la mi-août. Je n'y serai pas hélas à la hauteur de la représentation précédente. Ma voix montre des signes de fatigue. Une voix intérieure me conseille d'arrêter la course effrénée des concerts. J'en parle à Lanari, qui, furieux, réagit évidemment très mal :

— Il n'est pas question que tu annules le moindre concert. Tu es retenue pour *Beatrice di Tenda* le 10 septembre, *Il Giuramento* à Florence le 11 octobre et *Maria di Rudenz* le 25 octobre ! Tu as deux autres dates qui s'ajoutent à celles-ci en novembre. Tu ne peux pas te rétracter !

— Je suis souffrante, je ne vais pas bien. Il faut que tu me ménages si tu ne veux pas me voir tout arrêter pour cause de dépression. Remplace-moi par la Zamboni ! Je crois savoir qu'elle est très disponible en ce moment.

— Et pour cause ! Personne ne veut de cette voix de crécelle !

— Tu es médisant. La Zamboni n'est peut-être pas exceptionnelle mais elle a eu maintes fois l'occasion de faire ses preuves et elle est méritante. Le public l'apprécie.

— Ce ne sera pas la Zamboni qui te remplacera, mais je trouverai une soprano aussi bonne que toi, si ce n'est meilleure.

— Ta quête est vaine. Je te laisse chercher cependant...

J'ai beau fanfaronner, son message est clair : personne n'est irremplaçable, une autre diva peut très vite me supplanter. Le médecin que je vais voir m'arrête deux mois. Je lui parle de mes angoisses, de mon mal-être permanent et de mes pleurs continuels. Il diagnostique du surmenage et me préconise le repos.

Je profite de cette pause pour renouer un peu avec ma famille, toujours à Milan, mais suis vite déçue par les rapports que nous entretenons : des reproches permanents, et toujours cette propension à me culpabiliser. Je repars très vite pour m'épargner ces souffrances supplémentaires et me rends à Florence auprès de mon petit Camillino, mon fils chéri. J'y reste deux jours et je le contemple de loin : il marche maintenant et devient un petit homme. Je m'étais résignée à ne pas m'approcher de lui mais un jour, nos regards se croisent un instant, et il me sourit. Tel un rayon de soleil, sa chaleur m'envahit tout le corps. Il se dirige vers moi, les bras tendus, le regard confiant et le pas déterminé. Je le recueille dans mes bras, le soulève du sol et le serre contre moi. Son rire en cascade tout près de mon oreille me fait rire à mon tour et je commence à valser avec lui en le tenant très fort. À cet instant, rien ni personne n'aurait pu nous détacher l'un de l'autre. Nous ne faisons plus qu'un, scellés par un serment d'amour que seul lui et moi comprenons. Sa mère d'adoption l'appelle et il lui répond en babillant. Elle lui dit en me désignant que je suis sa maman. Camillino me regarde attentivement, de ses grands yeux expressifs et murmure *ma-ma* avant de se réfugier dans le cou de sa nourrice. Qu'il est mignon avec ses petites boucles brunes et comme je suis heureuse ! Nous échangeons quelques banalités avec la nourrice sur la santé de Camillino et son comportement. Elle me dit que c'est un petit garçon très calme et très tendre. Très autonome aussi, toujours à s'amuser d'un rien dans son coin. Elle ne rencontre avec lui aucun souci majeur. Je promets de revenir le voir très vite.

Je reprends ma vie dissolue, couchant avec mes admirateurs, multipliant les sorties et les rencontres. Je m'offre comme on offre sa pureté à Satan. Un besoin impérieux de me détruire me fait multiplier les liaisons, comme si je cherchais à me punir de mes frasques passées en les multipliant jusqu'à un point de non-retour. Puisque j'ai abandonné Camillino, il faut que je me fasse du mal.

Je reçois un courrier de Cirelli qui m'annonce son retour de Crémone, où il s'est occupé de la programmation d'un théâtre. Il souhaite me rejoindre pour l'hiver, me demandant où j'en suis dans mes tournées avec Lanari. À son ton incisif, je devine que ses affaires n'ont pas pris le tour qu'il souhaitait. Il m'annonce qu'il est au courant pour mes ennuis de santé et qu'il m'encourage à la prudence. Je ne comprends pas ce revirement de situation. Depuis quand Cirelli se soucie-t-il de mon état ? C'est bien la première fois qu'il me préconise le repos ! Je découvre vite ses motivations. Lanari a l'intention de me faire reprendre une tournée en province entre mars et juin 1840. J'ai obtenu un tarif satisfaisant car le rythme des représentations est très soutenu : quatre par semaine. J'ai donné mon accord de principe, bien décidée à suivre de nouveau ma vocation et ses dérives, mais Cirelli critique mon projet et ne veut pas que j'honore ce contrat. Lui qui tant de fois a été solidaire de Lanari, le voilà qui prend un malin plaisir à me déstabiliser. Il me dit que c'est de la folie pour ma santé d'accepter de telles conditions de travail, que si je me suis arrêtée deux mois, c'est pour des raisons évidentes de fatigue et d'épuisement, et que si je reprends, je me destine à une mort brutale. Il s'inquiète pour mon cœur et s'est mis dans l'idée que je suis fragile : il faut que je me ménage.

— Tu vas annuler cette tournée en prétextant une maladie, Giuseppina !

— Mais enfin Camillo, tu n'y penses pas ? Je ne peux pas faire ça à Lanari !

— Ah bon, tu ne peux pas lui faire ça ? Et le laisser t'exploiter, tu le tolères ? Mais ouvre donc les yeux, ma fille ! Il se sert de toi, de ta notoriété pour faire tourner ses affaires ! Qu'est-ce que tu crois ! Qu'il t'embauche pour tes beaux yeux ou par « amitié » ? Pendant qu'il met en place sa tournée provinciale, monsieur se rend à Crémone reprendre la programmation du théâtre sur lequel j'étais missionné. Il ne m'a pas fait confiance, il n'a pas voulu me laisser organiser la saison entière et je lui laisse ma succession sans regret. Il compte ménager la chèvre et le chou en plaçant en fait sa sœur sur ta tournée en province ! Il accumule les contrats ! C'est trop facile, tu ne vas pas servir ses intérêts, car c'est moi que tu renierais !

— Ah, je vois, je comprends mieux ta réaction maintenant... Seulement, tu oublies un détail non négligeable : de quoi vais-je vivre pendant ce temps ? D'amour et d'eau fraîche en ta compagnie ? Quant à m'exploiter, il me semble qu'il n'est pas le seul...

— Ma chérie, je t'ai fixé quelques dates à Florence et à Vérone ; tu commences le 14 novembre et finis début mars de l'année prochaine. Je pense que cela te suffit. De plus, je m'engage à t'allouer un salaire de remplacement le temps de ton repos sur ta tournée des provinces. Je t'ai connue aux abois, souviens-toi. Le dixième de cette proposition t'aurait grandement contentée alors...

Cirelli sait user de la menace et de la culpabilité lui aussi.

Trop faible pour le défier, je baisse les armes, et accepte l'emploi du temps qu'il me propose. Même si je sais intimement que je ne devrais pas le faire.

Nous sommes au mois d'octobre, il me reste quelques semaines pour prévenir Lanari : je ne me sens pas le courage de lui annoncer tout de suite ma défection. Je préfère préparer le terrain. Ce souci s'ajoute à un autre qui me préoccupe depuis quelques jours : je ne saigne plus ces derniers temps et mes seins commencent à être douloureux. Un poids dans le bas-ventre se fait sentir depuis quelques mois déjà. Un poids que je connais très bien... Oh non mon Dieu ! Dites-moi que ce n'est pas vrai ! Je ne pourrai pas encore supporter moralement et physiquement une nouvelle grossesse. Suis-je donc damnée ? Pourquoi Dieu m'a-t-il faite féconde à ce point ? Mon métier n'est pas conciliable avec celui de mère. Je sens dans mes habits que ma grossesse est relativement avancée et date peut-être de trois ou quatre mois. Comment ne m'en suis-je pas aperçue plus tôt ? Je ne souffre pas de nausées comme pour mes deux premières grossesses, mais j'ai de nombreux signes d'alerte que j'ai ignorés, car je ne voulais pas savoir. Une fois de plus, je n'ai pas désiré cet enfant, et je ne ressens même pas pour celui qui va naître le moindre sentiment maternel, à l'inverse de mes précédentes grossesses. Pire, cette présence dans le bas-ventre me pèse et je fais tout pour éviter d'y penser comme à un être humain : c'est un embryon sans âme, il n'est pas encore totalement formé... Ne pas y songer, prier Dieu que je fasse une fausse couche, et se concentrer sur les dates de représentations à venir. J'ai besoin de travailler, car mon train de vie est devenu plus important et je dois faire face à toutes ces nouvelles dépenses. Il faut que je puisse payer toutes les factures qui se sont accumulées.

Chaque matin, mes seins douloureux me rappellent que le bébé est là, en moi. J'essaie de l'oublier et commence ma nouvelle tournée à Florence, au théâtre de la Pergola, avec *Beatrice di Tenda* de Bellini. Je connais mon rôle pour l'avoir souvent chanté ; tout comme je maîtrise celui de *L'Elisir d'amore* de Donizetti dont la représentation est prévue le 26 novembre au même théâtre. Je chante techniquement bien, mais ne parviens pas à transmettre d'émotion car je manque d'énergie. Je suis cependant applaudie mais les rappels ne suscitent pas en moi le même engouement ni cette étincelle au fond du cœur qui me réchauffe d'habitude quand je viens saluer mon public.

Avec Cirelli, nous nous rendons pour Noël à Vérone où je chante *Parisina* de Donizetti au théâtre philarmonique de la ville. Le livret est signé de Felice Romani, et je pense à Papa pour qui cet homme avait tellement compté : auteur d'opéras de Donizetti et de Bellini, Romani fut l'un des meilleurs librettistes de son temps. Un lien profondément respectueux s'était noué entre les deux hommes, mon père rêvant d'une collaboration régulière qui ne s'est jamais vraiment concrétisée. À l'hôtel où nous logeons avec Cirelli, je reçois un courrier cinglant de Lanari, furieux, qui menace d'intenter un procès contre moi !

— Camillo ! C'est toi qui as prévenu Lanari que j'annulais sa tournée des provinces ?

— Oui, princesse ! C'est bien ce dont nous avions convenu ?

— Mais enfin, c'était à moi de le prévenir ! J'ai toujours procédé ainsi avec lui ! Tu sais très bien que je traite directement avec lui. Cela te déplaît sans doute que je sois la seule cantatrice à le faire mais je ne t'autorise pas à déroger à la règle !

— Et de quel droit mademoiselle Strepponi me dicterait-elle ma conduite ? Chacun son métier ! Toi tu chantes, moi je gère ta carrière. Et n'oublie pas : tu me dois tout. Sans moi, Giuseppina n'existe pas ! La scène, le public, les applaudissements, le succès, les cachets : tout cela, c'est à moi que tu le dois !

Je sens la colère monter en moi. Je ne le supporte plus :

— Arrête de me répéter ces inepties ! Grâce à moi, tu t'enrichis aussi ! Sans moi, tu serais resté ce petit agent misérable, tu serais encore en train de croupir dans ton magasin poussiéreux !

La gifle arrive sans que j'aie le temps de réagir. Sous le choc, je suis jetée au sol.

— Ne t'avise plus jamais à me parler de la sorte, tu m'entends ?

Je n'ai encore jamais vu Cirelli dans un état pareil. Son regard m'effraie. Il baisse le ton, s'approche de moi, et me parle avec douceur à l'oreille, avec une violence contenue, comme un criminel qui s'apprête à massacrer sa victime :

— Maintenant tu vas m'écouter. Pour contrecarrer Lanari qui nous menace de procès, nous allons être plus forts que lui : nous allons faire venir pas un, mais cinq médecins, qui vont faire un rapport sur ton état. Nous allons les payer pour qu'ils emploient tous le terme de « lassitude morbide » : que dirais-tu d'être suicidaire ?

Son visage est méconnaissable et on y lit la méchanceté et la perversité. Mon Dieu, plutôt mourir que de continuer à être le jouet de ce démon. Une petite voix me souffle : *Réveille-toi ! Cet homme se sert de toi depuis le début. Sors de son emprise, libère-toi. Tu ne réussiras pas moins bien sans lui !*

Il part ensuite en claquant la porte. C'est la première fois qu'il lève la main sur moi. Et hélas pas la dernière.

Le lendemain, le 12 janvier, il fait venir un premier médecin, comme convenu, et souligne ma fatigue, un peu trop lourdement. Il insiste pour rester présent lors de la consultation, bien que le docteur lui ait poliment demandé de nous laisser seuls. Toujours ce besoin d'être informé de tout.

Je redoute ce qui va suivre : le médecin va révéler ma grossesse qu'ignore Cirelli. Pas moyen de prendre à part cet homme ou de lui communiquer quelque message que ce soit avec Cirelli tout près de moi, à la tête du lit. Je ferme les yeux durant la consultation, comme pour tenter d'échapper bien inutilement à ce qui m'attend. À la fin de son examen, le docteur se tourne vers Cirelli et lui dit : « Votre épouse est enceinte, monsieur. Toutes mes félicitations ! »

Le visage de Cirelli se liquéfie. Il cherche une chaise pour s'asseoir, il chancelle.

— Enceinte ? Vous êtes sûr ? Ce n'est pas cette réponse-là que j'attendais...

— Sûr et certain. – Puis, me regardant : – Vous le saviez sûrement déjà, madame. Votre grossesse date à peu près de cinq mois.

Je ne réponds rien. Je garde les yeux fermés en priant de toutes mes forces que le médecin reste près de moi encore longtemps pour que je ne me retrouve pas seule avec Cirelli. Le docteur est apparemment gêné par le silence glacial qui s'est installé. Il comprend que, de toute évidence, la nouvelle ne réjouit en rien les « futurs parents ». Il range ses affaires et sort de la chambre avec Cirelli. Qu'on me laisse dormir. Je veux dormir. J'entends claquer la porte d'entrée. Puis plus rien. Cirelli est parti, je me rallonge, cherchant refuge dans le sommeil.

La porte de ma chambre s'ouvre brusquement, me réveillant, trois heures plus tard. Les cris de Cirelli achèvent de me faire revenir à la réalité.

— Scélérate ! Tu n'es qu'une prostituée ! À force de coucher avec toute l'Italie, tu as ce que tu mérites ! Tu ne m'avais rien dit, tu pensais peut-être me duper longtemps ? Espèce de poule pondeuse !

Cirelli est sur le seuil, l'air de quelqu'un qui a bu plus que de raison. De là où je suis, je sens les effluves d'alcool ! Il s'approche du lit et m'attrape violemment par les bras pour m'en faire sortir. Il me secoue et me gifle, hors de lui. Je me dégage et me précipite vers le salon. Il me faut fuir ! Fuir cet homme qui va me tuer ! Il me rattrape et cherche à m'étrangler ! Je suffoque, me débats, le repousse, mais il resserre son étreinte !

114

— Arrête ! Tu es devenu totalement fou, tu vas me tuer !!

Je cherche à l'assommer avec un pied de lampe dont je m'empare. Il pousse un cri, je me dégage, et rampe sur le sol, tentant de reprendre ma respiration, mais il est de nouveau sur moi à m'écraser de tout son poids. Je pleure, hurle et le griffe de toutes mes forces. Je perds connaissance.

Quand je me réveille, je suis dans mon lit, un docteur est à mon chevet et prend ma tension.

Cirelli me regarde, assis sur la banquette, le visage balafré.

J'ai mal partout : au dos, au sternum, dans le ventre. Mais je sens toujours bouger mon enfant. Hélas.

— Ma chérie, reste tranquille, ne parle pas. Nous nous sommes faits agresser par deux hommes hier soir sous notre porche.

Abasourdie par ce que j'entends, je reste sans voix. Je me tais et ferme les yeux. Je veux mourir. Plus rien ne me retient à la vie.

Le docteur Giuseppe Dalla Vedova, médecin du philarmonique de Vérone, rédige un compte-rendu sur la demande de Cirelli qui tire encore profit de la situation. Le médecin déclare : « Ce matin, nous avons ausculté Mme Strepponi. Elle présente les symptômes suivants : faiblesse, pouls instable, toux persistante, douleurs, conséquences de son agression du 12 janvier. »

Le médecin parti, je ferme les yeux et fais semblant de dormir.

Cirelli tente de se justifier mais je le fais taire. Ses affaires n'évoluent pas comme il le souhaite, et il est angoissé, mais au lieu de s'excuser de sa violence, il s'énerve à nouveau : mon attitude, ma légèreté, mon manque d'application, de rigueur, d'honnêteté, tout y passe. On sonne à la porte, et un serveur de l'hôtel entre avec du thé. Désespérée, je sors du lit et me jette à ses pieds en pleurs : je lui demande de ne surtout pas partir, que Cirelli est dangereux. Partagé entre l'incrédulité et la pitié, il tente de se dégager gentiment. Cirelli lui donne un billet et lui demande d'oublier ce qu'il a vu. Je les entends chuchoter un instant, puis plus rien.

Heureusement, Cirelli part ensuite rejoindre sa famille et je suis provisoirement débarrassée de lui.

Une semaine plus tard, le 18 janvier, je chante dans *I puritani* de Bellini. J'ai un malaise dans l'acte final et le médecin exige l'arrêt des représentations. Je lui parle de mes envies de mourir et lui dis que je songe à mettre fin à mes jours.

— Ne parlez pas ainsi, madame... pensez à votre enfant !

— Mon enfant ! Ce n'est qu'un poids, une erreur !

Je pars le lendemain chez mon amie Giuditta Grisi, laissant à Cirelli un courrier de rupture où je lui déclare qu'il cesse d'être mon agent. Je ne mettrai pas cette menace à exécution. Je reste une dizaine de jours chez elle, entourée de soins et de compréhension. Elle m'encourage vivement à couper effectivement tout lien avec Cirelli qu'elle juge nocif et dangereux pour moi et me confie ses propres soucis : épouse du comte Gérard de Meley depuis trois ans, elle ne s'entend plus avec lui. Il lui reproche sans cesse ses caprices de diva, et l'aime surtout pour son apparence de poupée fragile et son talent, mais en aucun cas pour ce qu'elle est vraiment. Lasse de ces liens superficiels, elle est tombée follement amoureuse d'un roturier, un certain Mario, qui la rend heureuse et souhaite l'emmener vivre au Canada. L'époux « bafoué » refuse hélas le divorce.

Un peu rassérénée par sa gentillesse, je reviens à Vérone le 2 février 1839 et j'écris à Lanari pour lui confirmer que ma santé ne me permet pas de commencer les répétitions des représentations prévues pour le printemps. Il ne veut rien savoir et me somme d'assumer mes engagements. Tous les certificats que je produis depuis janvier ne sont pas valides à ses yeux, et il me menace d'intenter un procès.

Épuisée, je lui réponds qu'aucune loi, aucune autorité quelle qu'elle soit, ne peut me contraindre à poursuivre un exercice qui met ma vie en péril et lui propose de déduire de mon salaire les jours non chantés. Mais il refuse : si je n'honore pas mon engagement à Florence, il rompra tout contrat avec moi. L'affaire est portée devant les tribunaux.

Je lui écris :

Si vous désirez en appeler à la justice, faites à votre convenance, vous me trouverez disponible pour toute requête. Mais si, mettant un terme à toutes ces altercations désagréables vous décidiez d'accéder à mes demandes, je vous assurerais de tout faire pour en arriver à un compromis.

Lanari m'avouera plus tard que c'était plus Cirelli qu'il cherchait à atteindre : il ne comprenait pas pourquoi je restais attachée à lui alors qu'il ne faisait que freiner ma carrière. J'aurais moi-même du mal à définir ce qui nous lie : Cirelli m'a permis d'accéder à la notoriété et je me sens redevable à son égard. Il me répète en permanence qu'il m'a fait naître à la scène, sous-entendant que ma réussite n'est pas due principalement à mon talent. Et j'ai fini par le croire moi-même. Je me sens coupable de vouloir m'affranchir de cet homme à qui je dois tant et qui sera le premier à souffrir professionnellement de cette rupture ; Cirelli se sert de mon nom qui lui ouvre des portes dans le métier. Je suis son faire-valoir. Si je prends du recul, je me rends bien compte cependant qu'il ne pense qu'à son bénéfice personnel, mais je ne peux m'empêcher de me sentir redevable à son égard. J'ai aussi besoin de ses compliments, lui qui en est assez avare. Et surtout, je suis persuadée que je ne saurai pas me débrouiller sans lui dans le métier, et avec toutes les charges financières qui pèsent sur moi – l'entretien de ma mère et mes frère et sœurs, celui de mon fils –, je ne peux pas prendre le risque de ne plus gagner correctement ma vie, de ne plus avoir les engagements qu'il me procure régulièrement. Mais depuis la nuit où il a porté la main sur moi, rien n'est plus comme avant : je ne peux lui pardonner et je sais que je dois briser le lien destructeur qui nous unit. Je suis cependant incapable de reprendre ma liberté.

Lanari de son côté réussit à obtenir un arrêté qui me condamne à honorer le contrat que j'ai signé avec lui à Florence, au théâtre de la Pergola. Cirelli parvient néanmoins à trouver un compromis et Lanari m'octroie un report jusqu'au 10 juin. De quoi me reposer et me remettre de tous les événements de ces dernières semaines. Moriani, le père de Camillino, écrit même un courrier à Lanari pour défendre ma cause, amorçant ainsi une réconciliation entre nous.

N'ayant pas le courage de prendre ma vie en main en rompant fermement avec Cirelli, je m'étourdis d'aventures sans lendemain alors que mon corps de femme enceinte réclame du repos. J'ai perdu toute pudeur et je me déteste. Je m'égare, je le sais, mais ne fais rien pour reprendre pied avec la réalité.

Personne n'est là pour m'aider à éviter cette lente descente aux enfers.

Un matin, prise d'affreuses contractions, je mets au monde mon troisième enfant. Seule, désespérément seule.

C'est une petite fille.

Un bébé mort-né.

Quel prénom vais-je lui donner ?

Amenée à chanter à Rome, je fréquente le salon des Colonna, Torlonia, et Boncompagnie, des aristocrates qui aiment recevoir les artistes. Le triomphe que connaît notre troupe nous vaut l'invitation du

prince Maxime qui nous demande de nous produire dans sa villa pour un concert en l'honneur
du grand duc de Toscane et d'un souverain saxon.
J'y fais la connaissance de plusieurs personnalités
intéressantes, notamment le comte Filippo Camerata
dei Passionei, ami de Lanari : cet homme, plus âgé
que moi, récemment veuf, est doté d'un charme
certain. Je me rends aussitôt compte de la chance
qu'il peut m'offrir de m'établir socialement. Les fai-
blesses occasionnelles de ma voix, ma fatigue récur-
rente, mes nombreuses charges financières me
poussent à rechercher un bon parti, ni trop jeune
ni trop vieux. Cet homme discret, cultivé, élégant,
courtois et affable, à la tête d'une fortune considérable, est l'homme idéal. Il me faut à peu près trois
semaines pour que la victime tombe dans mes filets
et, très vite, mon nouvel amant ne peut plus se
passer de moi. À l'automne 1840, il me demande
de m'installer chez lui, dans son palais. Au moment
où se concrétise peut-être pour moi la possibilité de
construire une relation qui peut m'apporter
une certaine stabilité et un certain confort, je
suis comme possédée par mes vieux démons et je
multiplie les aventures. Je continue de fréquenter
Cirelli, dont j'avais pourtant souhaité me séparer,
je retrouve Moriani à qui j'ai pardonné son attitude
des deux dernières années et je cède aussi aux
avances du compositeur Donizetti. Suite à mon
interprétation magistrale de la scène de la folie
dans *Lucia di Lammermoor*, il me dédie son nouvel
opéra *Adelia* et me demande de participer à sa
création : le 11 février 1841, a lieu la première à
Rome. Donizetti, alors au faîte de sa gloire,

m'apporte une consécration dont je lui suis éminemment redevable. Je ne peux que succomber.

Pour la saison du carnaval 1841, je suis engagée à Trieste au Teatro Grande, en compagnie d'un ténor au charme insidieux, Lorenzo Salvi, qui devient très vite mon compagnon également hors de la scène : chaque fois que le comte Camerata s'absente pour affaires, je passe mes soirées et mes nuits en sa compagnie.

Un matin d'avril, je découvre pour la quatrième fois de ma vie que je suis enceinte : le bébé devrait naître vers le mois de décembre et il faut donc que je fasse en sorte que le comte, auquel je vais attribuer cette paternité, m'épouse avant Noël. Filippo souhaite avoir des enfants et son épouse décédée trop tôt ne lui a pas assuré de descendance. Une année de veuvage est cependant nécessaire, selon les conventions en usage dans l'aristocratie, avant de célébrer un second mariage et il faut attendre la mi-novembre pour que cette période se termine. Filippo est un fiancé attentionné, doux, discret, d'un tempérament égal et il admire mon talent : je suis pour lui une diva qu'il doit contenter pour la mériter. Je n'ai aucun sentiment sincère pour lui et tout n'est que calcul de ma part. Je ne mesure pas la chance qui m'est alors offerte. Je ne suis que caprices et fantaisies et ne peux réfréner mon besoin de m'offrir à des amants aussi éphémères qu'insignifiants. Pourtant, pour la première fois, je savoure le fait d'attendre un enfant, Filippo est heureux et nous formons des projets. Je ne peux néanmoins m'empêcher de saccager ce bonheur que j'attends depuis longtemps, suivant toujours ce penchant à l'autodestruction qui me caractérise.

Le 4 novembre, alors que notre mariage approche, Filippo me reçoit très froidement à ma sortie de scène :

— Giuseppina, comment avez-vous pu me faire un tel affront ?

— De quoi me parlez-vous ?

— J'avais la confiance la plus absolue en vous, je vous admirais et vous aimais. Et j'apprends que vous me trompez sans aucun scrupule à quelques jours de notre mariage ? !

Artisan de mon propre malheur, je ne comprends que trop bien sa colère, mais je suis néanmoins atterrée de me voir ainsi découverte. Mes premières contractions choisissent ce moment pour se manifester. Je me plie en deux en poussant un cri que je ne peux retenir. Tout arrive trop tôt ! Je suis censée accoucher dans un mois et demi et épouser cet homme dans moins de dix jours. Tel un château de cartes tous mes espoirs s'effondrent.

— Ce ne sont sûrement pas vos simagrées qui risquent de m'attendrir. J'ai appris votre liaison avec Lorenzo Salvi, ce ténor que vous vous plaisez à mettre dans notre lit dès que je m'absente ! Vous me dégoûtez, vous êtes abjecte, comment avez-vous pu imaginer un seul instant que je pourrais accepter pour épouse une femme qui se conduit comme vous ? Je suis extrêmement reconnaissant au délateur qui m'a ouvert les yeux : il m'évite de salir mon honneur et ma descendance. Considérez que je sors de votre vie. Je ne veux plus jamais entendre parler de vous ni de cet enfant qui n'est certainement pas le mien. Allez donc retrouver votre signore Salvi ! J'ai fait porter ici vos affaires et ne veux plus jamais entendre parler de vous.

La porte de la loge claque, je me tords de douleur et suis en larmes. Je perds les eaux. Mon bébé s'apprête à naître dans cette confusion. Tout s'effondre, tout.

J'accouche dans ma loge, seule, d'une petite fille, baptisée quelques jours plus tard Adelina Maria-Teresa Carolina. Je me résous très vite à l'abandonner, honteuse et le cœur déchiré. Je la confie à un couple modeste, les Vianello, qui vivent à Trieste des pensions versées par les mères d'enfants illégitimes. Je ne reverrai jamais plus ma petite Adelina. Elle mourra de dysenterie au mois d'octobre 1842.

L'espoir que j'avais de fonder une famille et de m'établir s'envole.

Par ma seule faute.

Qui est ce délateur anonyme cruel qui a réduit à néant tous mes plans ? Jamais je n'aurai auprès de moi mes enfants. Je suis une mère défaillante, débauchée, perdue.

Je veux mourir. Je veux disparaître...

J'ai vingt-six ans, je suis une cantatrice reconnue dans mon pays mais ma vie privée est un échec. Toutes les erreurs, je les ai commises. J'ai fui ma famille, pour courir après la gloire et j'ai abandonné mes enfants l'un après l'autre. En outre, j'avais toujours pensé pouvoir récupérer ma petite Sinforosa mais au bout de deux ans, je n'ai toujours pas été en mesure de le faire. Je me résous alors à confier la moitié de pièce qui prouve ma maternité à un couple, les Di Stefani, qui offrira une famille à ma fille. Je renonce ce faisant à tout droit ultérieur sur elle et ce sont eux qui déclarent être les parents légitimes qui se repentissent de l'avoir abandonnée à l'hôpital des Innocents.

Je tente alors de reprendre mon destin en main et j'envoie un courrier de rupture, cette fois définitive, à Cirelli, cet homme dont je n'arrive pas à me séparer mais dont je peux pourtant tellement me passer. Puis je me sépare de Lorenzo Salvi et de Donizetti, bien décidée à ne plus jamais nouer de telles liaisons avec des hommes, dussé-je finir vieille fille.

J'écris ensuite une longue missive à Lanari pour lui exposer ma détresse et lui demander quelques semaines de répit professionnel. Je lui parle de mes envies de suicide et de mon besoin de me retirer du monde chez les carmélites de Santa Maria du Bon Accueil, à côté de Trieste. Des prières et du repos me feront le plus grand bien : je veux me réfugier dans la religion, y chercher mon salut.

Étrangement compréhensif, Lanari m'encourage à prendre soin de moi et à ne pas trop contracter d'engagements professionnels. Son attitude est liée sans doute à mon état de santé : j'ai perdu beaucoup de poids et ressemble à un spectre. Ce qu'il prenait pour des caprices de diva est bel et bien un appel au secours.

Cirelli tente de me voir plusieurs fois mais je ne daigne même pas le recevoir. Je m'isole pendant quinze jours, quinze jours durant lesquels je prie de toutes mes forces Dieu de me donner le courage de ne plus m'étourdir, de ne plus perdre la raison. Je prie pour retrouver ma dignité et me retrouver moi-même.

Je crois qu'il m'entend car je reçois alors une demande de rendez-vous de la part de Giuseppe Verdi : *Je souhaiterais venir vous présenter mon tout nouvel opéra,* Nabucco, *et ce, le jour de votre choix.*

Verdi... Giuseppe Verdi... Le génie de cet homme va contribuer à me sortir de ma torpeur.

ACTE II

Le cadre de ce nouvel acte se situe dans cette maison de campagne à Passy, près de Paris, où nous avons vécu toi et moi notre amour naissant. Alfredo et Violetta s'y sont retirés depuis trois mois pour y vivre le leur, loin des fêtes et de l'agitation parisienne. Un bonheur pur, simple et serein. À ceci près que tout a un prix. Alfredo apprend que Violetta est en train de vendre discrètement tout ce qu'elle possède, prête à lui sacrifier sa fortune. Toi, Peppina, pour notre couple, tu as fait plus encore : tu as supporté les outrages de notre entourage. Ton passé de courtisane t'a longtemps poursuivie, provoquant des réactions de rejet dans notre propre village et dans ma propre famille. Comme il a fallu batailler pour te réhabiliter aux yeux de tous, en particulier auprès de mon père !

Alfredo part pour Paris pour empêcher Violetta de se dépouiller, et elle reçoit alors la visite de Germont, le père d'Alfredo. Il lui demande un sacrifice honteux : sa fille, la sœur d'Alfredo, s'apprête à épouser un noble mais ne pourra le faire que si l'honneur de sa famille est sauf, autrement dit si son frère ne vit pas avec une courtisane. Comprenant qu'elle mène son amant à sa perte, Violetta accède à contrecœur à la prière de Germont et abandonne

127

Acte II

Alfredo : elle part à Paris s'étourdir à la soirée de son amie Flora, en compagnie du baron. Alfredo, ivre de douleur et ne comprenant pas ce revirement de Violetta, la rejoint et laisse éclater sa rage et son désir de vengeance. Il déshonore le baron au jeu et jette aux pieds de Violetta l'argent qu'il remporte, annulant la dette qu'il a envers elle et la traitant comme une prostituée, comme si leur amour n'avait jamais existé. Les invités sont scandalisés par son attitude et Violetta est blessée au plus profond de son âme.

Dieu merci, mon œuvre et notre vie ne sont pas en tous points semblables...

Dans cet acte, la virtuosité vocale de Violetta s'adoucit et la ligne vocale générale est plus sobre. C'est la femme qui agit : la cantilène pathétique avec contrechants de hautbois puis violoncelle nous le rappelle dans cet air : « Dite alla giovine »...

Mon Abigaïl

Quand je te soumets, Giuseppina, cet opéra de *Nabucco*, ce n'est pas la première fois que nous nous rencontrons. Tu étais déjà célèbre, mon amour, la toute première fois que je t'avais vue, pratiquement trois ans auparavant. Tu étais déjà la plus grande, la plus noble, la meilleure des cantatrices et tu étais pourtant si jeune. C'est Merelli, l'imprésario de la Scala, qui nous avait présentés. J'étais impressionné par la diva que tu étais, j'étais un jeune débutant, et toi, tu as tout de suite cru en moi. Je venais de composer *Oberto, conte di San Bonifacio*, et miraculeusement Merelli avait pris la décision de monter mon opéra. J'avais compris plus tard que c'était grâce à toi. Merelli avait souhaité donner mon opéra une première fois au Pio Instituto, au cours d'une soirée de gala organisée au profit des artistes dans le besoin, après quoi l'œuvre devait être reprise sur la scène de la Scala, sans précision de dates. Pour moi, qui débarquais avec ma petite famille de ma province de Busseto pour tenter ma chance à Milan avec mes créations musicales, c'était une opportunité formidable. On commença donc à donner les rôles et les répétitions débutèrent dans le courant du mois de mai 1839, avec une distribution qui avait de quoi me faire rêver : le ténor Napoleone Moriani, le baryton Giorgio Ronconi, et toi, merveille des merveilles, Giuseppina Strepponi, grande soprano.

C'est toi Peppina qui avais repéré ma partition dans le bureau de Merelli un mois plus tôt, lors de tes retrouvailles avec lui, et tu avais été sensible à la qualité de l'œuvre de ce jeune inconnu que j'étais. Merelli me dit que tu l'avais lue d'une traite et que tu la lui avais rendue les larmes aux yeux. Tu en avais fait une analyse tellement sensible, intelligente et délicate que tu avais réussi à le convaincre de m'engager. Tu trouvais intéressant d'apporter à ce premier essai votre contribution d'artistes confirmés.

Mais qu'avais-tu fait de ta vie pour avoir un tel désespoir dans ton regard ? On disait que tu avais eu un enfant de Merelli l'année précédente. Que tu vivais une vie de dévoyée, que tu abusais de ton statut de diva, allant de caprice en caprice et vivant sur ta réputation pour ne pas honorer certains de tes contrats. Je ne me suis jamais intéressé aux ragots et encore moins que jamais quand ils te concernaient. Seule comptait alors pour moi ta perception de l'art lyrique et ton aptitude à restituer les émotions. J'étais si jeune alors ! Si enjoué et si ambitieux ! À vingt-quatre ans, je savais que mon destin n'était pas de rester maître de musique à l'école de mon village. Le soir, je composais des symphonies, des romances sur des poèmes célèbres. J'étais alors marié à Margherita et nous avions deux

enfants : Virginia et Icilio. Virginia... Un mal fou-
droyant emporta notre fille alors qu'elle avait à
peine dix-huit mois. Ce petit être qui n'était que
joie, gentillesse et amour, Dieu nous le reprit. Margherita, anéantie par la douleur, ne supportait plus
notre maison qui lui rappelait chaque instant son
enfant décédé. Il fallait continuer à vivre pour
Icilio, notre petit garçon qui venait de naître et je
suggérai de partir à Milan quelques semaines en
reconnaissance avant de nous y installer définitivement. Je pris un congé de deux mois, et je réussis
à convaincre Margherita de laisser aux soins d'une
nourrice notre petit garçon. Nous logerions chez le
fils de Pietro Seletti, celui qui fut mon instituteur à
Busseto, car nous n'avions pas d'argent pour ce
séjour. Pietro nous avait reçus déjà pour notre
voyage de noces quelques mois plus tôt. L'ambiance
à Milan était à la fête, Ferdinand succédait à
François Ier et le nouvel empereur, pour avoir
récemment libéré des condamnés politiques indépendantistes, était célébré par tous. Je voulais
trouver un imprésario qui accepterait de s'occuper
de mon *Lord Hamilton*.

Le 6 février 1839, nous quittions Busseto avec
Icilio pour nous installer à Milan. Je fis la connais-
sance de personnes influentes comme Pietro
Massini, le directeur du théâtre philodramatique de
Milan, ou Francesco Pasetti, avocat milanais pas-
sionné d'opéra et c'est ce dernier qui me parla du
Pio Instituto et de ses soirées de bienfaisance.

Je réussis à faire éditer quelques mélodies et des
articles dans la presse parlèrent de mes créations.
Les articles évoquaient les « sonorités délicates et

inspirées » de mes œuvres et l'« enchantement » que produisait leur écoute. Mon opéra allait être joué au Pio Instituto après quelques retouches. Le titre était devenu *Oberto, conte di San Bonifacio*. Le projet m'enthousiasmait follement mais hélas, la qualité des musiciens était insuffisante et je leur exprimais clairement mon mécontentement. Giuseppe Demaldè, cousin de Barezzi – secrétaire de la société philarmonique de Busseto, mon plus fidèle adorateur depuis mes toutes premières créations – parla de moi à Merelli lors d'un dîner mondain et lui fit parvenir mon opéra le lendemain. Merelli ne le regarda que d'un œil et le laissa traîner négligemment sur son bureau. Il venait tout juste d'accéder à ses fonctions d'imprésario de la Scala après avoir été associé à sa direction depuis 1834 et se devait d'être prudent dans ses choix. Autant dire qu'il était difficilement concevable qu'il offre à un débutant une place dans la saison lyrique. C'était sans compter l'intervention divine de la fée Peppina. Ma musique te plut aussitôt, et tu eus le talent et l'intelligence d'aller au-delà de quelques petites incohérences musicales.

Durant les toutes premières répétitions, Moriani toussait souvent, il était absent de son jeu. Mais toi, tu étais une soprano incomparable. Tu passais de la joie à la haine, de la légèreté à la gravité sans transition et tu avais la faculté de t'adresser à l'âme du spectateur. La première fois que je te vis, je te remerciai pour ce que tu avais fait pour moi et tu me répondis : « Ne me remerciez pas jeune homme, il faut songer au renouvellement du répertoire ! » J'appréciais ta simplicité et ton naturel.

J'ignorais tout de ta vie. Je découvrais une immense cantatrice, douée d'une âme sensible, et cultivée. Moriani et Ronconi, quant à eux, étaient relativement froids avec moi – célébrité oblige – et toi seule affichais un réel intérêt pour mon œuvre.

Et puis Moriani et toi déclarâtes forfait.

Le rêve avait été de courte durée. Adieu mon beau trio ! Avant de partir honorer tes autres engagements à Florence, tu avais obtenu de Merelli qu'il reporte mon opéra et qu'il ne l'annule surtout pas : en échange tu ne t'étais pas fait payer pour les répétitions que tu venais de faire. Il me demanda d'arranger les parties vocales, en fonction de la nouvelle distribution, avec Antonietta Raimerie et Lorenzo Salvi. Solera le librettiste rédigea les rajouts. Je reprenais espoir mais le sort allait s'acharner à nouveau sur moi.

Avec Margherita, nous déménageâmes, aidés financièrement par Barezzi, toujours. Mais la semaine qui suivit le déménagement, notre petit Icilio développa une forte fièvre.

Il avait quatorze mois.

Il ne s'en releva pas.

Nous fîmes venir au moins quatre médecins qui diagnostiquèrent une pneumonie.

Il décéda dans les bras de sa maman qui ne s'en remit jamais.

Je crus vraiment devenir fou. Le ciel m'avait ôté mes deux enfants, et ma femme n'était plus que l'ombre d'elle-même. Elle me parlait de Virginia et Icilio comme s'ils vivaient encore. Je pris le deuil, ne m'habillant plus qu'en noir pour honorer la mémoire de mes deux petits anges. C'est la composition musicale qui me sauva.

La première d'*Oberto* eut lieu le 17 novembre 1839 à la Scala et ce soir-là se joua une partie de mon destin. Margherita ne m'avait pas accompagné, prétextant ne pas avoir de tenue à porter pour l'occasion, mais dissimulant en vérité un mal-être lancinant qui allait l'emporter. À l'entracte, je courus lui raconter tout : le public captivé, les musiciens concentrés et les interprètes habités par leur personnage. J'étais si fier de faire vivre à Margherita cette première consécration. Elle me souriait avec bienveillance et gentillesse, mais je voyais bien qu'elle avait du mal à manifester de l'enthousiasme.

Le public sembla apprécier, et *Oberto* eut un certain succès.

Au moment des applaudissements, je dédiais cette première à mes deux enfants chéris. Dans la presse dès le lendemain, les commentaires assimilaient mon œuvre au courant romantique français : *Un mélange de force, de véhémence, d'énergie, et de douceur teintée de mélancolie.* À l'issue des représentations, Merelli s'engagea à mettre en scène trois de mes prochaines créations sur deux ans. Pour la Scala et le théâtre de Vienne. Cette proposition fut la bienvenue. Criblés de dettes, Margherita et moi étions à court de solutions. Elle avait mis récemment en gage les derniers bijoux en or hérités de sa tante. Je me promettais alors de tout lui rendre au centuple. L'éditeur Ricordi me proposa d'éditer *Oberto* et de partager les droits avec Merelli. J'acceptai, trop fier de bénéficier de quelques retombées financières supplémentaires, sans me douter que c'était le début d'une très longue collaboration.

À son retour de Vienne, Merelli me parla d'un opéra-comique, *Un giornio di regno* que Felice Romani avait dépoussiéré à partir d'une pièce de théâtre pour l'adapter à la musique. Il me demanda d'en composer un opéra. Le projet ne me disait rien : je n'avais aucunement envie de mettre en scène quoi que ce soit de comique. J'acceptai uniquement pour des raisons financières, et peut-être aussi parce que je souhaitais rivaliser avec Rossini qui excellait dans ce genre. Mais je mis un temps fou à composer : ma santé était fragile, celle de Margherita était pire encore. Je passais tout l'hiver à avoir des maux de gorge et d'estomac. Plus j'étais nerveux, plus les douleurs s'amplifiaient. Au printemps, je tentais de terminer ce travail : l'inspiration me manquait. Aux premiers jours de juin 1840, Margherita déclara une méningite. Elle se plaignait de grandes fatigues et de maux de tête. Nous fîmes venir le médecin.

Elle s'éteignit le 18 juin.

Maudit. J'étais maudit.

Le ciel m'avait offert le bonheur et m'avait tout repris.

Pourquoi Dieu s'acharnait-il autant ? Pourquoi fallait-il qu'il décime les êtres que j'aimais ? J'avais l'impression d'être puni pour mon opiniâtreté à vouloir composer pour la scène. Je me sentais désespérément seul et pensais mettre fin à mes jours.

J'eus alors la surprise de recevoir un courrier de toi, la grande Giuseppina Strepponi, En voyant ton nom sur l'enveloppe, je crus tout d'abord que tu me faisais parvenir une partition quelconque ; nous avions toi et moi déjà parlé de nos goûts respectifs. Mais je découvris un ravissant portrait de toi, avec une dédicace au dos : *Afin de briser le sentiment de solitude, rien ne vaut la certitude qu'un être aux mêmes valeurs que vous ici-bas, pense à vous. Bons baisers.* Je me suis souvent demandé comment tu avais pu deviner à ce point le désarroi de mon cœur et surtout ce qui t'avait poussée à me faire parvenir cet objet et ces mots. Tu avais dû apprendre mes malheurs – j'ignorais comment –, ou peut-être s'agissait-il d'une erreur de destinataire ? Le courage de te répondre me manqua. J'étais trop honteux et trop désespéré.

Je me consacrai aux répétitions de mon opéra-comique. Vêtu de noir – je voulais porter le deuil toute ma vie –, je suffoquais sous la chaleur accablante du mois d'août. La musique, enthousiaste et alerte, contrastait fortement avec l'état de mon cœur. Mes interprètes, les mêmes que ceux d'*Oberto*, étaient fatigués et démotivés. Le 5 septembre 1840, la première représentation fut un fiasco lamentable. Il ne resta qu'un seul soir à l'affiche. La presse ironisa sur un titre – *Un giorno di regno* (*Un jour de règne*) – qui annonçait sa propre durée ! Ce soir-là restera gravé dans ma mémoire : ce fut le plus amer de ma vie. Le public était hilare, mais pas pour les bonnes raisons. C'est de moi et de la troupe que l'on se moquait. Moi qu'on accablait. J'étais si malheureux sous les huées et sifflets que je restais là, au milieu de la fosse parmi mes musiciens, le dos courbé, le regard fixe. J'étais dans un

cauchemar, j'allais me réveiller. Ah ! Si les spectateurs avaient alors, je ne dis pas applaudi, mais
accueilli l'opéra en silence, je n'aurais pas eu assez
de mots pour les remercier. Merelli vint me
chercher pour m'entraîner dans les coulisses. Il
avait un ton paternel et rassurant. Il m'assurait que
tout compositeur rencontrait ce type de déconvenue au moins une fois dans sa vie. Que ce n'était
pas ma musique qu'on critiquait – j'avais été paraît-
il applaudi –, mais son exécution. Que cela
annonçait peut-être d'immenses succès. Mais déjà,
je ne l'écoutais plus. Partir. Je devais partir. Loin.
Retourner sur mon sol natal et ne plus jamais en
bouger. Je désirais résilier mon contrat et mettre
un terme à ma carrière de compositeur. Je n'eus
pas le courage de le dire moi-même à Merelli. Je le
lui fis savoir dans la soirée par l'intermédiaire de
mon ami Pasetti.

Merelli me convoqua le lendemain, me remit
mon contrat et me dit :

— Verdi, je ne peux pas te forcer à écrire ! Mais
j'ai toujours confiance en toi. Qui sait, peut-être un
jour te décideras-tu à reprendre la plume ? Alors il
te suffira de me le faire savoir deux mois à l'avance
et je te promets que ton opéra sera représenté.

Je n'eus pas à attendre trop longtemps : Merelli
remplaça par *Oberto,* dont il avait conservé les
décors et les costumes, la place laissée vacante par
Un giornio di regno. Moins de six semaines après cet
échec, je retrouvais la scène pour dix-sept représentations. Cela me permit de quitter l'appartement où
j'avais vécu avec ma famille maintenant disparue, et
de m'installer tout près de la Scala. Les spectacles

terminés, Barezzi vint me chercher pour m'emmener à Roncole, chez moi dans ma province. Je décidais de cesser mes activités artistiques, au grand désespoir de Barezzi qui resta néanmoins auprès de moi et comprit mon découragement.

Le monde lyrique ne m'intéressait plus, tout me rendait triste, je n'avais même plus de plaisir à lire des partitions ni à me rendre à des opéras. Je passais des nuits et des nuits à lire des romans à quatre sous, pendant mes heures d'insomnie. Il y eut une représentation à Gênes d'*Oberto*, qui ne remporta pas un franc succès.

Je revins à Milan en mars 1841 pour déménager mes affaires, toujours décidé à abandonner la scène.

Une fin d'après-midi, alors que des giboulées tombaient à flot sur le Duomo, je sortis pour m'aérer et tenter d'échapper à mes pensées morbides. Au coin de ma rue, je tombai nez à nez avec Merelli, qui parut heureux de me voir, bien que je ne me sois pas rendu au rendez-vous qu'il m'avait proposé quinze jours auparavant.

— Giuseppe ! C'est le ciel qui t'envoie !

— Bonjour, signore Merelli. Quel hasard !

— Tiens viens, je me rends à mon bureau, suis-moi, j'ai à te parler ; tu as bien cinq minutes à m'accorder ? – Sans même attendre ma réponse, Merelli m'entraîna à la Scala – Giuseppe, c'est le destin qui t'a mis sur mon chemin. Je reviens de chez Otto Nicolaï, un de tes confrères, tu sais, ce fameux compositeur allemand ; Solera lui a écrit une œuvre que cet ingrat refuse tout net de mettre en musique. Autant te dire qu'il effectuera sa saison ailleurs qu'à la Scala ! Figure-toi, un livret de Solera, magnifique ! Extraordinaire ! Sublime ! Avec des situations dramatiques efficaces, de beaux vers ! Et cet entêté de Nicolaï qui ne veut rien entendre et déclare que ce livret est impossible ! Je ne sais comment faire pour trouver un autre livret maintenant.

— Tu avais fait rédiger *Il Proscritto* pour moi et je n'ai pas écrit une seule note pour ce livret, donc si cela peut te rendre service, je le mets à ta disposition.

— Oh, quelle chance, je te remercie.

Tout en parlant, nous étions arrivés au théâtre. Merelli appela Bassi qui était à la fois poète, directeur de scène, videur, bibliothécaire et lui demanda de voir immédiatement dans les archives s'il ne trouvait pas un exemplaire du *Proscritto*. Entretemps, Merelli me mit entre les mains un autre manuscrit :

— Regarde, voici le livret de Solera ! Avoir un tel sujet et le refuser ! Prends-le... Lis-le... Il est question de l'épisode biblique de l'esclavage des Hébreux à Babylone.

— Que veux-tu que j'en fasse ? Non, non, je n'ai aucune envie de lire des livrets, et encore moins de m'immerger dans un drame. J'ai bien assez de ma propre vie...

— Allons, cela ne va pas te rendre malade, lis-le et après tu me le rapportes !

— Non, signore Merelli, je ne le prendrai pas. J'ai bien réfléchi. Je ne suis pas fait pour la scène. Je ne peux m'empêcher de penser que mon foyer a été détruit parce que je me suis engagé dans cette voie et si je persévère, cela me sera fatal.

— Mais voyons Verdi ! Je crois au destin, mais la fatalité n'est pour rien dans ce qui t'arrive, et tu peux en faire la preuve ! Prends donc cet ouvrage, lis-le, et demain viens me dire s'il t'inspire ou non. Si c'est non, je n'insisterai pas, nous romprons notre contrat et je te laisserai reprendre le chemin de ta campagne où tu gâcheras l'immense talent qui t'habite. Si c'est oui, je mettrai à l'affiche ton opéra à la prochaine saison. Tu me dois une œuvre, rappelle-toi. Mais tu es libre de choisir Giuseppe ! Nous sommes toujours maîtres de nos choix dans la vie. Adieu donc, et bonne lecture !

Je sortis du bureau de Merelli, comme assommé. Je feuilletai machinalement le livret en marchant et une sorte de dégoût s'empara de moi. Je n'allais pas le lire et j'opposerais un franc refus le lendemain. Personne ne me ferait jamais composer quoi que ce soit si je ne le souhaitais pas. Le temps exécrable me passa toute envie de continuer ma promenade et je rentrai chez moi, la rage au ventre et en proie à un malaise indéfinissable, fait de tristesse et d'angoisse. Au moment de me coucher, je butai sur le livret que j'avais jeté sur le sol à mon retour. La page était ouverte sur un chant d'Hébreux qui disait ceci :

Va, pensée, sur tes ailes dorées
Va, pose-toi sur les pentes, sur les collines,
Où embaument, tièdes et tendres,
Les douces brises du sol natal !
Salue les rives du Jourdain,
Les tours abattues de Sion...
Ô ma patrie si belle et perdue !

140

Ô souvenir si cher et fatal !
Harpe d'or des prophètes fatidiques,
Pourquoi, muette, pends-tu au saule ?
Rallume les souvenirs dans le cœur,
Parle-nous du temps passé !
Ô semblable au destin de Solime
Tire le son d'une cruelle lamentation
Ô que le Seigneur t'inspire une harmonie
Qui nous donne le courage de supporter nos
[souffrances !

J'eus la sensation d'entendre des voix chanter. Je
luttai contre la tentation d'en découvrir davantage
et refermai le livret. Je me couchai et cherchai à
dormir pour sombrer dans l'oubli, mais une certaine excitation me maintint en éveil et je me sentis
comme attiré, taraudé par l'envie irrépressible de
lire ces pages. Je repris donc malgré moi l'ouvrage
et en terminai la lecture. Je le lus et le relus jusqu'à
le connaître par cœur. Je transcrivis quelques élans
mélodiques sur une partition, la structure de mon
opéra se dessinait déjà dans ma tête, tout était
fluide sous ma plume. J'étais transporté !

Mais je devais résister.

Sans quoi, je courais droit à ma perte.

Toutefois, je ne pouvais contester que l'histoire
me plaisait ainsi que la poésie du texte. Inspiré du
ballet *Nabuchodonosor* d'Antonio Cortesi, donné
trente-cinq fois à la Scala durant l'année 1838, lui-
même tiré d'une pièce française intitulée aussi
Nabuchodonosor, donnée à Paris en 1836, le thème
trouvait sa source dans l'Ancien Testament qui
relate le châtiment du roi hébreu et sa rédemption,

laquelle entraîne la libération du peuple hébreu. Je sentais poindre dans le texte une redoutable intensité musicale dramatique. La figure du souverain fou, déchu, impuissant, et mélancolique ajoutée à la détresse sincère d'Abigaïl qui finit par se suicider me fascinaient.

Malgré cela, entêté et convaincu qu'un changement d'avis me serait fatal, je revins à la Scala le lendemain pour rendre le livret à Merelli. Mais il ne voulut rien savoir et me mit à la porte avec l'œuvre de Solera dans ma poche. Rentré chez moi, je commençai à écrire une note, une autre, puis un feuillet. M'y sentant contraint et composant dans la douleur, je cessai ensuite pendant deux mois mais je ressentis très vite le besoin impérieux de m'y remettre et je travaillai ensuite avec passion sur ce projet d'opéra. Le goût de vivre me revint dans l'enivrement de la création et les idées sombres disparurent. Je recommençai à fréquenter les salons de Milan, a rencontrer avec plaisir des acteurs, des chanteurs, des metteurs en scène. Je vis bientôt Solera tous les jours et nous devînmes des amis très proches. Nous n'étions pas toujours d'accord et nos discussions furent souvent orageuses : ainsi, je souhaitais supprimer le duo amoureux du second acte qui me déplaisait vivement et que je trouvais déplacé. Je voulais qu'il le remplace par une prophétie de Zaccharie que je trouvais plus appropriée, en tout cas plus adaptée à la dimension spirituelle que je cherchais à insuffler à l'œuvre. Solera ne voulait rien entendre et écrivit donc pratiquement sous la menace ! Il m'en tint rigueur très longtemps, mais n'eut aucun mal à rédiger ce que je lui demandais : en un quart d'heure, il l'avait écrit !

Début août, fier de notre travail, je proposai *Nabucco* à Merelli et essuyai un refus ! La saison d'automne était déjà programmée avec trois spectacles dont un de Donizetti, et il ne voulait pas introduire un quatrième opéra, d'un compositeur non confirmé de surcroît ! Je ne comprenais pas sa volte-face : c'est lui qui m'avait encouragé à composer cette œuvre, s'engageant à la mettre aussitôt en scène dès la livraison !

Il me proposa de patienter jusqu'à l'automne suivant pour créer l'opéra avec dans les premiers rôles Giuseppina Strepponi et Giorgio Ronconi, mes interprètes favoris. Merelli ne s'attendait pas alors à ce que je me rebelle, en jeune compositeur que j'étais. Au risque de perdre cette programmation de rêve, je n'acceptai pas cette date et exigeai d'être programmé pour la saison de carnaval !

L'année théâtrale était découpée en deux saisons. La première du « carnaval » commençait le jour de Noël et s'achevait le 21 mars. La seconde, dite « saison d'automne » durait du 11 août au 30 novembre. Tout l'art de l'imprésario consistait à mélanger subtilement œuvres confirmées et compositions de débutants et à susciter le moins de frictions possibles entre tous les intervenants de ces représentations : créateurs, musiciens, acteurs, revendeurs. Je prends la mesure aujourd'hui de l'audace dont je fis preuve alors : Merelli aurait très bien pu rompre toute collaboration avec moi. Mais ce ne fut pas le cas. L'attitude qu'il avait eue était en fait une stratégie éprouvée : comme beaucoup de ses semblables, il sollicitait le compositeur qu'il voulait rendre dépendant de lui, entendait ses souhaits, puis le contrariait pour mieux le faire céder sur une partie de ses exigences. Il lui donnait ensuite l'impression de le satisfaire, tout en faisant généralement une affaire. Sauf que, dans le cas de Merelli, le cœur l'emportait sur l'intérêt car il avait désiré avant tout me sortir de la dépression dans laquelle je m'enfonçais. Il m'avoua quelques années plus tard qu'il ne pouvait supporter l'idée que notre pays perde le compositeur en devenir que j'étais.

Il me fit savoir qu'il accédait à ma demande pour la saison de carnaval 1842. Cependant, il ne pouvait garantir la présence de Giuseppina pour le printemps et me conseilla donc de montrer ma partition à la Strepponi pour tenter de la convaincre de figurer dans la distribution.

En décembre 1841, à la fois fier de mon travail et en proie à des doutes terribles, je te demande rendez-vous, à toi, la grande Strepponi et j'ai le plaisir d'être reçu assez rapidement.

C'est à toi que je dois *Oberto* à la Scala, c'est à toi que je dois mes espoirs les plus fous. C'est à toi que je dois mon entrée en scène.

À toi, ma Peppina.

On a beau se connaître déjà, je n'en suis pas moins encore intimidé. Certes, tu m'as fait parvenir cette dédicace sur ton portrait il y a un peu plus d'un an, mais je ne compte pas t'en parler, trop timide et trop impressionné par toi.

144

Tu entres dans le salon avec nonchalance et m'offres ta main pour un baisemain. Tu as beaucoup changé physiquement depuis que nous nous sommes vus, trois ans auparavant. Tes traits sont tirés, tu as maigri et surtout ton visage trahit une lassitude et un désespoir infinis. Je suis troublé par ta beauté d'un autre temps, tes longs cheveux bruns et tes yeux d'un noir si profond qui laissent voir toute ta vulnérabilité malgré leur expression résolue. Beaucoup d'événements sont venus étoffer ton parcours à la fois de reine, de mère brisée, de maîtresse déchue et d'héroïne de la scène. Je le perçois au travers de tes yeux, il faut que je puisse en douceur percer ton mystère. Je t'explique assez rapidement l'objet de cet entretien ; tu me réponds que tu es ravie de me voir et toute disposée à m'écouter.

Je te parle de *Nabucco,* t'exposant le thème d'une façon qui se veut aussi efficace que concise. Mais je ne trouve pas mes mots et ma timidité accentue mon malaise : tu t'emploies à le balayer en m'encourageant du regard et en me souriant avec une gentillesse qui vient des profondeurs de ton âme.

— Pourquoi m'avoir choisie pour ce rôle ? me demandes-tu.

— C'est en assistant à vos représentations et celles de Ronconi que j'ai écrit le rôle des protagonistes de *Nabucco* : en vous voyant évoluer sur scène, dans *I puritani, L'Elisir d'amore, Pia de' Tolomei* et enfin *Lucia di Lammermoor,* j'ai compris que vous seule sauriez porter Abigaïl.

145

— Qu'est-ce qui vous a incité à choisir de composer cet opéra plutôt qu'un autre...

— J'ai ressenti le besoin d'introduire dans un opéra des pensées qui correspondent à celles de notre époque. – Je suis heureux de pouvoir m'exprimer sur ce sujet et je parle avec les mains et beaucoup de passion. – Le thème de *Nabucco* s'y prête parfaitement. Au-delà des œuvres de nos contemporains, où la forme prime sur le fond, j'ai eu envie de casser le genre et d'introduire dans ma création plus de réalisme, quelque chose qui se rapprocherait des préoccupations actuelles et qui serait d'ordre collectif...

— Mais qu'est-ce qui a pu vous donner l'audace de changer les genres ?

— J'ignore s'il s'agit d'audace, dis-je en rougissant. Disons qu'ainsi, ce que je compose correspond davantage à ce que je suis. Et je n'obtiens jamais rien de bon lorsque ce n'est pas le cas. J'en ai fait récemment l'amère expérience.

— Je comprends ce que vous voulez dire car je l'ai vécu moi-même très récemment, murmure Giuseppina comme pour elle-même en s'éventant.

— Voyez ce roi qui n'est pas figé dans son rôle de tyran, n'est-il pas représentatif du genre humain ? Nous avons tous un caractère changeant, c'est le propre de l'homme. Le public attend de l'opéra plus de vérité, plus de verve épique et de monumentalité ! Et ce sont là tous les ingrédients de *Nabucco*. Enfin, et c'est vraiment là que s'est située prioritairement ma motivation : je souhaite toucher le cœur de mon public.

146

Mon discours est devenu soudain plus fluide, et je ne bégaie plus comme au tout début. J'ai mis la partition entre tes mains et tu la lis attentivement pendant que je t'explique les tableaux. Je vois très rapidement que tu es très attentive à ce que je dis et tes yeux brillent intensément. Tu me confies tes impressions au fur et à mesure. Les mots que tu emploies touchent mon âme, car tu décryptes instinctivement les émotions que j'ai voulu susciter dans ma composition. Tu maîtrises le langage de la musique comme celui du cœur. La fin de mon exposé est suivie d'un long silence ; tu es perdue dans tes pensées et ne t'aperçois pas que j'attends de toi la sentence qui décidera de mon sort.

— J'aime beaucoup cette musique, finis-tu par déclarer. Une énergie primaire, presque sauvage se dégage de votre partition, quelque chose d'impulsif, de passionnel. J'aime ça. Et je veux interpréter le rôle d'Abigaïl pour le début de la saison.

Tu me proposes d'aller convaincre de la même façon Giorgio Ronconi. La proposition est inespérée. Je te remercie vivement et, afin de manifester ma joie, je me mets au piano pour entamer un *aria allegretto...*

Merelli apprend la nouvelle avec une joie non dissimulée :

— Nous donnerons ce *Nabucco,* mais il ne faut pas oublier que je vais avoir à faire des dépenses importantes pour les autres créations. Je ne pourrai donc réaliser ni décors ni costumes pour celle-ci ! On devra s'arranger avec ce que l'on trouvera au magasin.

Les semaines qui suivent sont les plus belles, les plus excitantes, les plus motivantes que j'ai vécues depuis longtemps. Les préparatifs de *Nabucco* avancent à grands pas, mes interprètes sont rigoureux et motivés et, au fur et à mesure des répétitions, je sens que tous, chanteurs, choristes, musiciens mais aussi employés et techniciens du théâtre, sont de plus en plus enthousiastes et que l'opéra connaît un engouement général extraordinaire. Tous viennent écouter. Surtout le chant des Hébreux. Ils sont mon premier vrai public, et je leur suis infiniment reconnaissant.

Toi, Giuseppina, tu t'imposes au fil des répétitions : tu donnes le ton et tous te suivent. Mais tu es aussi extrêmement à l'écoute de mes conseils, tu t'en remets à moi facilement dès que tu as un doute. Tu t'imprègnes du personnage d'Abigaïl avec une telle intensité et tu captes très vite ce que j'attends de toi en tant qu'interprète.

Nous sommes assez complices, même si je reste plutôt déférent en apparence à ton égard. C'est souvent toi qui m'abordes dans les coulisses lors des pauses, et nous devisons de longues heures sur des sujets variés. J'adore converser avec toi ; plus j'apprends à te connaître, moins tu ressembles à ce qu'on dit de toi, plus je te trouve raffinée, intelligente, subtile et, toujours, extrêmement talentueuse.

Au fur et à mesure que la date du 9 mars 1842 approche, je suis de plus en plus inquiet. Traumatisé par l'échec d'*Un giorno di regno,* je crains le jugement du public. Lors de la générale, les machinistes de la Scala m'applaudissent à n'en plus finir et je suis touché par tant d'éloges et de compliments. Je me sens aussi coupable ; je pense à ma Margherita qui aurait été si fière de moi.

Le jour venu, je suis au comble de l'excitation. Je me place dans la tribune auprès de l'orchestre, à côté du premier violoncelle, comme je le ferai à la première de chacune de mes représentations. La salle est pleine, le public, comme à l'accoutumée, est indiscipliné. L'ouverture contribue à calmer les plus remuants, et dès la première scène dans le temple, les acclamations se déchaînent. Je les prends dans un premier temps pour des huées – réminiscence d'un mauvais souvenir ancré en moi – avant de comprendre que les spectateurs expriment leur joie et leur satisfaction. À la fin de l'acte I, l'enthousiasme est à son comble : Giuseppina, qui n'est pourtant pas au meilleur de sa forme, envoûte son public.

Le second acte se déroule magiquement, le public est devenu tout à fait silencieux. Quand le rideau tombe, après la scène tragique de la mort d'Abigaïl, les applaudissements crépitent et ne s'arrêtent plus. La représentation s'achève aux cris de « Liberté pour l'Italie ! », la population milanaise sous domination autrichienne s'identifiant aux Hébreux en esclavage. Les spectateurs ont été sensibles au chœur des esclaves « Va pensiero », interprété comme un hymne à la liberté. Je vis l'instant intensément, et les applaudissements semblent durer une éternité. Ils saluent aussi ma renaissance, ma volonté et ma foi en mon talent de compositeur.

Mon cœur bat la chamade et j'observe le public lors du salut final et des innombrables rappels. Je passe en revue une à une les loges, devinant les sourires de satisfaction sur les lèvres de ces visiteurs d'un soir : c'est une sensation exquise d'apporter du bonheur et de se sentir l'auteur de toute cette effervescence. Je ne me lasserai jamais de cette impression de plénitude après une représentation.

Dans les coulisses, tu viens vers moi les bras tendus et nous restons enlacés quelques instants, suffisamment pour nous faire remarquer et provoquer quelques clins d'œil éloquents. Je n'ai même pas le tact de te remercier ni de te féliciter. Je reste ainsi, interdit, seul dans le couloir, parmi tous ces gens qui sont comme ma deuxième famille depuis quelques semaines. Je suis entouré, acclamé, et un sentiment nouveau naît en moi, quelque chose de doux, de fulgurant, et de très puissant.

Toute la presse de Milan est dithyrambique au lendemain de la première représentation. J'ai l'impression pour la première fois de ma vie d'être devenu un héros. On écrit que je mets un terme à la suprématie exercée par Donizetti depuis la mort de Bellini. *Nabucco* restera à l'affiche de la Scala pour huit représentations, avant d'engager une tournée à Parme. Puis, de nouveau à la Scala pour cinquante-sept représentations triomphales ! Dans les mois qui suivront, *Nabucco* sera joué dans toutes les grandes villes d'Europe, et bientôt d'Amérique !

Au troisième soir de la représentation, Merelli me fait venir dans son bureau pour me demander de composer l'opéra inaugural de la saison suivante, m'interrogeant sur mes conditions. Je lui demande un délai de réflexion, ébloui par la proposition et incapable de fixer un prix devant cette offre inespérée. C'est toi que je sollicite le lendemain, Giuseppina, pour avoir un conseil et tu m'exhortes à demander huit mille lires autrichiennes, étant donné le succès que remporte *Nabucco*.

C'est un montant faramineux ! Bellini n'en a pas obtenu plus pour *Norma* et aucun compositeur depuis n'a réussi à l'égaler ! Je ne suis pour ma part qu'un débutant et je te fais part de mes doutes sur l'opportunité de négocier une telle somme mais tu les balaies.

— Un débutant à qui Merelli a confié un opéra inaugural ! Sachez donc être à la hauteur des ambitions qu'il formule pour vous...

Je propose donc ce montant à Merelli qui signe le contrat sans discuter. Je te retrouve dans ta loge, plein de joie et de fierté, pour te remercier. Première coupe de champagne partagée avec toi, en tête à tête.

— Vous ne devez ce succès qu'à vous-même, Giuseppe. Vous méritez bien plus. Vous avez offert à votre public une œuvre de vérité. Sachez recevoir après avoir donné !

— La vie ne m'a pas beaucoup fait de cadeaux jusqu'ici ; je n'ai donc pas l'habitude de recevoir. Peut-être ai-je besoin d'aide en ce domaine ?

Contre toute attente, c'est toi cette fois qui rougis.

Tu ne pourras pas malheureusement être Abigaïl lors de toutes les représentations à la Scala en cette année 1842. Sur les huit représentations triomphales, tu ne participes qu'à trois.

De façon à ménager ta voix, alors sur le déclin, tu te rétractes pour plusieurs dates, en me promettant de revenir sur les tournées programmées en province après la Scala. Je suis déçu, mais au fond de mon cœur je sens que l'on se reverra bientôt, que ce qui nous réunit est exceptionnel, entre admiration respective et amitié. Tu pars te reposer et je sens que cela t'est vital, donc je t'y encourage presque : nous restons en contact par courrier.

Le masque de l'écriture... Quel subterfuge délicieux pour se dévoiler à demi-mot. Ce mode de communication pudique restera le nôtre pendant toute notre vie. J'ai plus de mal que toi à coucher mes sentiments par écrit, quoique j'aie l'impression chaque fois d'en dire trop.

Tu m'encourages à les livrer, à ne pas en avoir honte, à être moi-même en toutes circonstances.

Tu m'apprends à avoir confiance en moi et à ne plus jamais douter de moi, à oser être moi.

À ce titre, merci, Giuseppina.

L'alignement des étoiles

À l'automne 1842, ton nouvel opéra, *I Lombardi alla prima crociata* (*Les Lombards à la première croisade*), est prêt. Mais il faut parlementer pour obtenir le visa de la censure, car ta thématique dérange grandement le pouvoir ecclésiastique, alors fort influent. Une scandaleuse représentation scénique du sacrement du baptême fait hurler le cardinal qui menace d'en appeler à l'Empereur ! Les croisés, exilés en Terre sainte pour se laver de leurs péchés, combattent, souffrent et meurent sous la domination sarrasine. L'œuvre fait allusion à une autre domination et cette fois, il ne s'agit plus de lointains Hébreux, comme dans *Nabucco*, et d'esclavage, mais d'Italiens de Lombardie, région dont Milan est la capitale !

La première représentation a lieu le 11 février 1843 avec la très grande Frezzolini dans le rôle féminin de Giselda et le ténor Gasco dans celui d'Oronte.

Je ne suis visiblement pas la seule à croire en l'immense talent de Giuseppe Verdi. Le public, conquis d'avance, a attendu des heures pour

153

obtenir des places. Et la soirée est triomphale : le succès est autant patriotique que musical et les vingt-cinq représentations suivantes remportent les mêmes suffrages.

En revanche, à Florence et Venise, où l'aspect patriotique de l'œuvre touche bien sûr beaucoup moins les spectateurs, le fiasco est à peu près complet. De nouvelles représentations de *Nabucco* viennent adoucir ton orgueil blessé.

Nous correspondons souvent. Tu me tiens informée de la plupart de tes représentations, tandis que je te parle de l'œuvre caritative à laquelle je me consacre alors. Mon gala de bienfaisance, programmé pour le 31 mai 1843, à Parme, occupe tout mon temps. Je dois y interpréter le meilleur de mon répertoire, accompagnée de l'orchestre ducal. Toutes les recettes iront à la fondation de l'enfance, qui place des dizaines de petits orphelins dans des foyers d'accueil les plus décents qui soient. Pour des raisons personnelles évidentes, je m'investis corps et âme dans ce projet. Je bats le rappel de toutes mes relations, et fais intervenir mes proches pour faire salle comble. Je veux récolter suffisamment de dons et œuvrer ainsi de façon utile et constructive. Je te parle sans cesse de ce projet avec passion. Quand tu t'interroges sur mes motivations pour une telle cause, je te parle seulement de mon amour pour les enfants. Je suis incapable de te dire toute la vérité sur ceux que j'ai abandonnés : je ne te parle que de Camillino, le seul que j'ai reconnu. Je te dis que bon nombre de mes amies ont dû se séparer de leur enfant pour continuer leur carrière dans le monde de l'opéra et que j'ai été malgré moi plus d'une fois témoin de ce drame qu'est la séparation entre une mère et son enfant. Je n'ai pas envie de te révéler ce que j'ai vécu personnellement. Je le ferai peut-être plus tard, bien plus tard, si j'en ressens la nécessité. Si je t'avais tout raconté, tu m'aurais jugée, pire, désavouée. J'ai tellement honte de moi et je ne souhaite pas lire dans tes yeux la déception. Je veux oublier mon passé, ne plus en parler. Jamais. Tu me parles de tes petits, décédés si jeunes, et me confies ton désir d'avoir de nouveau des enfants un jour.

En janvier 1843, ma voix ayant pu se reposer, tu me proposes, connaissant mon goût pour la scène, de continuer d'interpréter Abigaïl dans la Péninsule. Je suis pour toi la seule qui soit apte à retranscrire fidèlement l'âme de ton personnage. Tu ne veux aucune autre interprète que moi. J'apprécie d'être désirée ainsi : Giuseppe, tu es le premier homme à m'admirer de cette façon si pure.

Une série de représentations de *Nabucco* est programmée pour avril 1843 et nous nous retrouvons à Parme. Nous devenons inséparables et la troupe commence à s'en apercevoir. Tu me fais la cour, en bonne et due forme, sans précipitation et en exprimant tes réticences à t'engager à nouveau, ta peine étant encore trop récente. Tout en comprenant parfaitement ta prudence, je ne peux m'empêcher de ressentir une certaine frustration, car mes sentiments à ton égard sont pour moi de plus en plus clairs. Tu es en train de conquérir mon cœur, mais je vais devoir, pour une fois, être un peu patiente.

Au cours de toutes nos conversations, tu me fais le récit de ce qui t'a amené à t'intéresser à la musique et à l'aimer : tes parents tenaient une petite auberge à Roncole, près de Busseto dans la région de Parme où nous sommes alors, et les clients et colporteurs de passage avaient pour habitude de chanter et de reprendre en chœur des refrains plus ou moins d'actualité. Puis tu as été organiste, enfant, à l'église de Busseto. Ta formation atypique a conféré une âme particulière et unique à ta musique. Ce que certains critiques malveillants appellent ta « musique barbare » n'est autre que le fruit de cette approche non conventionnelle qui te distingue des autres.

Au théâtre, je mets un point d'honneur à exceller dans mon rôle pour te prouver que tu as bien fait d'avoir confiance en moi. Les répétitions me paraissent faciles, tes regards d'encouragement me portent. Je me donne tout entière à ce public friand d'émotion, mais surtout je m'offre à toi Giuseppe en premier lieu : c'est pour toi que je chante.

Le soir du 17 avril 1843, avec le reste de la troupe, j'obtiens un succès triomphal, comparable à celui de la première saison milanaise. Je suis cette reine maudite, cette femme amoureuse prête à détruire tout un peuple pour se venger d'un amour qui lui échappe. Un mélange de détresse, de haine grotesque et de désespoir anime son cœur : aussi détestable soit-elle, son amour contrarié touche mon public qui, loin de la huer, souffre avec elle. Au moment de sa mort, un long silence plane dans la salle. À peine sortie de scène, tu me prends par la main et tu me demandes de te suivre. En te retournant, tu évites de justesse ton propre père qui est venu te féliciter et que tu as failli renverser. L'homme, imposant de carrure, a les yeux embués de larmes. Il a assisté à toute la représentation depuis la loge d'un noble bussetan. Il se dégage de lui une fierté et une émotion extrêmes. Il te fixe sans parler et te prend dans ses bras. Tu restes assez distant, te dégages de cette accolade et tu le remercies. Après un long silence, tu me présentes, et je croise le regard de ton père : un regard froid, dur, implacable qui me fait baisser les yeux. Carlo dit seulement à son fils : « J'ai beaucoup entendu parler de cette femme fantasque. »

Tu ne réponds rien, invoque le fait que nous sommes pressés, que tu le verras plus longuement le lendemain matin et tu m'entraînes, dissipant le malaise que cette scène a provoqué et le mauvais pressentiment qui m'étreint. Tu m'emmènes à l'extérieur du théâtre, hèles un fiacre et, une fois installé sur la banquette, me fais part de ton projet :

— Je souhaite te faire visiter ma ville natale. Nous ne sommes qu'à quelques kilomètres de ce lieu si cher à mon cœur, et je me disais que tu ne pouvais vraiment me connaître qu'après avoir visité Busseto.

— Mais, il est tard, il fait totalement nuit, le cocher risque de rouler à l'aveugle...

— Il faut absolument que je te fasse voir l'endroit où mon amour pour la musique est né et c'est ce soir ou jamais !

Tu n'as eu aucun mot de félicitations pour ma prestation sur scène, mais ce que tu t'apprêtes à m'offrir vaut peut-être mille compliments. Je ne t'ai jamais vu si heureux. Tout en me parlant, tu extrais un panier d'osier de sous la banquette d'où tu sors une bouteille de champagne et deux coupes en cristal. Tu avais donc tout prévu !

Nous déambulons dans les ruelles de Roncole. Tu t'arrêtes un instant avec émotion devant une petite auberge vétuste.

— C'est le berceau de mon enfance. Mes parents tenaient une auberge et une épicerie attenante. Pour l'approvisionner, mon père, Carlo, allait à pied au village voisin chez l'excellent épicier Antonio Barezzi et revenait au village avec deux corbeilles pleines sur les épaules. – Des larmes perlent dans tes yeux. Au même instant, le regard empli de reproches de Carlo me revient en mémoire et me glace. – Antonio Barezzi est le père de ma défunte épouse. Je dois presque tout à cet homme. Il a de nombreuses fois financé mon jeune couple : il m'a permis de m'adonner à la musique sans être contraint à exercer un emploi qui aurait été loin de mes aspirations. Cet homme est un second père pour moi.

— Et ton premier père ? A-t-il toujours cru en toi ?

— Mon père est un peu rustre dans ses manières mais généreux de cœur et sensible d'esprit. Pour mes sept ans, c'est lui qui m'a offert une épinette, devinant très tôt mon inclination pour la musique. La même année, il m'a défendu contre le curé du village qui m'avait giflé sous prétexte que je ne l'entendais pas : il me demandait de l'eau mais j'étais trop occupé à écouter l'orgue. J'étais parti vexé de l'église en courant et en invectivant le prêtre, lui affirmant qu'il mourrait foudroyé par la colère de Dieu. Quelques mois plus tard, ce curé fut effectivement foudroyé. Avec mon père, nous avons tous deux eu un fou rire durant l'enterrement, ce qui ne fut guère apprécié par les villageois, tous plus religieux les uns que les autres, mais mon père est ainsi. Je lui dois également l'instruction que je possède aujourd'hui. Car de façon à m'aider à faire quelque chose de ma vie, il m'a envoyé en pension chez un ami pour me permettre de suivre l'enseignement du collège de Busseto. Dieu sait combien il lui en a coûté de sacrifices financiers mais il a jugé cette éducation nécessaire. Je suis conscient de tout ce qu'il a fait pour moi, tu sais, mais à la différence d'Antonio Barezzi qui ne m'a jamais rappelé les dettes que j'avais envers lui, mon père, lui, a toujours su me culpabiliser lorsque j'échouais.

Le regard que Carlo a posé sur moi est effectivement de ceux qui jugent et cherchent la faute. J'écoute ton histoire et apprécie que tu te livres à moi : je suis heureuse de ta confiance. Nous restons encore quelques minutes devant cette auberge, tu m'en fais faire le tour et me contes plusieurs anecdotes sur ton enfance, l'église de Roncole où tu as été organiste de longues années.

— Et ta mère ? Est-elle toujours en vie ? As-tu des frères et sœurs ?

— Ma mère est encore de ce monde, oui. Elle vieillit, elle est souvent fatiguée. Elle a voué sa vie à sa fonction d'épouse et d'aubergiste. Elle a rempli son rôle de mère en étant douce et toujours disponible pour moi. J'avais une sœur de deux ans ma cadette qui s'appelait comme toi, Giuseppina, mais qui est décédée à l'âge de dix-sept ans. Elle était handicapée mentale, mais j'avais développé une très grande complicité avec elle. Nous communiquions magnifiquement par la musique tous les deux.

Nous avons regagné le fiacre en silence et avons poussé jusqu'à Sant'Agata, qui jouxte Busseto et je suis émerveillée par ce que j'aperçois dans la nuit.

— Un jour nous habiterons ici ! me suis-je exclamée.

— Soit. C'est convenu, m'as-tu répondu en me regardant droit dans les yeux.

Je prends conscience à cet instant de ce que signifient ces paroles. Je ne suis pas un simple amour de passage pour toi, et ce détour que tu m'as fait faire par ton passé est une façon de me livrer ton cœur et de me déclarer un amour véritable.

— À nous deux, ma Peppina !

De ce jour, ce surnom affectueux va me poursuivre tout le reste de ma vie.

— À ton génie, Pasticcio !

Je t'affuble sous l'effet du champagne d'un sobriquet que j'invente et qui signifie à la fois « confusion » et « pâté » ! Tu pars d'un bel éclat de rire !

Nous trinquons les yeux dans les yeux, heureux et légers, parfaitement conscients de la valeur de l'instant, et ne nous souciant nullement du champagne qui déborde de nos coupes avec les cahots de la voiture.

Ce soir-là, dans un hôtel à Parme, je suis ta maîtresse pour la première fois. Je m'endors dans tes bras, ivre de bonheur et à mon réveil, tu m'observes avec beaucoup de gentillesse et d'admiration dans les yeux :

— Bonjour ma princesse, bienvenue dans ma vie.

J'y entre pour y rester une bonne cinquantaine d'années.

Nabucco est représenté vingt-deux fois à Parme. Tu diriges les deux premières et deux soirées ont pour spectatrice l'ex-impératrice Marie-Louise qui te remet une distinction sous la forme d'une épingle d'or rehaussée de diamants. Je suis si fière de toi ! Un peu plus tard, c'est à mon tour d'être honorée par la souveraine : Marie-Louise assiste en effet au gala de bienfaisance que je donne le 31 mai au nom des orphelins de la région. J'ai réussi à réunir plus de deux mille personnes ! La soirée se déroule au palais Visconsi du comte Bagni, une connaissance de Lanari, et je n'en reviens pas moi-même de l'ampleur que prend l'événement. J'ai beaucoup travaillé depuis des mois pour la mise en place de ce projet et je vais être récompensée au-delà de mes espérances. J'ai le sentiment d'expier une partie de mes péchés en agissant ainsi, et de me faire pardonner l'abandon de mes enfants. Ils sont à mes côtés ce soir.

Je répète depuis des semaines et je me sens comme galvanisée. Quand les premières notes de *La Sonnambula* retentissent, je croise ton regard, je ferme les yeux, et me laisse porter par Bellini : j'interprète « Ah ! Non credea mirarti » dans un état de transe. On me jette des bouquets de fleurs, on m'applaudit et tu viens m'aider à descendre du podium sur lequel j'étais juchée juste à côté du piano. L'archiduchesse se dirige droit vers nous, et fait un discours qui rend honneur à ma générosité, mon esprit d'entreprise et ma grandeur d'âme, sans omettre mon talent de cantatrice.

Et elle apporte sa contribution à cette soirée en offrant un collier serti de diamants de sa collection privée, qui à lui seul pourra permettre de placer peut-être une centaine d'enfants en foyer d'accueil. Les larmes aux yeux, je la remercie chaleureusement. Le public nous applaudit, et ces applaudissements ont pour moi une saveur particulière. J'ai une sensation d'accomplissement, d'autant plus forte que tu es présent, Giuseppe. J'ai l'impression de racheter ma conduite et mes erreurs passées. Lanari juge bon, lors de cette consécration, de me restituer discrètement la statue de la *donna e il suo bambino* qu'un sculpteur m'avait offerte jadis. Il a ces mots délicats : « Puisse cet objet honorer la maman de cœur que tu es et que tu resteras toute ta vie. »

Après cette inoubliable soirée, ta production artistique s'accélère au rythme infernal de deux opéras par an. Les reprises de succès ajoutées aux créations à venir occupent tout ton temps. Tes cinq premiers opéras sont représentés à un an d'intervalle. Après *Ernani*, le drame de Victor Hugo que tu adaptes brillamment à la scène lyrique, tu enchaîneras les opéras, jusqu'à *Rigoletto* en 1851 : tu signes engagement après engagement avec des imprésarios, victime de ton succès.

Tu composes et mets en scène *I due Foscari* (*Les Deux Foscari*) en sept mois, *Giovanna d'Arco* (*Jeanne d'Arc*) t'en demandera trois et demi, *Alzira* six. Beaucoup de déplacements, de soirées mondaines et énormément de pourparlers avec les imprésarios pour éviter les amendes sur les retards, tel est ton lot pendant toutes ces années et ta santé s'altère quelque peu. Tu m'en parles longuement dans ta correspondance où tu évoques aussi ta reconnaissance envers le public. Tu es devenu une véritable célébrité : on s'habille « à la Verdi », on se taille la barbe « à la Verdi » et on mange même des maccheroni « à la Verdi » !

Ta notoriété est si fulgurante que tu mets du temps à comprendre ce qui t'arrive. Notre correspondance m'est devenue indispensable, et je sens également qu'elle est pour toi un point d'ancrage essentiel face à tout ce qui t'arrive. Tu t'interroges énormément sur les affres du succès et je suis là pour te conseiller la prudence avec toute l'expérience qui est la mienne. Seule l'humilité et le désir de toujours satisfaire ton public devront guider tes pas sur le chemin de la gloire, et ton cœur doit rester l'unique garant de ton inspiration. Tu dois rester fidèle à ton registre : ton unique opéra-comique t'a déjà prouvé que tu n'es pas l'homme de plusieurs genres lyriques. Un jeune compositeur allemand de ta génération, un certain Wagner, connaît un certain succès depuis peu avec un opéra intitulé *Le Vaisseau fantôme*. J'en ai entendu parler lors d'une soirée et me suis dit alors que vous ne risquiez pas d'être rivaux lui et toi. Tu acceptes mes conseils en ce domaine, et tu me consultes pour les négociations de contrats : je t'aide à fixer le prix de chacune de tes créations. Je suis devenue ta conseillère, ta confidente, ton « amie chère ». Je devine néanmoins que je ne suis pas l'unique centre de ton monde. Tu ne manques pas de sollicitations. Tu fais la connaissance de nombreuses femmes, dont la comtesse Giuseppina Apiani, protectrice des artistes et des musiciens et surtout la comtesse Clara Maffei, qui va rester ta très chère amie jusqu'à sa mort. Parfois je suis ton ascension dans la presse, et j'y devine tout ce que tu ne me dis pas dans tes lettres. Je suis un peu jalouse de cette comtesse Clara Maffei dont le salon le jeudi est le rendez-vous de nombreux patriotes milanais. Tu m'en parles en termes tellement dithyrambiques que je redoute que tu n'accordes plus de valeur à son esprit qu'au mien. Je sais que tu es fier, du haut de tes trente ans, d'être adopté aussi rapidement par l'élite de la nation. Toi, le petit paysan de Roncole, l'enfant pauvre de Busseto. Je me doute, mon Peppino, que tu as eu quelques aventures durant ces longs mois d'absence : je sais néanmoins par expérience que si les salons et les succès mondains grisent, le cœur, en revanche, ne s'égare jamais.

Au printemps 1844, se présente une opportunité que tu saisis : peut-être est-ce une façon de prendre de la distance par rapport à ce monde d'apparences que tu côtoies ? Tu as besoin de valeurs authentiques, de te sentir appartenir à une terre. Tu fais l'acquisition d'Il Pulgaro, un domaine agricole de vingt-cinq hectares, situé tout près de ton hameau natal. Les négociations sont longues et laborieuses, mais tu obtiens finalement gain de cause et tu deviens propriétaire.

Jusqu'à l'été 1846, tout se succède à un rythme éprouvant et ton optimisme et ta santé en pâtissent. Ton *Ernani* est porté sur scène à Vienne, grâce à la collaboration de Donizetti, qui, loin d'être ton rival, défend ardemment tes œuvres. En témoigne le courrier que je reçois de lui quelques semaines avant la représentation à Vienne :

J'approuve votre passion [pour Verdi] *; mon estime pour vous se renforce à vous voir aimer ainsi de grands talents. Je ne puis m'en offenser. Mon temps de prééminence est révolu, c'est le tour d'un autre. Le monde veut du nouveau ; d'autres nous remplacent comme nous en avons remplacé d'autres. Je suis infiniment heureux que ce soient des gens de talent comme Verdi qui me succèdent. Rien n'empêchera l'excellent Verdi de se hisser bientôt au tout premier rang des compositeurs.*

Tu aimes le rapport qui s'est installé entre vous deux. Il entreprend de t'aider à conquérir le monde lyrique européen. En novembre 1844, *Ernani* est joué au théâtre Kārntnertor de Vienne, et est acclamé par le public viennois. Des dizaines d'autres théâtres le réclament : en Italie, mais aussi à Paris, Rio de Janeiro, Londres, Copenhague et

Istanbul ! En trois ans, ton œuvre est représentée dans plus de cent cinquante théâtres, t'assurant un succès et une notoriété mondiaux. De Paris cependant, t'arrive une nouvelle contrariante : Victor Hugo, que tu vénères tant, s'oppose à la représentation en France d'une œuvre musicale tirée d'un de ses drames. Il t'accuse avec Piave, le librettiste, de contrefaçon grossière. Tu transposes donc l'action d'Espagne en Italie et le nom des personnages est changé. *Ernani* devient *Le Proscrit*. Mais tu conserves un regret auprès de l'auteur du mouvement romantique français.

Tu acquiers tes lettres de noblesse en tant qu'homme d'affaires, apte à négocier avec chaque imprésario et directeur de salle, comme je te l'ai si bien appris. Bientôt, tes seuls intermédiaires sont tes éditeurs musicaux. Ils viennent en personne chez toi pour que tu leur accordes tes faveurs plutôt qu'à leurs concurrents. Tu signes ainsi un contrat avec les Lucca, éclipsant par là même Ricordi. À Paris et à Londres, les frères Escudier et Lumley rivalisent pour obtenir de toi un engagement exclusif. Sur mes conseils, tu les laisses rivaliser jusqu'à y trouver ton compte. *I due Foscari* est donné à Rome, le 3 novembre 1844. Tu es ovationné par le public romain alors que tu juges médiocre ton opéra tant par sa composition que par ses interprètes. Dès le lendemain, les invitations pleuvent et ta présence est recherchée jusque dans les milieux les plus fermés. Le gouvernement pontifical frappe même une médaille à ton effigie ! Difficile de ne pas se sentir un élu... C'est un hommage formidable et ton cœur s'enflamme à l'idée que tes parents vont un jour avoir cette monnaie entre leurs mains. Puis *Giovanna d'Arco* est composé en un temps record. Pour ce dernier opéra, tu fais ton retour à la Scala, honorant ainsi tes premiers engagements avec Merelli. Tiré d'un poème de Schiller, écrit par Solera, ton opéra se permet des libertés historiques périlleuses. Il remporte un formidable succès, et est donné dix-sept fois à la Scala. Ta réputation commence à te précéder partout. Les orgues de barbarie des rues reprennent les airs les plus connus de tes œuvres que tout le monde chante. La plupart des pays d'Europe commencent à te faire des propositions.

Tandis que tu gravis les marches du succès, je vois pour ma part mon avenir de cantatrice s'assombrir. Ma voix n'est plus ce qu'elle était et entre octobre 1844 et mars 1845, j'accomplis ma dernière saison à Palerme qui est, à ma grande honte, un désastre. Je me sens seule et déprimée : tu me manques beaucoup et j'ai peur que tu m'oublies, environné de tous ceux et celles qui te célèbrent. Nous nous voyons si peu.

Je suis obligée de me faire remplacer plusieurs fois car ma voix m'abandonne et il est clair que ma carrière est finie. Lors de la toute dernière représentation de la saison, je n'ai même pas la force de chanter le premier acte du *Belisario* de Donizetti. La presse locale ne m'épargne pas et je songe à quitter la scène définitivement. Je ne me lamente pas auprès de toi et te consulte au sujet de ma reconversion potentielle plutôt que d'évoquer la triste réalité de mon déclin.

Acte II

Tu composes ensuite en trois semaines, en t'inspirant de la tragédie de Voltaire, *Alzira,* pour le San Carlo de Naples et *Attila* pour la Fenice. Mais juste avant, tu te retires à Busseto pour savourer ta récente acquisition. Dans ton petit domaine, tu es heureux mais pas pleinement satisfait. Tu veux également une maison bourgeoise, sorte de revanche sur ton passé de petit paysan et tu achètes début octobre 1845 le palazzo Cavalli, une imposante et belle maison ayant appartenu au maire de la ville. Comme tu t'endettes pour réaliser ce rêve, tu n'as pas d'autre choix que de retourner à ta course effrénée aux contrats. Ton génie créatif te surprend toi-même au moment où tu te crois à court d'inspiration. Je sens bien cependant depuis quelque temps que ta santé s'altère, que tu es angoissé, comme déprimé. Tu as de la fièvre tous les jours, des maux de gorge et des douleurs d'estomac. Tu demandes alors à l'imprésario du San Carlo, Vincenzo Flauto, de retarder la représentation de ton opéra. Pour dire la vérité, le refus qu'il t'oppose ne te surprend guère. Ton librettiste, Cammarano, a la réputation d'être un Méridional cyclothymique et ta relation avec lui n'a rien à voir avec celle que tu as eue avec Piave ou encore Solera. Tu ménages sa susceptibilité mais le résultat de votre collaboration ne te convainc guère et tu n'es pas du tout optimiste pour la première. Lorsque tu arrives à Naples, l'accueil de la population est néanmoins extrêmement chaleureux : on t'acclame sur la place du Palais Royal, on joue *I due Foscari* et tu es rappelé sur scène à de nombreuses reprises. L'accueil fait

168

à *Alzira* est en revanche extrêmement mitigé et tu es découragé.

Tu reçois la visite de Léon Escudier, ton éditeur attitré pour la France, qui te fait part du succès rencontré par la reprise de *Nabucco* au théâtre des Italiens : Meyerbeer a applaudi à tout rompre ta « musique grandiose » ! Pour t'en convaincre, Escudier te fait lire un article de *La France musicale* et un autre du *Constitutionnel* qui parlent de « révolution musicale ». Le public français te réclame avec impatience et l'on attend de toi un grand opéra écrit en français. Cette visite d'Escudier te laisse perplexe mais elle me permet d'évoquer mon projet de m'établir là-bas. Cette perspective t'amuse et l'idée de pouvoir m'y retrouver tout en travaillant te séduit : tu contactes aussitôt ton ami Piave pour qu'il te trouve un bon professeur de français pour des leçons d'une heure quotidienne. Tu vas réussir assez rapidement à te sentir à ton aise dans la langue de Molière. Je t'incite à lire le français en t'écrivant de longues missives auxquelles tu réponds dans un mélange d'italien et de français des plus comiques !

Avant de te rendre en France, tu fais jouer *Attila* à Venise le 17 mars 1846. L'accueil que te réserve ton cher public vénitien te bouleverse. *Attila* est à nouveau un opéra engagé, dont le patriotisme séduit les hommes du Risorgimento. Rien de comparable n'a jusqu'alors été fait. Pour la première fois de ta carrière, à l'issue de la représentation, tu es raccompagné chez toi avec des torches, au milieu des acclamations de la foule.

Acte II

Les représentations de *Giovanna d'Arco* et d'*Un giorno di regno* qui sont données ensuite sont magnifiquement accueillies. Mais tu tombes gravement malade ; l'humidité de la lagune ne te convient pas. Tu restes alité un mois durant lequel je prends de tes nouvelles tous les jours : il m'est cependant impossible de te retrouver, trop accaparée moi-même par la nouvelle orientation que je donne à ma carrière. Me produire sur scène est devenu très difficile et j'ai assumé les dernières dates de représentation que j'avais acceptées, la mort dans l'âme. Ma voix ne peut plus me faire vivre, mais il me reste mes talents de musicienne. J'adore Paris et envisage de m'y établir en tant que professeur de chant et de piano. Je prends quelques contacts en vue de cette reconversion : mon amie la Grisi connaît le directeur d'une école de musique à Paris à qui elle me recommande. Et toi, tu me recommandes à ton éditeur Escudier qui pourra certainement m'aider.

Mais si je pars m'établir là-bas, qu'adviendra-t-il de notre amour ?

J'avais annoncé mon départ définitif de la scène et le 11 janvier 1846, deux mois avant ton *Attila*, je m'étais produite pour la dernière fois dans *Nabucco* au théâtre communal de Modène, après presque quinze ans de carrière. Mon émotion était double, car je faisais mes adieux et chantais le grand Verdi.

Je préparais mon passage comme je ne l'avais jamais fait, m'interdisant de parler entre midi et vingt heures tous les jours, trois semaines avant. J'avais, les derniers mois auparavant, observé le vide qui s'était fait peu à peu autour de moi : Cirelli

170

avait jeté son dévolu sur une nouvelle diva de dix ans ma cadette, pleine de promesses et je m'apercevais qu'avec le déclin de ma voix, les relations professionnelles, les invitations mondaines se faisaient de plus en plus rares, tandis que pleuvaient les critiques. Je t'ai écrit Giuseppe que je me sentais à un tournant de ma vie et que ce profond changement n'était pas pour me déplaire.

Pour ne pas terminer ma carrière sur une note amère, je voulais impressionner une dernière fois mon public. Hélas mon Peppino, tu n'étais pas présent pour mon ultime rendez-vous avec la scène. C'est le moment où tu étais alité à Venise et je le regrettais. Mais peut-être valait-il mieux que je sois seule ce soir-là comme je l'avais si souvent été jusqu'à ce jour. Je demandai à ce qu'on me laisse de longues heures dans ma loge avant le spectacle et fis de nombreuses prières : je priais mon père, puis demandais à mes enfants de me pardonner. Enfin je me regardai dans le miroir. Je me regardai comme je ne l'avais jamais vraiment fait auparavant : je fixai mon reflet intensément, jusqu'à entrer dans mon âme. J'y décelai du remords, beaucoup de culpabilité, de tristesse et de déception. Je compris que j'avais opté pour la gloire par complaisance et que je m'étais perdue. Je me scrutai toujours et je vis mes traits s'adoucir. Mes quelques rides se dissipèrent et un sourire se dessina sur mon visage. Ce soir, j'allais saluer dignement mon public et mon art et j'allais quitter la scène en paix avec moi-même. J'ignorais ce qu'allait être ma vie ensuite, mais je me sentais soudain plus libre, délivrée d'un poids.

Quand le rideau s'ouvrit, je fermai les yeux, et les traits de Giuseppe m'apparurent un instant. Mais ce n'était pas pour lui que j'allais chanter, ni pour personne, seulement pour moi. Mon chant était un hymne à l'amour, une ode à la vie.

Je fermais les yeux tout le long de la représentation et je chantais de toute mon âme aussi bien qu'autrefois. Giuseppina retrouva ce soir-là l'élan et la fougue de sa jeunesse. Après ma dernière note laissée en suspens, le silence s'éternisa. Des bouquets de fleurs se mirent à pleuvoir comme autant de preuves d'amour et d'attachement de mon public. Tourner la page sur ce triomphe était un vrai bonheur.

Le rideau tomba.

Je n'eus pas la force d'honorer les rappels.

Dans une dernière respiration, j'entendis la clameur, puis plus rien.

Je venais de m'évanouir.

Adieu Giuseppina...

... Bonjour Peppina !

Un vent de liberté

Giuseppe, tu sais plus que quiconque m'aider à prendre la décision de partir pour Paris. Tu me dis dans un courrier tout le bien que tu penses de ma personne et tout l'espoir que tu formules pour que je me reconstruise et me révèle enfin à moi-même. C'est le premier courrier que je considère comme une réelle lettre d'amour de ta part. Je le lirai et le relirai toute ma vie. Je le connais par cœur très vite et me le réciterai comme une prière à chaque moment difficile de mon existence. La portée magique de cette lettre va au-delà de ses mots : non seulement elle dévoile les sentiments réels de son auteur mais elle exprime surtout sa pureté et la clarté de ses intentions à mon égard.

Ma Peppina, l'heure est venue pour toi de prendre soin de ton âme. En femme vertueuse et douée de nombreux talents, tu dois cesser de te gâcher au nom de la gloire. Ton succès a été resplendissant, ta carrière éblouissante, ton parcours enviable, et tu es une diva accomplie. Mais qu'en est-il de la femme ? Ne transige plus jamais avec ta conscience : si l'on t'aime, que ce soit pour tes valeurs, si l'on te veut, que ce soit pour tes talents de musicienne ou ta bonté, ton intelligence et ton esprit. Ne laisse plus jamais aucun homme te remettre en cause injustement.

Je t'interdis de douter de toi aux moments les plus incertains de ta vie. Ce que tu as accompli jusqu'ici est le gage de ta liberté d'aujourd'hui. Tu es une femme libre, autonome et admirable. Il est temps de prendre soin de ton bonheur. Si d'aventure tu m'y laissais une petite place, je saurais me faire à la fois discret et indispensable. Merci d'exister.

Ton Peppino

Jamais sans ce courrier je n'aurais eu l'audace, je crois, de franchir le pas de changer de vie. Grâce à lui, je trouve la force de faire toutes les démarches nécessaires à mon installation à Paris. Je pensais que Paris ne serait qu'une étape et que je m'établirais un jour à Londres, le cœur de la scène lyrique européenne. J'ignorais alors à quel point Paris allait me plaire. Je pars donc m'y installer à l'automne 1846, non sans avoir réclamé à Lanari et Merelli les émoluments que je n'avais pas encore perçus, et qui allaient me permettre de choisir un appartement digne de moi. Je rends visite à mon petit Camillino maintenant en âge d'être scolarisé. Je le garde dans mes bras de longues minutes malgré son air dubitatif : il se demande ce que lui veut cette dame qu'il faut appeler « Maman ». Je sais que Giovanna Lucca, l'épouse d'un des éditeurs de Giuseppe, veillera sur lui. Elle habite Milan et pourra passer le voir souvent : mon ange est entre de bonnes mains.

Je suis heureuse de me sentir libre et de témoigner de mon courage en choisissant mon destin et en prenant des décisions qui me sont personnelles. L'éditeur Escudier me fait parvenir l'article paru dans sa revue qui annonce ma venue prochaine : *La Strepponi est une chanteuse italienne de très grand talent. Sa présence et son enseignement de la musique sont grandement recherchés dans le monde aristocratique, lequel après l'avoir applaudie sur scène, se réjouit à l'idée de l'avoir dans ses soirées privées.*

Ma réputation est certes un sésame pour me faire entrer dans les salons parisiens, mais un tel article me permet de brûler les étapes et de toucher rapidement le monde aristocratique qui va composer la majeure partie de ma clientèle. J'arrive le 25 octobre 1846 à Paris. Je n'ai pas de mal à trouver un appartement grâce à l'aide de l'éditeur Escudier. Je suis installée rue Victoire, près de l'église Notre-Dame de Lorette, dans un quartier vivant, joyeux, populaire, très fréquenté par les musiciens, chanteurs et auteurs d'ouvrages lyriques car l'opéra de Paris se trouve rue Le Peletier. Je fréquente les Escudier – Marie et Léon sont très cordiaux avec moi – ce qui me donne l'impression d'être indirectement en contact avec toi, mon Verdi. Leur ascension leur a permis d'acquérir une ravissante demeure rue de la Victoire. Comme ils sont souvent sollicités par de jeunes nobles désireux de s'initier au bel canto, ils me proposent d'organiser deux soirées où je pourrai donner un aperçu de mon talent. Les dates sont fixées aux 3 et 5 novembre dans la salle Henri-Herz. Le public m'est déjà acquis, car il est friand de succès italiens et trié sur le volet. Les deux soirées se déroulent à merveille, et je suis accueillie comme une grande dame. Ma voix ne donne aucun signe de faiblesse – j'ai choisi moi-même le répertoire le moins risqué qui soit – et je m'accompagne au piano. Dès les premières notes, règne un respectueux silence. Quand j'entame la cavatine de ton *Ernani*, l'enthousiasme du public s'accroît et les bravos fusent dans la salle : ils reconnaissent tous l'élan verdien. J'enchaîne avec un extrait de *Nabucco* et l'introduction d'*Oberto* et termine par un extrait de *Giovanna d'Arco* que tous applaudissent après quelques secondes de stupéfaction.

J'ai choisi des airs entraînants qui évoquent la fête et la danse mais où point toujours une sourde inquiétude qui annonce un dénouement dramatique. C'est une des particularités de ta musique qu'on assimile au fameux esprit romantique en vogue et dont j'abuse un peu ce soir. Le public applaudit ton génie et mon interprétation et c'est un triomphe ! J'aurais tellement aimé que tu voies ça.

Au lendemain de ces deux représentations, les Escudier font paraître une annonce dans leur revue :

Cours de chant de Mme Giuseppina Strepponi. La célèbre Strepponi qui a fait forte impression dans les deux concerts organisés par La France musicale, *ouvre une école de musique et de chant, destinée au perfectionnement des artistes amateurs et confirmés qui désirent approfondir leur connaissance de l'art lyrique. Après la Ungher et la Duprez, qui ont fait connaître en*

Italie l'école de la déclamation lyrique, vous verrez en la Strepponi l'interprète la plus intelligente qui soit de cet art. Nous sommes certains que cette éminente artiste sera cet hiver l'arbitre de la mode du beau monde parisien. Ses cours auront lieu chez elle deux fois par semaine, les mardis et vendredis de 15 heures à 17 heures. Les huit cours par mois au prix de 40 Fr, 100 Fr pour 3 mois.

Les cours sont aussitôt pris d'assaut par trois élèves qui deviendront des fidèles. J'ai tant de demandes que je dois proposer d'autres horaires les mardis et vendredis en matinée, ajoutant même parfois le mercredi après-midi pour les élèves en perfectionnement ponctuel. À raison de six élèves par jour, deux fois par semaine, plus quelques suppléments, je gagne une coquette somme qui me permet de vivre dans un bel appartement. Et j'ai également des revenus annexes, grâce aux soirées privées organisées par les Escudier, qui permettent la diffusion de tes œuvres auprès de l'élite française. Je deviens la meilleure ambassadrice de ton talent en France. Berlioz lui-même, que j'admire, écrit dans *Le Journal des débats* :

Mme Strepponi est une fière prima donna : son chant est noble, sa voix puissante, et sa chaleur entraînante. C'est la grande école italienne dans toute son exubérance.

Cet article me fait particulièrement plaisir.
Je parviens ainsi à vivre tout à fait décemment, bien que mon train de vie soit parfois un peu

inconséquent et mes dépenses inconsidérées pour pouvoir fréquenter la haute société parisienne. Mais les questions d'argent, si encombrantes par le passé, ne posent plus de problèmes.

Un matin de décembre, je percute en sortant de chez moi une jeune femme les bras chargés de boîtes à chapeaux ! Les chapeaux et les cartons s'égaillent sur la chaussée et tout en m'excusant, j'essaie de les ramasser. Au lieu d'être contrariée par ma maladresse, la demoiselle éclate de rire et, gagnée par sa bonne humeur, je cours avec elle après les chapeaux à plume qui s'envolent de tous côtés. Une fois que nous avons réussi à tout ramasser et ranger dans les boîtes, nous nous présentons l'une à l'autre : elle s'appelle Rosina et me propose aussitôt de venir prendre un café chez elle. Elle est elle-même cantatrice, et s'est fait une réputation en tenant quelques premiers rôles comme la « juive » du français Halévy ou la « favorite » de Donizetti. Elle me glisse aussi entre deux éclats de rire qu'elle est la maîtresse de Léon Pillet, directeur de l'opéra de Paris, et que « forcément, ça aide ! ». Elle connaît tout le petit monde artistique qui a élu domicile autour de l'opéra, dans ce secteur appelé la « nouvelle Athènes ». Elle est enchantée de faire ma connaissance car elle a beaucoup entendu parler de moi ces derniers temps. Je ne sens aucune rivalité de la part de cette femme, sans doute parce que je suis une chanteuse sur le déclin, alors qu'elle est en pleine ascension. Elle fréquente Balzac et Dumas et me propose de m'introduire dans quelques salons si mon emploi du temps me le permet. J'accepte avec beaucoup d'entrain, en pensant également que cela te sera fort utile mon Giuseppe, quand tu viendras me rejoindre à Paris, si d'aventure tu te décides à m'y retrouver.

Mon Verdi, comme tu me manques ! Tout me fait penser à toi ici. Le raffinement français, l'humour et l'amour des bonnes et belles choses. Il faut que tu me rejoignes vite. Je t'écris pour t'inciter à venir, et ta réponse ne se fait pas attendre : tu es à Milan en train de travailler sur *Macbeth*, une adaptation de la pièce de théâtre de Shakespeare qui va devenir selon toi l'un des plus grands chefs-d'œuvre de l'histoire. Tu as fini de rédiger le livret avec l'aide de Piave et du comte Maffei et tu t'apprêtes à composer l'orchestration ; tu n'as pas une minute à toi pour voyager. Tu me demandes donc de venir à la mi-février à Florence, à l'Hôtel suisse ; je cours t'y rejoindre. J'ai des ailes ! Nos retrouvailles sont à la hauteur de mes espérances. De vraies retrouvailles d'amoureux. Tu es venu me chercher sur le quai de la gare et parais si heureux de me voir ! Impatients de nous aimer, nous nous enfermons tout de suite dans ta chambre d'hôtel où nous passons l'après-midi à nous redécouvrir et nous dire des mots d'amour. Tu partages tes journées entre les répétitions de ton opéra et les promenades avec moi. Nous rencontrons des célébrités locales, les sculpteurs Bartolini et Giovanni Duprè, le dramaturge Nicolini, le peintre Giulio Piatti, tous heureux de faire ma connaissance, moi la nouvelle idole du public transalpin. Je te parle de mes journées à Paris, de mes relations et de mon nouveau rythme de vie. Je suis heureuse de partager avec toi mon bonheur. Je suis fière aussi de t'expliquer comment je gagne ma vie, combien je suis indépendante. Je crois que je te le dis aussi parce que je ne veux pas que tu t'imagines que je puisse te solliciter ou dépendre de toi un jour.

Je te quitte au bout d'une semaine en obtenant de toi que tu viennes me retrouver quelques jours à Paris au plus vite. Tu m'en fais la promesse, m'expliquant que ton éditeur anglais t'attend avant l'été et que tu feras escale en France avant de te rendre à Londres. Je suis aux anges. Tous ces longs mois à t'attendre, à espérer te voir... Quand je suis loin de toi, je ne suis jamais sûre de ton amour. Lorsque nous sommes ensemble, tes déclarations me touchent et je m'en nourris, mais dès que nous sommes séparés, j'ai l'impression de ne plus être ton unique centre d'intérêt. Quelque chose en toi continue de m'échapper, je ne saurais dire quoi précisément. Ce n'est pas tant le fait d'être devenu célèbre qui t'a changé, c'est autre chose. Je ne suis rassurée que lorsque nous sommes tous les deux : toute ton attention est alors tournée vers moi et tu as même quelques gestes affectueux en public à mon égard. Mais dès qu'on se quitte trop longuement, ta carrière prend le pas sur l'amour, même si tu as prononcé des serments éternels. Ton attitude à la fois désinvolte et intense me rend totalement folle de toi. Je ne pense plus qu'à toi et j'ai peur de te perdre.

Le 14 mars 1847, ta représentation de *Macbeth* à Florence te sacre roi de la scène lyrique. Je suis fière du parcours que tu as réalisé en si peu d'années. J'ai l'impression d'avoir participé à l'éclosion de ton talent même si je ne m'en vante pas du tout.

Certains de nos amis ignorent d'ailleurs que c'est moi qui ai favorisé les débuts de ta carrière et c'est très bien ainsi. Après cette formidable réussite, tu anticipes ton séjour à Paris et je te vois arriver avec tes bagages le 1er juin 1847. Tu séjournes dans cette magnifique ville qui est comme une révélation pour toi. Fervent admirateur de la capitale française, tu es cependant très critique à l'égard des Parisiens. Tu ne restes que cinq jours et tu n'as pas envie de nouer d'autres contacts professionnels que ceux que tu entretiens avec Escudier. Nous allons au théâtre deux fois, faisons de longues promenades à pied dans les rues, bras dessus, bras dessous.

Tu assistes à deux de mes cours de chant, et tes compliments me rassurent énormément. Non pas que je me sois interrogée sur mes aptitudes réelles à être techniquement un bon professeur, mais j'ai des doutes sur ma faculté à transmettre ma passion, talent autrement plus complexe. Tu me dis que ma technique, ma douceur et mon perfectionnisme font de moi un professeur très convaincant. J'aime susciter ton admiration. Depuis notre rencontre, une estime réciproque nous lie. Comme je redoute le jour où elle ne sera plus qu'à sens unique, j'essaie de me surpasser en permanence pour être digne de toi ; t'éblouir contribue à maintenir la flamme de notre amour.

Nous passons des instants tendres, doux, joyeux et sans contrainte. Tu repars le 5 juin 1847, non sans me promettre de repasser par Paris plus longuement une fois ton opéra mis en scène à Londres. Et tu tiens parole. Un mois et demi plus tard, le 26 juillet, tu es de retour pour sept mois ! Sept longs mois d'amour et de bonheur. Ton assistant Emanuele Muzio, qui t'accompagne depuis Londres, est gentiment réexpédié en Italie : je me substitue avec joie à lui dans le rôle de confident et de collaborateur. Tu ne souhaites pas t'installer tout de suite chez moi et loges donc rue Saint-Georges pour éviter les médisances : tu es très soucieux de ce qu'on pense ou dit de toi et je sais à quel point il t'est parfois difficile d'assumer pleinement ta liaison avec la Strepponi qui, même en France, souffre de sa réputation passée de courtisane. Tu es à deux pas de mon appartement et très vite cependant, nous ne nous quittons plus, même la nuit. La rumeur de notre concubinage ne tarde pas à se répandre, traversant même les Alpes. Mais finalement tu n'en es pas contrarié. Après tout, je suis ici un professeur talentueux, respecté pour son travail que je ne dois qu'à moi-même. Je ne dépends plus d'aucun protecteur et mène une vie de grande bourgeoise tout à fait respectable.

Tu profites de ton séjour parisien pour monter à l'opéra ton projet de version française d'*I Lombardi alla prima crociata*, rebaptisé *Gerusalemme* (*Jérusalem*). À cette occasion, je relis tes partitions, les corrigeant et les réadaptant parfois et tout un travail de collaboration se met en place naturellement entre nous et notre connivence en est d'autant plus forte. Je te propose de t'installer définitivement en France, mais tu ne me donnes jamais une réponse très claire sur ce sujet. Notre vie mondaine est bien remplie grâce aux Escudier et à ma nouvelle amie Rosina : elle nous entraîne pour sa part dans les soirées des cercles intellectuels parisiens. Un soir, dans le somptueux appartement de son amant rue des Martyrs, tu sympathises avec le romancier Alexandre Dumas, hédoniste, amateur de bon vin et fin gastronome, fou de culture italienne, et accessoirement génie littéraire et grand humaniste. Vous allez vite vous apercevoir que avez de nombreux points communs et partagez entre autres le désir de voir la péninsule italienne unie. Entre deux arias interprétés par les ténors et sopranos à la mode, Dumas sait rendre magique par son appréciation exaltée chacun de ces instants ! Je suis ravie d'être au premier rang de vos échanges dans lesquels je sers souvent d'interprète.

— À vous, mon cher Verdi ! Au plaisir de vous fréquenter et d'entendre un début de mélodie verdienne rien qu'en trinquant avec votre verre ! À vous, madame Strepponi, à votre talent de grande artiste de scène, et à votre beauté.

— À vous, très cher Dumas, à votre imagination, votre folie créative et tout ce que peut générer dans votre esprit le tintement de nos verres l'un contre l'autre ! – Et se tournant vers moi : – À toi, ma chérie ! Avec Giuseppina, nous nous régalons actuellement en lisant votre *Vicomte de Bragelonne*. Je crois que je le préfère encore aux *Quarante-cinq* et à *Joseph Balsamo* !

— Merci, merci, vous me faites honneur. Si vous aimez mes romans, appréciez-vous également mon théâtre ? Vous êtes-vous rendus dans mon fief, le Théâtre historique, où j'ai plaisir à faire jouer les adaptations de mes œuvres ?

— J'ai même assisté à son inauguration le 21 février dernier, avec *La Reine Margot,* lui précisé-je ! J'ai énormément applaudi. Quel spectacle grandiose !

— Grandiose et interminable ! Pensez-donc ! Commencé à dix-huit heures et fini à trois heures du matin ! Comme j'étais heureux ! Mais j'ai eu l'occasion, chère madame, d'assister aussi à quelques-uns de vos concerts privés et je dois avouer que j'étais totalement sous le charme de votre voix... – Il se tourne vers Verdi : – Vous avez ici, mon cher ami, une ambassadrice de charme dans nos salons parisiens !

— J'en suis aussi fier que conscient !

— Et dites-moi, mon ami, continue Dumas en se resservant un verre, que nous préparez-vous de magnifique actuellement ?

— Je tente de monter pour l'Opéra la version française des *Lombardi alla prima crociata.*

— Elle sera chantée en français, comme le veut la tradition ?

— Oui, tout à fait. En espérant que les chanteurs et les chœurs suivent... La première est dans quelques jours, le 26 novembre. Me ferez-vous le plaisir d'y assister ?

— Et comment ! À vous Verdi ! dit-il en trinquant encore. Et à notre collaboration à venir, qui sait ? J'adorerais... À vous ! À l'Italie ! Que ce pays accède à l'unité et l'harmonie auxquelles aspirent tant les patriotes italiens portés par le génie de vos créations !

— À l'unité italienne, et au génie littéraire et musical !

— Les complots sont révolus. Place à l'action maintenant ! s'enflamme tout à coup Dumas.

— Vous savez, là-bas, l'air du temps est à la fédération des États italiens sous l'autorité du pape. Notre Pie IX prend une série d'initiatives en visant à moderniser le pays. Puisse-t-il faire plier les Autrichiens et conquérir notre liberté !

— Mon cher Verdi, au risque de vous contrarier, je peux vous assurer ceci : le salut de votre pays passera par la séparation de l'État et de l'Église. N'attendez rien du pape. Tout viendra de ce Piémontais, Cavour, qui incarne les idéaux des vrais libéraux et qui estime qu'« il ne peut pas y avoir de progrès politique sans progrès économique ».

— Ce pape semble pourtant libéral, émancipateur et fédérateur : n'a-t-il pas réformé les institutions de ses États ? N'a-t-il pas supprimé les dispositions infamantes imposées aux juifs romains en détruisant l'enceinte de leur ghetto ? Je peux vous dire que j'ai personnellement assisté à une contestation du public, l'été dernier à Bologne, dans l'enceinte du théâtre lors de la représentation d'*Ernani.* Le public a tenu à saluer l'amnistie des prisonniers politiques décidée par Pie IX. Imaginez donc : ils avaient été arrêtés et mis en prison quelques mois plus tôt, parce qu'ils avaient eu le tort d'exprimer tout haut leurs pensées révolutionnaires... Pie IX était acclamé comme un héros !

— Certes, certes, lui accorde Dumas. Mais c'était uniquement dans le but de moderniser sa religion. Vous allez voir : le chancelier autrichien, Metternich, en accordant le droit à l'Autriche d'installer une garnison dans une ville proche de l'État de l'Église s'apprête à briser dans l'œuf toute tentative de rébellion qui viendrait de cet État.

— Eh bien, si la révolution n'arrive pas du côté de Rome, elle passera par les Deux-Siciles ! Vous rendez-vous compte qu'un mouvement révolutionnaire se dessine là-bas, chaque jour davantage ? On dit que les populations rurales chassent les garnisons napolitaines.

— C'est vrai, vous avez raison. Vous prêchez un convaincu, mon cher Verdi ! D'une manière ou d'une autre, ce vent de liberté amènera les patriotes à défendre leurs droits. Je vous annonce la fin de Metternich et la victoire des indépendantistes ! Mais ce sera au terme d'un long combat. La victoire est cependant inexorable. Les artistes comme nous d'ailleurs ont un rôle à jouer : nous pouvons placer dans la bouche de nos personnages les mots qui créeront peut-être une prise de conscience publique.

— De nombreux personnages de vos romans sont d'ailleurs issus du peuple et œuvrent pour le peuple. N'avez-vous jamais pensé, outre vous engager par votre écriture, vous investir dans la politique ?

— Haha, Verdi, vous êtes devin ! Je vous avoue que l'idée fait son chemin. J'ai le sentiment d'avoir un rôle à jouer dans mon pays au-delà de mes œuvres. Me faire élire député me permettrait d'agir au-delà des mots.

— ... Et faire de votre lectorat un électorat ! ajouté-je.

Dumas part dans un énorme éclat de rire. Il me serre dans ses bras en louant mon esprit, puis, il se tourne vers toi et te serre la main avec affection :

— Je vous salue mes amis, je me sauve pour affaires... Mais juste avant, promettez-moi d'être bientôt mes convives au château de Monte-Cristo. Je me suis fait bâtir la demeure de mes rêves – rêves d'enfant – que j'ai inaugurée cet été sur les bords de Seine. Et je serais honoré de vous y recevoir avec un menu dont vous me direz des nouvelles !

— Avec grand plaisir, monsieur Dumas. Ce sera un véritable honneur pour nous de nous délecter de vos mets après avoir été séduits par vos mots..., me permets-je de plaisanter.

— Giuseppina, je suis impressionné par vos jeux de mots français ! Décidément, votre esprit n'a d'égal que votre beauté et vous méritez votre place d'honneur auprès d'un génie comme Verdi !

Dumas tourne les talons, en saluant bruyamment la maîtresse de maison. Nous sommes séduits par ce personnage à la fois fantasque, fougueux et si attachant. Son clin d'œil au moment où il nous a parlé d'« affaires » nous renseigne assez clairement sur le type d'affaires dont il s'agit. Cet homme est un vrai personnage de roman et il nous amuse.

Dans la semaine qui suit, nous recevons comme promis une invitation à dîner au château de Dumas, pour la fin du mois de décembre. A priori, tu penses être encore à Paris à cette date-là, ne te décidant pas à rejoindre l'Italie. Dumas s'excuse aussi de ne pouvoir se rendre, le 26 novembre, à la première de *Jérusalem*, ses affaires le retenant en province. L'opéra ne reçoit pas l'accueil enthousiaste que tu espérais et tu fustiges les interprètes et les chœurs, médiocres à ton goût. La presse ne t'accable pas pour autant, te conférant un statut de compositeur émérite. Malgré tout, blessé dans ton orgueil, tu promets un retour musical triomphal dès que possible, ici même à Paris.

Le 27 décembre 1847, nous nous rendons jusqu'à Saint-Germain-en-Laye sur une colline située sur les coteaux de Marly, honorer l'invitation d'Alexandre Dumas : nous sommes heureux de découvrir un nouveau secteur de l'ouest parisien qui nous était jusqu'alors inconnu. Nous ne sommes pas déçus de notre voyage : les abords sont sublimes. Derrière les petites fenêtres de notre fiacre, nous voyons défiler des demeures somptueuses. Le portail d'entrée du château de Monte-Cristo est majestueux. Je suis éblouie :

— Regarde, mon amour, ce soir, notre hôte, c'est Joseph Balsamo !

Des serviteurs vérifient notre identité et nous souhaitent la bienvenue. Des flambeaux de part et d'autre dessinent une allée en boucle jusqu'au château, une magnifique demeure aux façades entièrement sculptées. Il semble que Dumas lui-même l'ait fait bâtir en y insufflant son âme : sur les murs, des fleurs, des anges, des instruments de musique et des armes se partagent l'espace avec des animaux de toutes sortes. Sur le fronton, une devise : *J'aime qui m'aime.*

— Quelle merveille ! Un château érigé à la propre gloire de son habitant, fais-je remarquer à Verdi. Regarde sur la façade, c'est un portrait de Shakespeare ! Et là, c'est celui de Dante !

188

— Oui, j'aperçois surtout son propre portrait au-dessus de l'entrée principale ! Ah, voici notre hôte...

— Soyez les bienvenus, mes amis, au château de Monte-Cristo ! Avez-vous fait bon voyage ?

— Excellent, Alexandre. Mais dites-moi : cette demeure est à l'image de votre talent ! Vous avez eu l'idée de génie de laisser à la postérité un remarquable chef-d'œuvre...

— Haha, Verdi, mon très cher Verdi ! Seul un homme de votre goût est capable d'apprécier le talent d'un architecte comme Hippolyte Durand. Mais d'aucuns diront que ce château est surtout à l'image de mon ego ! J'ai réalisé un rêve ultime. Je peux mourir demain. Mais attention : pas avant de m'être régalé du menu de dégustation spécialement conçu pour vos papilles ce soir !

La soirée est délicieuse. À tous points de vue. Les pièces de ce palais sont accueillantes, décorées dans un style un peu emprunté et exotique mais chaleureux et envoûtant. Dumas nous présente sa conquête du moment, Adélaïde, une jeune actrice de vingt-trois ans, carriériste et légèrement condescendante. Nous sommes reçus comme des dieux. Le dîner est pantagruélique. Je crois n'avoir jamais de ma vie goûté à autant de saveurs exquises en un seul repas. Tu es aux anges, Giuseppe. Les plats, les vins, le service sont délectables. La conversation va bon train, nous refaisons le monde. Au dessert, j'interroge Dumas :

— Et pourquoi cette devise sur votre perron, *J'aime qui m'aime* ?

— Chère Giuseppina, parce que seul l'amour aide à accomplir les plus belles choses sur terre. Et je me sens plus à l'aise en présence de personnes acquises à ma cause qu'en présence d'empêcheurs de tourner en rond comme mon ex-femme...

— Mais qui vous aime n'est peut-être pas forcément aimable en retour.

— Qui m'aime vraiment, c'est-à-dire qui saisit l'essence de mon âme, est digne d'être aimé en retour par moi.

Nous nous quittons encore plus exaltés que la fois précédente. Cet homme est extraordinaire de générosité et d'extravagance. Nous le remercions avec insistance une dernière fois sur les marches du perron et Dumas a cette dernière phrase :

— Cessez de me remercier, nous sommes un peu tous les invités du comte de Monte-Cristo et du trésor de l'abbé Faria !

En cette fin de l'année 1847, tu reçois un courrier un peu amer de ton beau-père Barezzi : il te supplie de rentrer honorer tes contrats suivants dans la Péninsule. Tu as alors l'idée formidable, après m'avoir consultée, de lui proposer de venir plusieurs semaines au début de l'année suivante. Je voudrais que cet homme se rallie à notre cause. Le regard froid de Carlo Verdi est encore inscrit dans ma mémoire et je me doute qu'il ne va pas m'accepter facilement comme compagne de son fils. Chercher à obtenir l'aval de Barezzi est peut-être utopique de ma part – n'est-il pas le père de ta défunte épouse ? – mais je le sais tellement

190

impliqué dans ta vie, que je veux apprendre à l'aimer.

Il accepte notre invitation et nous nous organisons pour qu'il ait un séjour des plus agréables entre mondanités théâtrales, sorties culturelles, dîners littéraires et réceptions privées. J'ai à cœur d'accueillir avec beaucoup de chaleur cet homme dont tu m'as vanté les mérites, la gentillesse et la bonté d'âme. Je sais l'importance qu'il a dans ta vie. La rencontre est chaleureuse. Il correspond à tous points de vue à la description que tu as faite de lui : généreux, sincère et honnête. Je n'ai pas de mal à le conquérir, nous avons de nombreux goûts en commun et j'apprécie naturellement sa bonhommie et sa tournure d'esprit. Il assiste même à quelques-uns de mes cours, et je gagne sa considération et son admiration. Il loge chez toi, mais le soir, c'est chez moi que vous venez dîner. Je m'évertue alors à être une maîtresse de maison parfaite, et suis soucieuse de respecter la mémoire de sa fille. Toi, Giuseppe, tu es détendu et fier. Je crois que Barezzi est heureux de son séjour, et ravi de faire ma connaissance. Lors de son retour à Busseto, il nous écrit un long courrier de remerciements dans lequel il loue « mes dons, ma belle âme et mes vertus » ; il comprend également ta réticence à revenir au pays, et cesse de te rappeler les échéances de tes contrats à honorer. Tu es heureux comme un jeune enfant qu'on vient de récompenser et moi, j'ai l'impression d'avoir été reconnue comme ta compagne par quelqu'un de ta famille. Cependant, si Barezzi m'a acceptée, c'est parce que nous n'étions qu'amants, ni vraiment installés ensemble ni mariés. Il changera malheureusement d'attitude quelques mois plus tard.

Notre amour grandit de jour en jour, sans que tu songes à me faire une proposition de vie commune ce qui me contrarie parfois car j'aimerais que tu t'engages officiellement. À part une complicité intellectuelle, charnelle et artistique évidente, tu ne m'apportes aucune certitude sur la pérennité de notre liaison. Je décèle dans tes réticences une énorme culpabilité à l'égard de ta première épouse, une peur de l'inconnu, et une crainte du qu'en-dira-t-on. Je suis bien déterminée à m'imposer en douceur en me rendant indispensable, en étant consciente que je vais devoir être patiente et humble et ne jamais te faire de proposition de front.

Ce sont très étonnamment les événements politiques qui vont m'être d'une aide précieuse pour faire accélérer les choses. Entre le 22 et le 25 février 1848, éclatent à Paris les premières émeutes qui vont donner naissance à la révolution de Juillet et entraîner la chute de Louis-Philippe. Le peuple, entraîné par les libéraux prend le contrôle de Paris. Louis-Philippe, refusant un bain de sang, est contraint d'abdiquer en faveur de son petit-fils Philippe d'Orléans. Lamartine proclame la Seconde République qui met fin à la monarchie de Juillet. Au même instant, en Italie, le peuple commence à se soulever contre la domination autrichienne, fustigeant les Habsbourg et leurs représentants. Pie IX se retrouve chef de file d'un mouvement qui le dépasse.

Il t'arrive la même chose, mon Giuseppe : tes opéras sont considérés comme des morceaux de bravoure qui encouragent le mouvement indépendantiste et ils sont mis à l'index par les Autrichiens. Comme nous l'a prédit Dumas, tu deviens l'emblème musical du soulèvement de tout un peuple contre l'oppresseur. En février, le roi des Deux-Siciles, Ferdinand II, décide de promulguer une constitution inspirée de la Charte française qui établit la monarchie parlementaire souhaitée par les libéraux. Bientôt, dans les divers États, le peuple descend dans les rues pour crier son hostilité aux troupes occupantes et demander à leur souverain de suivre le modèle de Ferdinand II. Metternich désire faire intervenir l'armée impériale, mais la révolution qui se déclenche à Vienne le 13 mars l'en empêche, entraînant sa propre chute. En démissionnant, Metternich donne le signal de la révolte contestataire dans toutes les régions d'Italie dominées par l'Autriche. Les duchés de Parme et Modène voient leur souverain s'enfuir. Milan résiste et combat durant cinq jours, pour céder au final après avoir fait des centaines de morts. À l'issue de ces cinq jours, la plupart des villes de Lombardie et de Vénétie se libèrent de la domination autrichienne. Des gouvernements provisoires s'installent dans les différents duchés. Le 24 mars 1848, le roi Charles-Albert du royaume du Piémont-Sardaigne répond aux sollicitations de Cavour et annonce une guerre contre l'Autriche.

Nous suivions ces événements au quotidien. Il s'agit d'une véritable révolution ! Tes amis Muzio, Luciano Manara, les Morosini, les Arrivabene,

Tenca et Piave ont participé aux combats. Clara Maffei s'est quant à elle portée volontaire pour sauver les blessés, à Milan : son salon est devenu une infirmerie, tandis qu'au palais du comte Borromeo, on fond le plomb pour en faire des balles destinées aux fusils des insurgés. À Paris, tu ne tiens plus en place, et, devenu l'emblème de ton pays, tu as besoin de te rendre en Italie pour y jouer un rôle dans les événements. La veille de ton départ, nous parlons de *Nabucco* et de son message en faveur de l'indépendance, ce chant des Hébreux repris comme un hymne par les indépendantistes : tu me révèles un épisode de ta vie que j'ignorais et qui explique en partie sans doute cette revendication de liberté, de résistance à l'oppresseur exprimée dans ton œuvre :

— À dire vrai, je ne m'étais pas aperçu de la portée symbolique du texte de *Nabucco* à la première lecture. Néanmoins, ce livret m'a touché dès les premières lignes et je suis heureux maintenant de contribuer à ma façon à ce qui se passe dans les rues. Je me sens plus efficace ainsi qu'avec un fusil. Je pense que ma volonté de combattre remonte à des événements qui ont eu lieu dans ma toute petite enfance. Mon père m'a raconté tant de fois cet épisode de ma vie, que je ne sais plus si mes souvenirs et impressions sont calqués sur son récit ou s'ils sont véritablement enfouis dans ma mémoire. Je venais d'avoir un an. Roncole, mon village natal que tu connais, fut le théâtre d'une scène de carnage en 1814 : les Autrichiens et les Russes avaient envahi l'Italie. Le prince Eugène allait bientôt finir par céder hélas. Ils avançaient en colonne serrée, dévastant tout sur leur passage, même les petits villages reculés, semant la terreur et la mort avec cruauté. Hommes, femmes, enfants, vieillards, étaient sauvagement abattus, les maisons étaient brûlées, les champs saccagés. Un matin, prévenues de leur approche, les femmes de Roncole cherchèrent un lieu où abriter leurs enfants. Elles se réfugièrent dans l'unique église du hameau. Voyant les maisons désertes, les soldats les trouvèrent dans l'église et les assassinèrent sans pitié avec leurs enfants. L'une d'entre elles eut l'idée de monter dans le clocher de l'église avec son bébé et de s'y cacher. Elle resta blottie dans un coin jusqu'à ce que la fureur soit passée, et transie de peur, n'osa même plus respirer.

« Cette femme, c'était ma mère.

« Elle venait de me donner la vie pour la seconde fois.

— Oh mon amour... d'où ta haine viscérale de l'envahisseur et la rage de liberté qui coule dans tes veines et dans celles de ta famille.

— Comprends alors que j'aie besoin d'être témoin de ce qui se passe là-bas : non pas que je veuille profiter d'une notoriété assez récemment acquise, ni jouer au héros révolutionnaire, mais je voudrais plutôt contribuer à encourager le peuple à aller au bout de ses ambitions, par ma simple présence.

— Va, mon amour, va où ton cœur te porte. Mais reviens-moi vite !

Tu arrives à Milan le 5 avril où tu es accueilli comme un libérateur. Un climat de liesse règne partout dans les rues et te galvanise. Tu fais le tour des salons milanais, exprimant ouvertement tes idées libérales pendant trois semaines, puis tu pars pour Busseto visiter ta famille et acquérir une ferme à Sant'Agata. Hélas, les Autrichiens reprennent le pays en main petit à petit, écrasant les velléités d'indépendance des États d'Italie. Tu es profondément peiné et déçu de tous ces espoirs vains. Nombreux sont ceux, parmi tes amis, qui sont obligés de partir en exil, de fuir leur pays. Pour toi aussi, il devient dangereux de rester en Italie. Tu regagnes Paris à la mi-mai, mais tu n'es pas interdit de séjour dans ta patrie comme certains de tes amis. Tu suis de loin les événements politiques : bientôt, l'armée permet à l'empereur autrichien de rétablir son pouvoir dans la Péninsule.

Tu me reviens encore plus amoureux que jamais, malheureux d'avoir été séparé de moi durant toutes ces semaines. Dans le courant de l'été 1848, tu me proposes de trouver une petite chaumière non loin de Paris pour abriter notre amour. En d'autres termes, tu me proposes enfin de m'installer avec toi et nous choisissons Passy, un village limitrophe de Paris, bâti au-delà des boulevards extérieurs de la ville. Nous y vivons en parfaite harmonie, des instants de très grande complicité et d'amour tendre. Tu t'inspireras de cet épisode de notre vie pour décrire la très grande félicité de Violetta et d'Alfredo dans *La Traviata*.

Lors de ce séjour, tu me dis ton souhait de ne plus jamais nous quitter. Ma patience a enfin eu raison de ta retenue ! Tu veux que je devienne ta compagne, ta secrétaire, ta conseillère ; tu ne peux plus te passer de moi ni de tout ce que je t'apporte dans ta création artistique. Je t'offre une sérénité que tu ne trouves nulle part ailleurs. Je suis la seule, d'après toi, qui sois apte à corriger ta rugosité : auprès de moi tu te sens meilleur. Mon Giuseppe, je n'attendais plus rien de la vie. Et puis tu es tombé du ciel. Je souhaite être tienne plus que jamais. Je t'aime d'un amour constant qui trouve son écho dans tes créations, et je suis fière de notre duo.

Tu as envie de composer une nouvelle œuvre patriotique, ainsi qu'un hymne national, comme pour mieux soutenir la révolution italienne. C'est ta manière de participer à un combat libérateur, et je t'y encourage avec enthousiasme. À Milan, en mars 1848, tu as rencontré Mazzini, qui lutte depuis des années pour une république italienne unifiée. Tu souhaites à ta façon contribuer à son mouvement et tu choisis le thème de ton prochain opéra en conséquence.

Le librettiste Cammarano te propose *La battaglia di Legnano* (*La Bataille de Legnano*) qui relate le conflit entre la Lombardie et l'empereur Frédéric Barberousse au XIIe siècle : le roi, régnant sur le Saint Empire romain germanique, fut défait par la ligue lombarde au sein de laquelle s'étaient unies les principales villes italiennes. L'auditoire comprendrait assurément le message. Le thème, en parfaite cohérence avec les événements politiques du moment, se situe à une époque suffisamment éloignée pour que le parallèle ne soit pas trop criant aux yeux de la censure. Ton hymne « Suona la Tromba », composé quant à lui à partir d'un poème de Mameli, est envoyé à Mazzini le 18 octobre 1848 pour être distribué aux soldats piémontais et volontaires garibaldiens avec l'indication suivante « Pour chanter avec accompagnement de canon dans les plaines de Lombardie ». Ils n'ont pas le privilège de l'entonner. Les républicains italiens pourtant passés à l'offensive pour continuer la lutte contre l'Autriche s'apprêtent à vivre une déconvenue. Victor-Emmanuel, fils du roi Charles Albert, monte sur le trône et signe un armistice avec l'Autriche. Les derniers à capituler sont les Vénitiens. Tu es désespéré, profondément marqué par les événements.

Nous avons notre première dispute au sujet de Noël : je souhaite le passer avec toi à Passy, et toi tu ne penses qu'à ta première de *La battaglia di Legnano* fixée au 27 janvier à l'Argentina à Rome. Plus que tous les précédents, le livret de cet opéra est particulièrement abouti, et l'histoire d'amour en parfaite cohérence avec le fond historico-politique. Ton intention est de convaincre le public de la nécessité d'une Italie unifiée. Tu veux aller écrire l'orchestration sur place et diriger les répétitions. Je cède mais suis triste. J'appréhende Noël – la Nativité – depuis que j'ai abandonné mon premier enfant. J'aurais aimé en un certain sens que tu devines mes angoisses, mais tu ne me poses jamais de questions, bien trop préoccupé par ton œuvre et ta participation indirecte à la révolution. Je n'ai pas envie de te suivre non plus et préfère m'étourdir – avec mesure, cependant – dans des mondanités avec ma grande amie Rosina.

Tu me tiens informée et j'apprends ainsi que la représentation est un véritable triomphe. Déjà, à la répétition générale, le peuple romain a forcé l'entrée du théâtre et rempli la salle ! Le soir de la première, les spectateurs déchaînés portent tous la cocarde tricolore. Tu es rappelé vingt fois sur scène ! Le public exige que certains airs soient repris, comme celui du premier acte « Viva l'Italia ! Sacro un pattro stringe i figli suoi » (Vive l'Italie ! Un pacte sacré unit tous ses fils), celui du second « Giuriam d'Italia por fine ai danni » (Nous jurons de mettre fin aux malheurs de l'Italie), ou au quatrième, « Per la salvata Italia » (Pour le salut de l'Italie).

Au moment du serment des soldats de la Ligue à l'acte III, on ne répète plus que : « Vive l'Italie ! Vive la république ! Vive Verdi ! »

Quelques jours plus tard alors que chaque représentation rencontre le même succès, tu es apostrophé dans la rue par tes admirateurs qui te portent en triomphe ! Le pauvre Pietro Sottovia, basse de talent, qui incarne l'empereur germanique Barberousse est quant à lui violemment pris à parti dans les rues et sifflé sur scène. Tu deviens l'icône de ton pays, l'incarnation vivante des libéraux émancipateurs de la révolution, le musicien préféré des Italiens. Tu seras considéré comme le tribun musical de la République romaine proclamée quelques jours plus tard, le 9 février 1849.

Hélas, le 30 juin 1849, Rome est assiégée par les troupes d'Oudinot et c'est la dernière bataille de la guerre d'indépendance. Tu dois alors retravailler la plupart de tes œuvres patriotiques pour garder le droit d'être joué dans la Péninsule, sous l'œil vigilant des Autrichiens : il te faut supprimer tout ce qui a trait à la liberté des Italiens. Tu en es profondément affligé.

L'épidémie de choléra qui s'abat sur Paris en juillet m'oblige à quitter en toute hâte ce beau pays où je suis établie depuis trois ans : je parle maintenant très bien le français, je me plais ici et je pensais y rester. Je m'y suis fait de nombreux amis et connaissances et y ai établi tous mes nouveaux repères. Je n'ai guère envie de retrouver l'Italie, pays de ma gloire et de mon infortune, de tout ce passé que je veux oublier. Tu projettes de t'installer avec moi dans cette somptueuse demeure que tu as acquise à Busseto, le palazzo Cavalli. Tu m'assures que je vais y être heureuse car l'endroit me correspond parfaitement. Je décide de t'y suivre aveuglément après avoir réglé quelques affaires à Florence où je séjourne trois semaines et y retrouve mon Camillino qui a déjà onze ans. C'est un beau et grand garçon, soigné et bien élevé. Les Zanobini Pagliai à qui il a été confié sont une bonne famille. Il a commencé à apprendre le métier de sculpteur dans l'atelier de Lorenzo Bartolini et il me parle de sa passion, les yeux brillants, malgré sa timidité. Il me faisait penser à mon père. La même flamme, le même engouement. Je l'embrasse de tout mon cœur, lui promettant de revenir plus souvent le voir.

Je rends ensuite visite à Merelli et Lanari avec qui j'ai encore des comptes : ils me doivent de l'argent pour quelques représentations que j'avais honorées finalement après avoir annoncé que je me rétractais pour des raisons de santé. J'ai grand plaisir à les retrouver et à avoir des nouvelles de tout le métier, mais je me sens dorénavant totalement extérieure à ce monde. Je n'ai pas envie de leur raconter ma vie et leur assure simplement que tout va au mieux pour moi. Ils me proposent d'eux-mêmes une prime supplémentaire qui mettra quelque temps à l'abri du besoin mon Camillino. J'en suis très touchée et suis heureuse de pouvoir librement parler de mon fils avec eux. Je divise mon capital en trois parts ; l'une pour Camillino, la seconde pour mes frère et sœurs et la troisième pour moi, de façon à rester indépendante financièrement.

Au moment de te rejoindre, je reçois un jour un courrier de ta part qui me fait douter de ton envie de me retrouver. Comme chaque fois que nous nous séparons trop longtemps, je sens que tu cherches à m'échapper. Ma réponse est immédiate :

Maintenant que mes affaires sont presque terminées, affaires trop sérieuses pour que je puisse les négliger, j'aimerais pouvoir voler jusqu'à toi. Tu me parles de la campagne qui est laide, du service qui est mauvais. Puis tu me dis « Au cas où cela ne te plairait pas, je te ferais accompagner où tu voudras ». Mais que diable ! On désapprend à aimer et à écrire avec un peu d'affection à Busseto ? Moi, comme je n'y suis pas encore, je sais t'écrire ce que je ressens. La campagne, le service, tout ira très bien à condition que tu sois là, ô monstre indigne. Adieu. J'ai à peine le temps de te dire que je te déteste et que je t'embrasse.

201

Acte II

PS : N'envoie pas quelqu'un me chercher à Parme, mais viens toi-même, car je serais très gênée d'être présentée chez toi par quelqu'un d'autre que toi.

Pourquoi cette impression de t'aimer plus que tu ne m'aimes en retour ?

Avais-je seulement rêvé notre amour pur et absolu ou était-il réel ?

Ma Traviata

Tout était allé tellement vite dans ma vie ces derniers mois, tout était si confus entre les événements politiques, mes engagements théâtraux et mon histoire avec toi, Peppina. Depuis la mort de Margherita, je n'avais jamais vraiment retrouvé la sérénité, si ce n'est dans tes bras quelquefois. Après les mois de dépression qui avaient suivi son décès, j'avais retrouvé l'envie de vivre et pris goût aux rapports de séduction avec les femmes : je dois avouer que j'avais un certain succès, mais jamais je n'avais souhaité m'engager sérieusement. Je pensais que l'amour n'était plus fait pour moi, ce qui ne m'avait pas empêché d'avoir une correspondance amoureuse avec quelques-uns des plus beaux partis de la noblesse. Jusqu'à ce que nous vivions ensemble à Paris et que j'aie envie que tu sois ma femme.

Toutefois, depuis que je suis revenu à Busseto, je ne sais si c'est la perspective de ne plus être célibataire bientôt, mais j'ai souhaité de nouveau tester mon attrait sur les femmes et oui, je me suis déçu. Je souhaite du fond du cœur me consacrer à toi ma chérie, cependan je redoute notre installation à

Busseto : il ne va pas être facile de t'imposer à ce petit monde bourgeois, conformiste et bavard.

Tu arrives donc comme convenu à Parme à la mi-septembre 1848. Je viens te chercher et nous prenons une diligence pour Borgo San Donnino où nous attend ma nouvelle voiture rutilante et son cocher. Tu es déçu quand tu vois Emanuele Muzio, mon fidèle assistant, venu à notre rencontre. Tu as une expression de contrariété presque comique, et au moment de monter dans mon véhicule, tu me dis :

— Emanuele peut sans doute retourner à pied ?

Je suis gêné de demander à Muzio de repartir à pied sous un soleil de plomb même si tu as explicitement demandé que je sois seul à venir te chercher pour que nous fassions notre entrée tous les deux à Busseto. Tu veux ainsi légitimer ta présence à mes côtés dans ce village réputé pour ses commérages. Moi, je pressens déjà la difficulté. Les visages sont en effet tous tournés vers nous quand nous arrivons et tout le monde te dévisage. Busseto est typiquement le petit village de paysans que mesquineries multiples et bavardages occupent. Je suis bien sûr leur principal sujet de conversation, suscitant à la fois fierté et critiques malveillantes. Mais je suis loin de me douter du traitement qu'ils s'apprêtent à t'infliger mon pauvre amour. Tout le monde est très rapidement au courant de ton passé et tes frasques font l'objet de multiples commentaires médisants. Ta simple présence est considérée comme un affront pour tous les gens du village. Tu dois apprendre à composer avec cette animosité. Une nuit, nous retrouvons des pierres jetées en direction des volets du salon et je réagis avec colère bien que je sois jusqu'alors resté en apparence indifférent envers ces « fielleux cagots ». Les commères les plus virulentes iront jusqu'à se lever du banc que tu choisis à l'église pour assister à la messe le dimanche. Malgré ces affronts mesquins, tu conserves une dignité exemplaire et restes un modèle de douceur et de d'humilité. Bientôt cependant, je reçois des courriers véhéments de mon père, te traitant de prostituée et m'encourageant à veiller à ma réputation pour préserver ma notoriété. Fort contrarié, je demande à Barezzi qui t'appréciait de plaider ta cause auprès de mon père. Nous nous cloîtrons quelque temps dans la villa où nous travaillons de longues heures sur mon nouvel opéra, *Luisa Miller*, et nous contentons de longues promenades en voiture dans la campagne. Tu relis mes partitions et les copies en quantité suffisante pour que j'aie toujours des doubles sur moi. Comme ton aide est précieuse !

L'opéra est vite prêt. Je pars avec Barezzi pour Naples, te laissant seule à Busseto, conscient de ton anxiété face à la méfiance du personnel et la haine des villageois. Mais je sais que tu es une femme autonome au caractère bien trempé qui est capable d'éconduire ses ennemis et de parvenir à se faire aimer de tous.

À Naples, le San Carlo est au bord de la faillite et j'ai beaucoup de mal à récupérer les émoluments de mon précédent opéra. Le dernier, joué le 8 décembre 1849, ne remporte pas tous les suffrages auprès du public napolitain. Je les ai trop surpris par les nouveautés que j'ai introduites, sur tes conseils. Cette date marque un tournant dans ma carrière. J'ai écrit treize opéras entre 1842 et 1849, j'ai acquis notoriété et richesse, il est temps de freiner le rythme de mes compositions.

Nous sommes désormais vraiment à l'abri du besoin et je veux pouvoir profiter de cette sérénité que m'apportent mes revenus, sans cesse en augmentation grâce aux droits perçus sur les partitions imprimées partout dans le monde.

Un soir, tu me proposes d'envisager sous un autre angle mon processus de création : pourquoi ne pas concevoir un opéra sans me soucier d'avoir au préalable un contrat qui me lie avec un éditeur ou un imprésario ? Et je le céderai ensuite au plus offrant. De ce jour, je ne me soumets plus jamais à des dates fixes de remise de mes compositions. Du fait du contexte politique, je me garde d'évoquer des thèmes patriotiques. L'Autriche réprime le moindre débordement depuis qu'elle a repris possession de Milan et de Venise. Les souverains ont retrouvé leur trône, sauf en Piémont-Sardaigne où Victor-Emmanuel accorde un statut constitutionnel à ses sujets. L'indépendance n'est plus à l'ordre du jour, même si le peuple italien ne va pas tarder à faire valoir son besoin d'émancipation. Avec *Luisa Miller*, composé au moment où s'effondre l'espoir d'unification, j'ai amorcé un changement de ton et d'intention. Il s'agit d'une histoire d'amour très intime, comme je les aime. La nouveauté réside principalement dans une harmonie parfaite entre la musique, continue, et le récitatif. Je collabore étroitement à l'écriture du livret. J'impose au librettiste le nombre de syllabes dont j'ai besoin avec les

206

accentuations correspondant à la musique que j'écris. La grâce teintée de tristesse, la douleur résignée de *Luisa Miller*, surprend mon auditoire : j'ai l'impression d'avoir trouvé mon véritable style. Après *Luisa Miller*, je veux monter *Stiffelio* à partir de l'œuvre d'un certain Eugène Bourgeois. J'ai renoué avec Ricordi qui s'engage à vendre l'œuvre au Teatro Grande de Trieste. Il y est question d'un pasteur protestant marié qui estime devoir par charité chrétienne pardonner l'infidélité de son épouse ce qui me vaut des démêlés avec l'Église ! Presque en parallèle, je compose *Rigoletto* sur une adaptation du *Roi s'amuse* de Victor Hugo. J'ai l'idée du nom à partir du verbe français « rigoler » dont le son me plaît tant. La première représentation a lieu à la Fenice le 11 mars 1851. *Rigoletto* est avant tout un opéra conçu pour un baryton, et Varesi sait magnifiquement le porter. J'écris la veille au soir l'air de « La donna è mobile » pour lui, et ne le lui donne qu'au tout dernier moment. La mélodie remporte un succès fracassant lors de la représentation. Le lendemain, tout Venise le fredonne déjà ! L'air dit ceci : *Souvent femme varie, Bien fol est qui s'y fie.*

Ce dicton est emprunté par Hugo à François Ier qui le grava avec le diamant de sa bague sur une vitre du château de Chambord ! J'adore cette anecdote, et la mets en musique sur un air entêtant : bientôt, toute l'Europe le fredonnera ! En Allemagne, en Autriche, en Hongrie, en Bohême, en Angleterre... Il parviendra en France six ans après seulement, à cause de Victor Hugo, piqué au vif par le succès que je remporte avec un opéra inspiré de sa pièce qui n'en a pas beaucoup. Il tentera en vain de récupérer des droits d'auteur et je suis peiné une fois de plus de contrarier celui que je continue de considérer comme un des plus grands hommes de notre temps. Intense drame de passion, de trahison, d'amour filial et de vengeance, *Rigoletto* offre une combinaison parfaite de richesse mélodique et de pouvoir dramatique. Par ailleurs, j'ai mis l'accent sur les tensions sociales et la condition féminine. La répétition constante, dès le prélude, de la note *do* en rythme pointé vient marquer le thème de la malédiction. En outre, dans le quatuor du troisième acte, je parviens à faire s'exprimer les émotions contradictoires des quatre personnages en un seul morceau concertant. J'assiste aux trois premières représentations, comme à l'accoutumée et je viens te rejoindre à Busseto. Nous avons convenu d'accueillir Ricordi et son épouse : tu apprécies énormément ce couple, tu aimes sa bonté et sa générosité. J'apprends que Ricordi souhaite aider ton frère à prendre un poste de médecin communal à Triulzi. Tes sœurs partent s'y installer, tu sembles tellement soulagée, sans que je comprenne vraiment pourquoi. Déjà, à la disparition de ta mère, tu n'as versé aucune larme, et cela m'a peiné pour toi. Quel type de relation as-tu donc eu avec ta famille pour avoir ces réactions ? Tu mènes aujourd'hui une vie rangée, tu as été célèbre grâce à ton acharnement, ta mère ne peut qu'avoir été fière de toi ? Lorsque je te demande de rencontrer ta famille, tu trouves toujours un motif pour que cela ne se produise pas. J'en déduis très vite que tu souhaites cloisonner les domaines de ta vie pour une bonne raison.

Tu conserves une même jovialité, un même dynamisme et les mêmes élans amoureux, que tu aies des contrariétés ou non. Cela m'a toujours semblé incroyable, car moi le premier, je suis d'humeur très changeante. Je reconnais que je suis trop vite irritable : il n'est pas rare que je m'emporte, que je sois très exigeant, et chaque fois qu'un souci de santé me préoccupe, toute la maisonnée en pâtit. Mes maux de gorge s'accentuent dès que je dois rendre une œuvre, mes maux d'estomac me font souffrir le martyre quand il s'agit de négocier un contrat ou encore je tremble de tout mon corps lorsque j'entre en conflit avec quelqu'un, toi y compris ; je suis bêtement impulsif, capable d'éclater à tout moment lorsque j'estime qu'on est dans l'erreur. Même professionnellement, mes colères sont réputées : je peux quitter mon pupitre en pleine répétition, hurler sur un imprésario célèbre et briser une amitié si je l'estime nécessaire, pourvu que je sois dans la vérité sur l'instant. Il est rare que nous nous disputions toi et moi, mais je t'en demande souvent un peu trop. Toi, tu as pris le parti de me laisser parler, même si souvent mes propos sont blessants. Il n'est pas rare que je te reproche des erreurs anodines. Cependant, à aucun moment je ne te reproche de m'éloigner des miens et des habitants de Busseto du fait de tes frasques antérieures ; sur ce sujet, nous faisons corps. Je te défends bec et ongles lorsqu'un proche aborde le sujet avec moi et c'est ce que je fais avec mon propre père le jour où il vient me provoquer chez nous alors que tu t'es absentée à Florence. Carlo vient me parler de sa honte, il me parle aussi de ma mère malheureuse à l'idée d'avoir mis au monde un enfant de talent qui se perd auprès d'une femme débauchée. Il me somme de mettre un terme à notre liaison, et va jusqu'à faire du chantage en me demandant de choisir entre eux et toi. Mon sang ne fait alors qu'un tour, j'entre pour la première fois de ma vie avec lui dans une colère terrible : s'il souhaite m'éloigner du bonheur de ma vie pour des raisons d'orgueil, c'est qu'il ne m'aime pas véritablement et qu'il est plus soucieux de mon image que de mon équilibre. J'ai eu le plaisir de loger mes parents dans le domaine de Sant'Agata depuis mai 1848 : il s'agit d'un corps de ferme isolé avec des dépendances tout près d'un hameau, à quelques kilomètres au nord de Busseto. Ils y sont heureux, surtout Maman. L'isolement est total, le climat, quoique humide en raison du Pô tout proche, leur convient parfaitement. Je suis heureux de les savoir si bien installés, mais les reproches incessants de mon père ajoutés à cette exigence soudaine et inappropriée me donnent envie de les rayer provisoirement de ma vie. Certes, j'ai une réaction excessive et disproportionnée – et d'ailleurs tu me le diras ma Peppina – mais c'est le prix de mon indépendance vis-à-vis d'eux : je demande à mon père de vider les lieux et d'aller s'installer dans une demeure modeste que j'ai acquise, située à la lisière du hameau de Vidalenzo, à deux kilomètres de Sant'Agata. Je lui dis que je ne le laisserai pas colporter des ragots honteux et destructeurs, contraires au bonheur de son propre fils ; que la femme que j'aime et avec laquelle je vis est irréprochable et sans doute dix fois plus vertueuse que la plupart des habitantes de Busseto ; enfin, que si la famille se désolidarise de nous, qu'à cela ne tienne, entre toi et eux, je n'hésiterai pas un instant. Il quitte la maison furieux, m'invectivant et me traitant de fils indigne, me rappelant qu'il a toujours souhaité mon bonheur, que c'est d'ailleurs à lui que je dois ma carrière de compositeur : il a cru en moi et a tout fait pour que l'on m'accorde une bourse pour poursuive des études musicales à Milan. Puis il sort en claquant la porte.

Les murs résonnent encore des effets de sa fureur.

Quand tu apprends ce qui s'est passé, tu es confuse et tu penses qu'il est impossible de choisir entre sa famille et sa femme. Mais je suis un sanguin, et la rupture est consommée. Au printemps, je souhaite m'installer avec toi dans le domaine de Sant'Agata pour fuir les commérages. Je décide de réaménager cette résidence, pour effacer toute trace de l'occupation des lieux par mes parents. Les travaux durent de longs mois : les dépendances deviennent des maisons d'amis et nous allons pouvoir avoir une vie sociale plus riche qu'à Busseto. Hélas, ma mère a de gros soucis de santé et bien qu'elle n'ait que soixante-trois ans, son mal lui est fatal avant que j'aie pu lui rendre visite.

Elle meurt au mois de juin 1851.

Je suis inconsolable. Je m'étais promis de lui offrir une vie de rêve, de lui faire construire une maison à son goût, de la faire voyager lors de mes déplacements, de lui témoigner ma reconnaissance pour l'amour qu'elle avait su m'offrir. Mais elle s'est éteinte au moment où un conflit ridicule m'oppose à son mari et, en épouse soumise, elle n'a pas souhaité prendre ma défense, trop soucieuse de préserver son couple. Rester fâché avec ses parents est toujours une erreur. Je demeure cloîtré des semaines durant à Sant'Agata et rien ne réussit à me distraire de mon chagrin. Tu te sens indirectement responsable de ce malheur : tu aurais souhaité faire entendre raison à ma mère, qui elle-même aurait peut-être réussi à convaincre son époux. Tu me proposes de me rapprocher de mon père, d'une façon ou d'une autre ; il m'a prêté beaucoup d'argent et tu me suggères de passer devant un notaire pour signer un accord, rembourser ma dette et m'engager à lui verser une pension annuelle. C'est une façon de lui signifier mon attachement et ma reconnaissance. Il va falloir une bonne année encore pour que l'atmosphère ne se détende entre Carlo et moi et pour qu'il vienne parfois dîner à Sant'Agata ou au palazzo Cavalli l'été. Jamais, cependant, vous n'allez avoir tous les deux une relation très proche. Jusqu'à la fin de ses jours, je serai généreux à son égard. Mais il me tient longtemps pour responsable de la mort de son épouse et cette culpabilité me tue.

Pour me changer les idées, tu fais venir durant l'été mon assistant Muzio, ainsi que mon librettiste Piave que tu affectionnes tout particulièrement. Avec patience, vous faites en sorte de me distraire de ma tristesse, en cherchant chaque fois une nouvelle destination de voyage attrayante ou des idées de repas très élaborés. Une fois de plus, c'est la composition qui m'aide finalement à sortir de ma torpeur : en septembre, je me consacre à la création d'*Il Trovatore* (*Le Trouvère*), adapté d'une pièce espagnole. Nous décidons ensemble, assez subitement, de fuir les ragots de Sant'Agata et de partir nous installer à Paris pour l'hiver 1851-1852.

Nous retrouvons la capitale française et le logement de la rue Saint-Georges, son anonymat et son effervescence, au lendemain du coup d'État de Louis Napoléon Bonaparte : malgré le climat sous tension de la capitale, nous passons des semaines délicieuses à nous promener, à sortir à l'opéra, au théâtre et au spectacle. C'est à cette époque qu'a lieu mon coup de foudre pour la représentation de *La Dame aux camélias* d'Alexandre Dumas fils, et je décide aussitôt d'en faire une adaptation lyrique. Mon nouvel opéra s'intitule *La Traviata*. Il est et restera à jamais ma déclaration d'amour pour la seule femme que j'ai su aimer, celle qui a eu le courage de changer de vie pour moi. Cette œuvre est pour toi, Giuseppina. Je compose cette nouvelle création en un temps record, la menant de front avec la finalisation de *Rigoletto*.

Un matin de février, nous recevons un surprenant courrier cinglant de Barezzi, mon beau-père. Lui que j'espérais acquis à ta cause, il s'est laissé influencer par mon père depuis la mort de ma mère et a totalement revu son jugement à ton égard. La mort de ma mère m'ayant donné une douloureuse leçon, je lui réponds :

Cher beau-père,

Après avoir tant attendu, je ne pensais pas recevoir de vous une lettre aussi froide où figurent il me semble quelques phrases bien dures. Si cette lettre n'avait pas été signée par Antonio Barezzi – c'est-à-dire mon bienfaiteur – j'y aurais répondu vertement ou pas du tout. Mais puisqu'elle est signée d'un nom que je me ferai toujours un devoir de respecter, je vais essayer de vous persuader que je ne mérite pas ce genre de reproches.[...] Je ne pense pas que, de votre propre chef, vous ayez écrit cette lettre dont vous ne pouviez ignorer qu'elle me causerait de la peine ; mais vous vivez dans un pays qui a la mauvaise habitude de se mêler souvent des affaires des autres et de désapprouver ce qui n'est pas conforme à ses idées. Moi, j'ai l'habitude de ne pas me mêler [...] des affaires des autres, parce que justement, j'exige qu'on ne s'intéresse pas aux miennes. Tout cela ne peut que susciter commérages, commentaires, critiques. Cette liberté d'action qu'on respecte même dans les pays les moins civilisés, j'ai le droit de l'exiger dans le mien. Soyez-en juge vous-même et soyez un juge sévère, mais impartial et sans passion. Quel mal y a-t-il à ce que je vive isolé ? À ce que je croie bon de ne pas faire de visite à qui porte un titre ? À ce que je ne participe pas aux fêtes, aux joies des autres ? À ce que j'administre mes terres parce que cela me plaît et m'amuse ? Je le répète : quel mal y a-t-il ? Cela ne fait de mal à personne. [...] Je vous ai fait part de mes opinions, mes actions, de ma vie publique, mais puisque nous sommes en veine de confidences, je n'ai aucune difficulté à soulever le voile qui cache des mystères renfermés entre les murs d'une maison et à vous parler de ma vie personnelle. Je n'ai rien à cacher. Chez moi, vit une femme libre, indépendante, aimant comme moi la vie solitaire, ayant une fortune qui la met à l'abri du besoin. Ni elle ni moi ne devons rendre compte à personne de nos actions. Mais d'ailleurs, qui connaît les rapports qui existent entre nous ? Et quels sont nos liens ? Qui sait si elle est ou non ma femme ? Et dans ce cas, qui connaît les motifs particuliers, les raisons qui font que nous taisons la publication de notre union ? Qui a le droit de dire si c'est un bien ou un mal ? Pourquoi ne pourrait-ce pas être un bien ? Et si c'est un mal, qui a le droit de nous jeter la pierre ?

Quoi qu'il en soit, on lui doit plus de respect qu'on ne m'en doit à moi-même et je ne permettrai à personne de lui en manquer, sous aucun prétexte. Elle a tous les droits à ce respect par son comportement, sa dignité et les attentions particulières qu'elle a toujours eues pour les autres.

Ce long bavardage est là pour vous dire que ma nature répugne peut-être à faire comme tout le monde mais je revendique la liberté d'agir comme bon me semble, car tous les hommes y ont droit. Vous qui êtes au fond si juste, qui avez tant de cœur, ne vous laissez pas influencer [...]. Le monde est grand et la perte de vingt ou trente mille francs ne m'empêchera pas de chercher une patrie ailleurs. Dans cette lettre, il n'y a rien qui puisse être offensant à votre égard, mais si par hasard quelque chose vous déplaisait, considérez-la comme non écrite car je vous jure sur l'honneur que je n'ai pas l'intention de vous faire de la peine. Je vous ai toujours considéré et je vous considère comme mon bienfaiteur, j'en suis honoré et je m'en vante.

Adieu, adieu ! Avec mon amitié de toujours.

Ce courrier a l'effet escompté et nous nous pardonnons nos incompréhensions mutuelles. Revenus de notre escapade parisienne, j'apprends que le gouvernement français m'a fait chevalier de la Légion d'honneur, et c'est Barezzi qui vient me la remettre à Sant'Agata, car Léon Escudier la lui a confiée. Tu as organisé ce soir-là une réception digne de ma récompense, avec une cinquantaine de convives. Barezzi t'embrasse avec beaucoup de chaleur et ta réaction est à la fois candide et tellement attendrissante : tu soupires en rougissant et tu viens te jeter dans mes bras ! Quand c'est mon tour d'être félicité, Barezzi me serre longtemps dans ses bras, versant une larme. En se dégageant de cette étreinte, il me demande s'il peut faire le tour de la ville avec ma médaille pour montrer aux habitants de Busseto qu'une grande puissance étrangère voisine est plus consciente de la valeur d'un grand musicien que sa propre patrie ! Non seulement j'accepte, mais je lui propose même de l'accompagner. Nous finissons le tour du village saouls et grivois et je garde un souvenir ému de cet instant. Brave Barezzi, si complice, si encourageant, si aimant.

Tous ces événements sont comme l'écho du livre de Dumas fils et contribuent à me faire participer activement à l'élaboration du livret de *La Traviata*.

La pièce renvoyait non seulement à ta vie, Giuseppina, mais aussi à toutes les embûches rencontrées par notre bonheur. Je mets en scène cette héroïne malmenée par la vie, et prouve au public que l'expiation d'un passé discutable passe par des sacrifices douloureux, et qu'il est inutile d'en accabler d'avantage la victime.

Je retiens trois composantes essentielles : le cadre parisien où s'est développé mon amour avec toi, le destin malheureux d'une courtisane rachetée par le sacrifice de son amour, et enfin l'injuste et implacable sévérité d'un père qui contrarie cette passion. Il ne peut y avoir meilleure concordance entre une œuvre et notre vie. J'espère cependant que notre amour aura une issue plus heureuse !

Juste après la représentation de *La Dame aux camélias*, émus par le spectacle que nous venons de voir, nous allons saluer l'auteur. Son père a récemment été exilé, comme Victor Hugo, après le coup d'État, et nous lui exprimons notre affection et notre soutien. Sa réponse en dit long sur les rapports un peu compliqués qu'entretiennent Dumas père et fils.

— Merci. Mon père est un grand enfant que j'ai eu lorsque j'étais petit. C'est un peu comme s'il était là ce soir ; le succès est si grand que j'ai cru assister à la première d'une de ses œuvres !

Je lui dis tout l'émerveillement suscité par son œuvre et lui annonce déjà qu'une adaptation musicale naîtra sûrement de cet ouvrage magnifique. Flatté et honoré, le jeune auteur m'y encourage, se proposant même de superviser le livret, si je le souhaite, ce que nous ne réussirons pas à faire, du fait d'emplois du temps respectifs jamais compatibles.

Initialement conçu pour le San Carlo de Naples, *Il Trovatore* est finalement joué pour la première fois à Rome, au théâtre Apollo, en janvier 1853. Mon librettiste, Cammareno, qui tombe malade, décède brutalement au moment de la composition du livret. J'en suis très peiné. Une grande complicité s'était tissée entre lui et moi durant toutes ces années. Un jeune écrivain le remplace au pied levé, Bardare, et termine le livret. C'est un mélodrame parfait qui respecte la règle du trio. Élégance de la structure, équilibre de l'instrumentation, il mélange violence et tendresse. Le rôle féminin d'Azucena est le premier vrai rôle de mezzo dramatique de l'histoire de l'opéra : les voix graves féminines étant réservées aux seconds rôles, je l'indiquais sur la partition comme « second soprano ». C'est Emilia Gozzi à qui revient l'honneur, le 19 janvier 1853, d'incarner pour la première fois ce personnage. La première est un succès retentissant et il sera joué ensuite partout dans le monde. Je plante deux arbres dans le domaine de Sant'Agata, en hommage à ces deux derniers succès : un platane pour *Rigoletto* et un chêne pour *Il Trovatore* !

La Traviata est quant à elle portée à la scène lyrique peu de temps après *Il Trovatore*, à la Fenice de Venise. Piave en est le librettiste. Hélas, le simple fait de situer l'action dans le Paris du Second Empire, véritable « capitale de la débauche » aux

yeux des censeurs vénitiens, justifie quelques modifications qui me sont demandées pour rendre le
manuscrit digne de l'ordre établi : l'action doit se
situer sous Louis XV. J'en suis vivement offusqué,
convaincu de traiter un sujet contemporain et
d'avoir à ce titre besoin du cadre actuel. En outre,
la Fenice m'impose une cantatrice dont le physique
ne convient pas du tout au rôle : je souhaitais une
soprano élégante, jeune et capable de chanter avec
passion, et c'est hélas Fanny Salvini-Donatelli qui
incarne Violetta. Non pas qu'elle soit mauvaise
soprano : sa voix *lyrico spinto* est tout à fait adaptée
au rôle, et elle est capable de terminer les airs sur
des contre-*mi* surprenants, mais elle est d'une cor-
pulence certaine, et d'âge mûr.

Le fiasco est à peu près total le 6 mars 1853, soir
de la première : chaque allusion faite à la phtisie
dont souffre Violetta provoque l'hilarité générale
de la salle ; le public ne comprend pas le décalage
entre la modernité du thème et le classicisme des
costumes, et les chanteurs manquent de motivation.
Le public vénitien, très dévot, n'accepte pas qu'une
femme aux mœurs légères puisse tenir un premier
rôle à l'opéra. *La Traviata* reste seulement dix jours
à l'affiche. Je suis profondément déçu : j'y avais mis
toute mon âme, et surtout, j'y avais mis la tienne.

Heureusement, en mai 1854, *La Traviata* est
reprise au théâtre San Benedetto de Venise avec
une somptueuse distribution et je recueille enfin
un triomphe. Mon ami Antonio Gallo, violoniste et
chef d'orchestre, obtient le meilleur de ses musiciens : la mise en scène est confiée à Piave en personne, et les répétitions se succèdent jusqu'à ce que

l'opéra soit vraiment parfaitement en place. Je modifie quelques passages de l'acte II pour que son unité structurelle propre s'intègre encore mieux dans l'ensemble.

Et *La Traviata* remporte alors le succès gigantesque qu'elle mérite. Le dialogue amoureux intimiste, loin du pathos et de la rhétorique lyrique habituels, est enfin compris par le public. Un critique de *La Gazetta di Venezia* écrit :

> *Une réparation ! La valeur de cette musique, c'est la somme d'éloquence contenue dans ses phrases, c'est l'habileté suprême de ses combinaisons de sons. Grâce à elle, le compositeur développe les situations par le truchement des instruments, suggère la passion mieux qu'avec les paroles, semble presque dépeindre les pensées des personnages. Celui dont les yeux restent secs devant cela n'a pas un cœur humain dans la poitrine.*

Après cette victoire, tous les théâtres reprennent ma *Traviata* : Vienne, Londres, et même New York ! Dès le premier acte, j'ai imaginé une voix de soprano colorature, en me rappelant tes prouesses vocales, quand tu étais capable de voltiger dans l'aigu sans effort. À la fin de la *cabalette* brillante, c'est toi encore qui m'inspires cette note presque aussi haute que la plus haute voix de la Reine de la nuit dans *La Flûte enchantée* de Mozart. Dans l'acte II, la ligne vocale est plus plane et moins aiguë. Ta maturité, ta conscience du passé, m'ont dicté ces notes. Un matin de décembre, alors que je partais à Naples, ne m'as-tu pas écrit ce larmoyant « Continue de m'aimer, aime-moi, même après la mort » subtil, généreux, débordant d'amour et de vérité que je n'ai pu m'empêcher de reprendre au compte de Violetta, quand elle demande à Alfredo de l'aimer toute la vie à la fin de l'acte II : « Amami Alfredo, quant'io t'amo ! »

Dans l'acte III, la ligne vocale est très accidentée, signe de la détresse de Violetta au moment où elle comprend qu'elle va mourir. En pensant à ton aspiration à la sérénité, à tes nombreuses souffrances, au poids de tes multiples responsabilités dont tu ne m'as jamais vraiment parlé mais que je devine, j'ai couché par écrit les notes de tes émotions. Ajoute à cela ton profond talent de tragédienne, capable d'incarner aussi bien la séduction insouciante que le don tragique de soi, et tu as le personnage tout entier de Violetta, ta digne représentation théâtrale.

Ma Giuseppina, douce Violetta, fantasque courtisane au cœur et à l'âme aussi purs qu'un diamant. La scène lyrique, le public italien, le monde entier doit le savoir : *Traviata* sera la voie de ta réhabilitation !

Et c'est l'opéra dont je vais être le plus fier de toute ma carrière.

ACTE III

Ma Peppina, c'est ici que cesse le parallèle de ta vie avec celle de Violetta : elle, sacrifiée, meurtrie et condamnée à mourir jeune, toi, décidée à te battre et à redoubler de force pour ton amour. Un amour tellement puissant qu'il lavera jusqu'au moindre de tes péchés passés.

Dans ce dernier acte, je situe l'action dans la chambre dépouillée de Violetta : elle se meurt. La phtisie, cette maladie incurable dont elle souffre, aggravée par l'humiliation qu'elle a subie et le chagrin qui la ravage, est en train de l'emporter. Le hautbois plaintif poursuit ses accords. Les jours de Violetta sont comptés. Dehors, Paris est en fête pour le carnaval. Nous voici revenus à l'esprit du prélude de mon premier acte : une ambiance festive qui fait écho à la solitude désespérée de Violetta lui rappelle continuellement que, tel un papillon attiré par la lumière du soleil, elle n'aura recueilli de sa vie mondaine que très peu de réconfort. Et c'est l'amour authentique, qui seul a le pouvoir de panser son cœur.

Dans ce dernier acte, le prélude est un poignant andante pour cordes, un peu comme celui de l'acte I, un demi-ton plus haut. Violetta accepte sa mort prochaine et le sacrifice de son amour.

Acte III

Germont père cependant lui écrit que, choqué par l'attitude de son fils et plein de remords, il lui a révélé la vérité. Une âme aussi pure que celle de Violetta ne mérite pas d'être traitée ainsi. Alfredo doit venir la voir. Violetta le reverra avant de s'éteindre dans ses bras. Elle a prouvé par son sacrifice et son silence qu'elle aime Alfredo plus qu'elle-même.

Une abnégation que j'ai trouvée chez toi aussi, Giuseppina. Toi dont je n'ai pas toujours été digne...

L'air « Addio del passato » m'emplit déjà d'une infinie tristesse...

Nos enfants

Moi, Giuseppina, cantatrice et courtisane, j'ai eu le bonheur de te rencontrer Giuseppe Verdi, et en t'aimant, j'ai su saisir ma chance de me racheter. Dans ma vie, je n'ai jamais manqué de courage et mon talent était aussi dû à mon travail, à des heures interminables de répétitions. J'ai toujours pris soin des autres, j'ai toujours vécu plus pour eux que pour moi. Mais tout a changé quand nous nous sommes connus et que tu m'as fait comprendre que j'étais quelqu'un de valeur : je me suis jetée à corps perdu dans notre amour.

Cela fait quelques mois que nous parlons d'enfants toi et moi : tu souhaites que je sois enceinte pour que la situation n'ait plus rien d'équivoque pour les autres comme pour toi. Et nous avons évoqué également le mariage.

— Mon Pasticcio, je sais qu'il n'est pas facile pour toi d'envisager de m'épouser. Je sais tes remords, je sais ton besoin de respecter ton engagement vis-à-vis de ta défunte femme au-delà de la mort. Je suis pourtant sûre de tes sentiments car tu m'as assez prouvé à quel point tu tenais à moi.

— Merci pour ta patience, ma chère Peppina : je ne peux m'empêcher de me sentir coupable vis-à-vis de ma Margherita quand je songe au mariage. Aujourd'hui, tu as tout mon amour et ma considération, mais les engagements que j'avais pris envers elle demeurent tout au fond de mon cœur.

— Il est temps néanmoins que tu vives dans le présent. Je pense que même Margherita validerait notre union. Elle n'aurait pas souhaité que tu finisses ta vie tout seul.

— Sans doute mais une autre raison, moins avouable, m'empêche d'être serein à l'idée d'une union avec toi : tu as un fils, le petit Camillino que j'ai toujours refusé jusqu'ici de prendre en compte. Je n'ai pas exigé de toi, Giuseppina, que tu l'effaces de notre vie et c'est toi qui n'as jamais souhaité me faire partager ton affection pour lui et ne m'as jamais demandé de l'accueillir ici. Pour toi, il appartient à toute cette partie de ta vie dont tu parles si peu. Je sais que tu le vois parfois, que tu t'occupes de lui de loin, mais jamais je n'aborde ce sujet, qui fait partie d'un passé qui ne te ressemble pas et que tu dois oublier. Je ne t'ai jamais proposé de faire venir près de toi Camillino car, je m'en rends compte, j'aurais aussi eu le sentiment de trahir la mémoire de mes chers et tendres petits, disparus bien trop tôt. En t'épousant, je devrai l'adopter, or je n'en ai pas le courage. Ne me juge pas ma Peppina. Ton petit Camillino est ton enfant, je devrais déjà l'aimer et l'accepter pleinement. Mais c'est au-delà de mes forces, et je n'envisage donc de t'épouser que lorsqu'il sera majeur. Ne crois pas cependant qu'aucun enfant ne peut désormais trouver grâce à mes yeux : un bébé de toi me rendrait heureux. Ce serait l'enfant de notre histoire à tous les deux, pas de nos passés respectifs. J'aimerais que nous en ayons un cette année. Il serait notre œuvre, notre plus belle création. Il sanctifierait notre amour.

Mon tendre Pasticcio. Tout cela, je l'avais deviné. Certes, j'en souffre terriblement, mais ne pouvant influer sur ta décision, je reste patiente en espérant secrètement qu'un jour tu me demanderas de rencontrer Camillino.

Je sais que tu l'aimeras naturellement et que tu seras heureux de le connaître.

Je souffre aussi car je sais au fond de moi que ta demande va rester vaine : depuis le début de notre liaison, je ne suis pas une seule fois tombée enceinte. Ma nature si féconde quand je ne le souhaitais pas semble maintenant refuser la maternité. Cela ne peut pas venir de toi, Giuseppe, car tu as déjà eu deux enfants. Pour en avoir le cœur net, je suis allée consulter un médecin lorsque j'étais à Paris. Peu de temps après l'aventure que j'avais eue avec Donizetti par le passé, des tâches brunâtres étaient apparues sur mon corps : elles avaient disparu puis elles sont réapparues à plusieurs reprises. Le médecin parisien a diagnostiqué une extension de syphilis. Donizetti s'offrait les faveurs de nombreuses femmes. Une de mes relations qui avait été sa maîtresse m'apprendra quelques années plus tard qu'il était porteur de la maladie et qu'il la transmettait sans vergogne à ses partenaires. Je l'avais en partie développée très certainement, et elle s'était cristallisée sur mes organes de reproduction, comme pour mieux me punir des écarts de conduite de mes années de jeunesse. La main de la fatalité, assurément.

J'aurais adoré avoir enfin un enfant d'un homme qui en désirait un avec moi. Mais je ne le peux plus, alors que j'ai été enceinte contre mon gré à plusieurs reprises d'hommes qui n'en voulaient pas de moi. Pourquoi la nature est-elle si cruelle ?

Ta demande remue tout ce passé et abattue, incapable de t'en parler, je ne parviens qu'à t'écrire ce qui me désespère : *Nous n'aurons pas d'enfants car Dieu me punit sans doute de mes péchés en faisant qu'avant de mourir je ne puisse jouir d'aucune joie légitime.*

Tu en es profondément peiné, mais tu me consoles par ces mots :

— Un enfant aurait certes complété notre amour, mais finalement mes opéras qui sont nos créations à tous deux, feront office de descendants.

J'apprécie ta délicatesse et le fait que tu ne cherches pas à me culpabiliser au sujet de ma stérilité. Quelques jours plus tard, tu reviens d'un séjour à Milan avec une surprise : il s'appelle Loulou et est de race maltaise ! Un petit chien de trois mois qui t'a séduit et va nous tenir compagnie une bonne décennie. Une petite boule de tendresse et d'amour qui ne remplacera jamais l'enfant qu'on aurait dû avoir, mais qui nous comble de joie. Malgré tout, je suis de plus en plus d'humeur mélancolique. Je suis heureuse auprès de toi et très malheureuse lorsque tu t'éloignes pour des voyages prolongés. Tu ne me proposes pas de te suivre lors de tes déplacements, tenant trop à ton indépendance. Tu me dis qu'il y a du bon à se séparer l'un de l'autre parfois car les retrouvailles n'en sont que meilleures. Lors d'un de mes séjours à Florence, je t'écris mon désarroi :

> *Est-ce que je t'écris par désœuvrement ? Par convenance ? Mais mon pauvre sorcier, en dehors de toi, je n'ai personne sur cette terre pour me consoler. C'est peut-être mal mais je t'aime plus que tout et par-dessus tout. Si profonds et nombreux que soient mes chagrins, ton amour suffit à me donner le courage de supporter les âpres tourments qui m'assaillent. Alors, si l'un de mes actes, l'une de mes paroles, l'une de mes négligences te fâchent, pardonne-les en songeant à tous les malheurs et à tous les chagrins que j'ai subis au cours de ma vie.*

Je devrais atténuer mes plaintes pour ne pas te perdre. Mais tu me manques cruellement dès lors que tu n'es pas auprès de moi car je n'ai plus que toi. Je deviens hypocondriaque et me plains de tout, pour tout, pour retenir ton intérêt, faire que tu t'intéresses à moi, toujours. Et sans le savoir, je t'agace et contribue à t'éloigner un peu plus de moi. Je redoute tes incartades, toi dont je doute de la fidélité. En outre, dès que je me retrouve seule face à moi-même, je suis assaillie par les images de mon passé, les hommes que j'ai connus, et surtout les enfants que j'ai abandonnés. J'ai beau les chasser de ma mémoire, leur souvenir m'obsède.

Le fait d'avoir évoqué le sujet avec toi amplifie le mal. L'isolement de Sant'Agata n'arrange rien.

Je pressens que je t'irrite parfois et je sais que, même si tu as des remords à me quitter, ton envie de liberté est de plus en plus forte. Je le mesure au cadeau somptueux que tu me rapportes à chaque fois au moment de ton retour, sorte de *mea culpa* chaque fois plus généreux que la fois précédente et qui contribue à augmenter mes soupçons sur ta fidélité. Pourtant, ces soupçons sont infondés. Certes, tu as eu de nombreuses aventures après la mort de ton épouse, certes, tu t'es amusé comme s'amuse un homme pas encore prêt à s'établir de nouveau, mais depuis que tu vis avec moi, tu me dis que tu ne regardes pas les autres femmes, que je te comble à tous points de vue et qu'il aurait été ridicule d'accumuler les aventures pour le simple plaisir de vérifier ton pouvoir de séduction, à l'âge que tu as. Tu dis vrai. Mais j'ai un mal fou à te croire.

Il faudra le témoignage de Clara Maffei – que tu connais depuis ton opéra *Nabucco* –, quelques années plus tard, pour que je me rende compte de mon erreur : dans son salon que tu fréquentes dès que tu te rends à Milan, tu as rencontré toute l'élite intellectuelle de la ville, à commencer par le comte Arrivabene, Luciano Manara, le poète Giulio Carcano, traducteur de Shakespeare, Luigi Toccani le critique, le peintre Francesco Hayez, et Carlo Tenca qui deviendra l'amant de Clara Maffei. Elle me rassurera en tous points sur l'attitude honorable que tu as en société lorsque je ne suis pas à tes côtés, dans les lettres que nous échangeons suite à ma demande. Je découvre l'amitié sincère et sans équivoque qui vous lie, mon Verdi, et j'ai honte d'avoir un instant soupçonné plus qu'une amitié entre vous. Bientôt, ta Clara deviendra ma Clarina et nous aurons une correspondance chaleureuse et amicale, et ce jusqu'à la fin de sa vie.

Quand tu me rejoins à Sant'Agata, tes journées sont consacrées à la chasse ou à faire du cheval. Contrairement à moi, tu as toujours été proche de la nature. Je me contente pour ma part de promenades dans le parc, mais toi tu passes ton temps à relever les cailles ou à courir après les perdrix. Cela te maintient svelte et en forme, tandis que je m'arrondis. Je change de silhouette, je deviens une autre femme.

Nous aimons Sant'Agata pour son apparence de maison bourgeoise, bien qu'édifiée sur un bâtiment de ferme. Nous pouvons désormais vivre à notre aise et j'ai fait venir de Paris des meubles, tapis, tentures. Nous disposons de dix domestiques et à chacun de nos déplacements professionnels ou personnels, nous voyageons avec un valet de chambre, une femme de service et une cuisinière. Tu es très coquet et tu aimes les belles matières. Tu fais réaliser tes costumes sur mesure et m'encourages à me doter d'une magnifique garde-robe. J'ai toujours adoré m'habiller, mais comme j'ai beaucoup grossi, je prends moins de plaisir à m'en occuper. Que n'ai-je alors cherché à rester une femme sublime pour continuer à te plaire ! Quelle erreur d'avoir pensé que seule mon âme te suffirait tant tu m'aimais...

Acte III

Nous nous rendons à Rome, en janvier 1859 pour la première d'*Un ballo in maschera* (*Un bal masqué*) au théâtre Apollo : la situation politique en Italie est à nouveau insurrectionnelle – Cavour, premier ministre de Victor-Emmanuel fomente un projet – et ton nom est malgré toi assimilé à cette rébellion, de par le thème de cet opéra. Ton audace et ton brio te conduisent une nouvelle fois vers un véritable triomphe ! Tu es rappelé vingt fois sur scène, et le théâtre affiche bientôt complet pour les représentations à venir. Les places sont revendues au triple de leur valeur dans un marché parallèle.

Le peuple a eu l'idée d'une anagramme pour souligner son ralliement à la cause de l'unification de l'Italie. *Viva* VERDI signifie *Viva Vittorio Emanuele Rei D'Italia* (vive Victor-Emmanuel, roi d'Italie). Bientôt, les murs de la ville sont couverts de cette inscription et le slogan, clamé dans toutes les rues de Rome, sert à la fois tes intérêts et ceux d'une nation. Il va falloir patienter deux années encore avant que ne se fasse l'unification de l'Italie : le Piémont seul ne suffit pas à tenir tête aux Autrichiens et il faut donc l'aide d'un allié. L'empereur français Napoléon III convient alors avec Cavour d'une base d'alliance militaire dirigée contre l'Autriche. La France recevra la Savoie et le comté de Nice, à plusieurs conditions : l'indépendance du royaume de Haute-Italie, le partage du reste de l'Italie en trois royaumes, chacun présidé par le pape. Avec la victoire de Solferino le 24 juin 1859, l'avantage tourne en faveur des Français et des Piémontais.

Il est évident que Napoléon III ne souhaite pas spécifiquement l'unification de l'Italie : au travers de cet accord, il veut asseoir une ascendance française sur la confédération des États italiens, tout en maintenant la souveraineté pontificale sur Rome – les catholiques français étaient les plus fidèles soutiens à son régime. Ainsi naît l'alliance franco-sarde qui se conclut le 11 novembre 1859, après des centaines de milliers de morts sur les champs de bataille : l'Autriche remet la Lombardie à la France qui la rétrocède au Piémont. Mais la Vénétie est toujours autrichienne. Un congrès européen va décider du sort du reste de l'Italie. Cavour préfère démissionner, déçu par Napoléon III qui a proposé un armistice aux Autrichiens. Il reviendra cependant en janvier 1860 mener une seconde guerre d'indépendance.

Notre duché se libère donc des Autrichiens. Giuseppe, tu t'investis dans cette cause, allant jusqu'à suivre l'évolution des résistants des alentours, même si tu es honteux de ne pouvoir participer aux combats physiquement, ton médecin te l'ayant interdit. Dans les jours qui suivent le départ des occupants dans notre région, tu organises une collecte de fonds pour les familles des volontaires blessés. Très déçu toi aussi par l'attitude de Napoléon III qui selon toi a agi en félon – Venise est toujours sous le joug autrichien – tu souhaites t'investir davantage en politique et accéder au rang de député pour représenter les Bussetans et voter le rattachement du duché au Piémont, en vue de l'unification italienne. Cette idée m'amuse : toi le musicien saltimbanque, te voilà embarqué dans un combat politique !

Un soir de juin 1859, tu me demandes en mariage.

— Ma chérie, cela fait treize ans que nous vivons ensemble. Treize ans que tu me témoignes un amour infaillible. Je ne conçois pas la vie sans toi. – S'age-nouillant à mes côtés et me tendant un petit paquet enrubanné : – Me veux-tu comme époux ?

Émue jusqu'aux larmes, c'est en tremblant que je l'ouvre. La lueur des bougies me renvoie l'éclat d'une magnifique bague sertie d'émeraudes et de diamants.

— Oh, mon amour. Oui, je le veux. Je l'attends depuis si longtemps...

Un baiser peut-être un peu trop mécanique me ramène à la réalité. Je suis en train de vivre un moment que j'ai attendu toute ma vie, et pourtant je comprends vite que ce n'est pas véritablement l'amour qui motive ta demande, mais l'accès à ton nouveau statut de député. Tu veux régulariser ta situation matrimoniale pour avoir plus de crédi-bilité aux yeux de tes électeurs : je suis déçue par ces raisons pragmatiques et ton manque de roman-tisme, mais t'accorde bien sûr ma main.

La date de notre mariage est fixée fin août 1859. Je ne veux pas me marier à Busseto, pour ne pas te rappeler trop de souvenirs de ton précédent mariage. J'ai envie de le célébrer dans une petite chapelle dissimulée dans la montagne : lors d'un de nos voyages, nous étions un jour passés par le village de Collonge-sous-Salève, en Savoie, près de Genève, qui appartenait alors encore au royaume de Piémont-Sardaigne, et j'avais eu un coup de foudre pour l'endroit. Toi aussi. Nous nous étions promis de revenir y passer quelques jours. Quelle merveilleuse idée d'en faire l'endroit de la célébration de notre union ! Elle a lieu le 29 août dans la plus stricte intimité. Il n'y a que toi, monsieur le curé et moi. Nous trouvons les témoins sur place – un cocher et le sonneur de cloches – et l'abbé Mermillond, curé de l'église Notre-Dame de Genève nous marie. L'incongruité de la situation nous empêche de nous concentrer sur les propos de monsieur le curé, et nous réprimons notre envie de rire. L'allure de nos deux témoins, des hommes plutôt bourrus et édentés, est en parfait décalage avec nos tenues élégantes, mon Pasticcio.

La cérémonie est à la fois solennelle, émouvante, authentique et joyeuse. Au moment des échanges des consentements, qui se fait en français puisque nous sommes dorénavant en France, ta main tremble légèrement. Cela suffit à me remplir d'un bonheur inqualifiable.

Tu seras à jamais mon Pasticcio.
Et moi ta Peppina.

Nous repartons aussitôt après la cérémonie, non sans avoir chaleureusement remercié nos témoins de fortune. Aussitôt à Sant'Agata, nous envoyons des faire-part à un nombre très limité d'amis : Barezzi, Muzio, Piave, Clara Maffei et Merelli, qui fut tout de même à l'origine de notre rencontre. Leur réaction ne se fait pas attendre : ils nous adressent des présents somptueux en guise de félicitations et nous traitent tous de cachottiers. Bien que purement motivée par une formalité d'usage, notre union modifie symboliquement notre attachement mutuelle. Tu as des attentions multiples envers moi et tu redoubles de tendresse.

Tout début septembre, l'assemblée des provinces de Parme se réunit à Parme et vote l'annexion au royaume de Piémont-Sardaigne. C'est toi mon Giuseppe qui es désigné pour porter les résultats des votes à Victor-Emmanuel à Turin. Tu me racontes tout de ton voyage triomphal : depuis les municipalités qui te saluent à chaque escale du train avec patriotes et enfants des écoles, jusqu'à ton entrevue personnelle avec Cavour, juste avant sa démission. Il t'invite dans sa propriété de Leri, ravi de rencontrer le chantre musical de l'unification italienne. De ton côté, tu estimes bien plus cet homme que Victor-Emmanuel qui n'est qu'un pion entre les mains des Autrichiens. Le souvenir de ce moment passé avec Cavour t'exalte pendant des années. Le 18 septembre, est organisé en ton honneur un grand banquet par le Parlement. Les patriotes milanais t'ont préparé cet hommage à la Scala pour te témoigner leur admiration. Mais toi, à la fois épuisé par les émotions, le voyage, et désireux de me retrouver, tu préfères esquiver l'invitation pour t'en retourner à Sant'Agata. Cette preuve d'amour non seulement me transporte, mais me laisse entrapercevoir aussi ton âme profondément authentique qui préfère les vraies valeurs de la vie.

Pour la première fois dans l'histoire de notre couple, tu n'as pas l'âme musicale ces derniers temps. Tu ne touches plus à une seule partition, trop absorbé par tes nouvelles fonctions de député sur lequel comptent bon nombre de citoyens. Tu te sens enfin utile dans ton propre pays et fier de ton rôle mineur mais déterminant pour le peuple : tu t'occupes des questions relatives à la défense du territoire et à la vie des combattants et de leurs proches. Par ailleurs, tu recommandes les jeunes gens engagés dans l'armée piémontaise et les volontaires garibaldiens, et tu vas même jusqu'à avancer des fonds à la municipalité de Busseto pour acheter cent fusils destinés à la garde nationale. Je suis fière de toi, tu te lèves tous les matins de bonne humeur et compulses ton livre de comptes avec bienveillance, convaincu de participer à l'élaboration de l'histoire de ton pays. Pour l'heure, ton âme est patriotique, la musique sera pour plus tard.

Un jour, tu me dis que puisque nous sommes désormais unis devant Dieu, partout où tu iras, tu souhaites que je sois là. Mon cœur ne fait qu'un bond et je suis heureuse de ne plus être condamnée au silence et à la solitude des murs de Sant'Agata quand tu n'y es pas. Nous ne serons plus séparés et je t'aiderai à chacun de tes déplacements.

Nous partons pour Gênes au début de l'année 1860 pour y passer la fin de l'hiver à l'hôtel Croce di Malta. Le climat y est beaucoup plus doux, et meilleur pour ta santé que celui de Naples où tu avais des bronchites sévères. Nous passons de longues heures à nous promener, main dans la main, comme au temps de Passy, celui de nos premiers émois. Fin janvier, une nouvelle nous réjouit, même si elle précipite quelque peu notre retour : Cavour a été rappelé par Victor-Emmanuel à la tête du gouvernement. Un changement politique s'amorce, il s'agit là du second mouvement officiel de révolution indépendantiste. Une puissante vague de ferveur patriotique soulève de nouveau le pays et s'étend à toute la Péninsule. Tu reçois un courrier de Barezzi qui t'annonce que l'assemblée des citoyens te désigne comme représentant au conseil qui doit se réunir le 18 mars pour élire son député ; et pour lui, ce député ne peut être que toi. Touché par cette noble intention, tu n'en es pas moins décidé à refuser la proposition : être le représentant d'une assemblée de petits notables et subir la mesquinerie des coteries de province ne t'attire guère. Tu souhaites mener un combat par civisme et humanisme, mais en aucun cas te compromettre dans la politique. C'est un autre Giuseppe, Giuseppe Massari qui endosse la charge.

Étonnamment, tout s'enchaîne ensuite miraculeusement : le plébiscite en faveur du oui l'emporte et l'on rattache la Romagne pontificale, la Toscane et l'Émilie au Piémont. L'ensemble devient le royaume de Haute-Italie. Le processus d'unification du pays va bon train. Cavour est porté en triomphe. Lors d'une visite de Victor-Emmanuel dans notre région, tu as l'idée de lui offrir un canon portant l'inscription « don de Busseto », signe de la volonté des Italiens de chasser l'ennemi hors de leur pays. À l'automne 1860, c'est au tour de la Sicile et de l'Italie méridionale d'être annexées, non sans épisodes à rebondissements, menés par le héros national Giuseppe Garibaldi, le fameux général à la chemise rouge, que tu admires. Le royaume d'Italie se constitue donc. La domination de l'Autriche continue cependant à s'exercer sur d'autres territoires, entre autres la Vénétie que nous affectionnons tout particulièrement. Tant que Venise n'appartient pas à l'Italie, tu refuses obstinément de composer le moindre hymne patriotique pour ton pays. Ta décision n'est pas pour me déplaire et me prouve une fois de plus que ton aptitude à être fidèle à tes principes est sans équivoque. Il faudra attendre le printemps 1866 pour voir naître un sentiment nationaliste en Vénétie, scellé par un accord italo-prussien, et pour que Venise appartienne enfin à l'Italie ! Ce jour-là, tu te sentiras profondément italien dans l'âme.

Tes fonctions de député ont provisoirement rempli ton temps, suffisamment pour t'éloigner de la composition, et les travaux du domaine t'ont aussi beaucoup occupé : nous avons déménagé dans la maison de Busseto en attendant la fin du chantier prévue pour début 1861. Je sens que la musique va bientôt reprendre ses droits. Un courrier que tu écris à Piave pour le féliciter de ses nouvelles fonctions de directeur de scène de la Scala et que tu laisses négligemment traîner sur ton bureau me le confirme :

J'ai adoré cet art, et je l'adore toujours ; quand tout seul, je me débats avec mes notes, mon cœur bat, les larmes me coulent des yeux, mes émotions et mes joies passent toute description.

Étant chargée de ta correspondance, je réceptionne en janvier 1861 un courrier émanant du théâtre impérial de Saint-Pétersbourg. Le ténor Enrico Temberlick et son imprésario y évoquent l'idée d'un projet de création d'opéra avec toi. Je ne tarde pas à leur répondre que je ferai ce qui est en mon pouvoir pour te convaincre de revenir à la scène et honorer une si noble proposition. Je suis bien décidée à te demander à mon tour un enfant – ne m'as-tu pas confié un jour que nos enfants, c'était tes opéras – et à l'obtenir dans l'année.

Te convaincre ne sera pas une mince affaire, d'autant que de nouvelles responsabilités politiques te sont proposées : on te demande d'être le député de tout le royaume, de tenir un rôle parlementaire, alors que tu n'en as ni le goût ni les qualités requises. Encore faut-il le leur prouver. Trop admiratif de Cavour, tu n'es pas capable de décliner la proposition quand ce dernier t'envoie un courrier, t'expliquant qu'il compte sur toi car il a besoin pour faire l'Italie, et pour imposer au reste du monde l'image d'un grand pays, d'hommes ayant comme toi un immense rayonnement national et international :

Je me permets de m'adresser à Votre Excellence pour la prier de bien vouloir accepter le mandat que ses concitoyens entendent lui conférer. Je sais qu'il s'agit là d'une charge pour vous qui sera lourde et importune. Et si j'insiste malgré cela, c'est parce que je considère que votre présence à la chambre sera de la plus grande utilité. Elle rehaussera l'éclat du Parlement dans le pays et hors des frontières, elle renforcera le crédit du grand parti national que le pays veut créer sur les bases solides de la liberté et de l'ordre. Elle fera une forte impression à l'imagination de nos collègues de l'Italie méridionale, sur lesquels le génie artistique exerce plus d'influence que sur celle des habitants de la vallée du Pô.

Tu acceptes donc d'être candidat, à condition de pouvoir démissionner si tu es élu, après un certain temps, et surtout à condition de ne rien faire pour te gagner la faveur de l'électorat. C'est sans compter sur Cavour qui dépêche des agents pour convaincre à ta place les électeurs de voter pour le grand Verdi. Tous les plus fidèles compagnons de ton entourage en font autant sans se concerter. Le 27 janvier 1861, à ton corps défendant, tu deviens le député du royaume. En parfait néophyte, tu dois tout apprendre de ta fonction, à commencer par la gestuelle et les coutumes lors des débats. Tu prêtes serment le 18 février et j'ai l'honneur d'être présente. J'observe toutes les attitudes et réactions du roi, de Cavour et des membres du gouvernement et de l'assemblée, et j'ai le sentiment d'assister à une pièce de théâtre avec, dans le rôle principal, toi, mon Giuseppe, magnifique dans ton costume de scène. Le soir même, tu veux que nous assistions incognito à *La Favorite* de Donizetti, au Teatro Regio de Turin. Nous occupons une loge discrète, mais le bruit de ta présence s'est vite répandu et tu es acclamé : « Viva verdi »... Mon Peppino, tu es un personnage illustre à tous points de vue.

Depuis déjà une vingtaine d'années, tes créations s'exportent à l'étranger et ta notoriété est immense en Europe. Ta réputation au fil des années va aller encore grandissant et gagner bientôt Saint-Pétersbourg, Madrid, puis plus tard le Caire, sans compter les multiples adaptations de tes œuvres reprises dans le monde entier à ton insu.

De par tes nouvelles fonctions, tu participes activement aux séances de la chambre et prends part au vote en faveur du roi d'Italie, Victor-Emmanuel. Le 17 mars 1861, Victor-Emmanuel II devient roi. Tu votes également pour que Rome devienne la capitale de l'Italie, mais il faudra attendre 1871 pour que ce soit le cas. Loin de démissionner au bout de quelques mois comme tu l'avais dit, tu vas jusqu'à la fin de ton mandat en 1865, non sans prendre de plus en plus de recul par rapport à ta fonction au fur et à mesure que reprennent tes activités lyriques et surtout depuis le décès de Cavour en juin 1861.

Un petit problème de trésorerie intervient également dans ta décision de reprendre la composition. Les travaux d'embellissement du domaine de Sant'Agata ont coûté plus cher que prévu et les charges qui pèsent sur ton mandat de député – aucune indemnité parlementaire n'est proposée et il faut bien se loger à Turin à chaque session – commencent à te coûter cher. Je joue de cet argument pour t'encourager à reprendre le chemin de la composition et je te parle de l'offre de Saint-Pétersbourg. À ma grande surprise, je n'ai aucun mal à te convaincre ! Tu me fais même le reproche de ne pas t'en avoir parlé plus tôt quand je t'avoue que la proposition date de deux mois ! Tu ne t'engages en revanche qu'à la condition d'avoir le choix de ton sujet. Tu avais l'idée d'adapter *Ruy Blas* de Victor Hugo puis tu changes d'avis. Tu avais entendu parler de la pièce du dramaturge espagnol Angel Perez de Saavedra, *Don Alvaro ou la force du destin*, par Piave, il y a dix ans et le sujet t'avait alors intrigué. À l'issue de la lecture de cette pièce, tu es sûr de ton choix et demandes à Piave d'être ton librettiste, ce dont il est très honoré. Le contrat avec Saint-Pétersbourg est signé en juin 1861, le livret achevé en octobre. Tu fais toujours le même reproche à Piave : « Plus de choses en moins de mots ! » car tu tentes de freiner ses envolées lyriques. Tu finis la composition musicale courant novembre et nous partons passer l'hiver en Russie.

Je prépare ce voyage de façon à ce que tout se déroule au mieux. Je fais doubler de fourrure tous nos manteaux pour affronter le froid russe et je demande à l'imprésario à Saint-Pétersbourg de prévoir en quantité suffisante des mets importés d'Italie, tels que des spaghettis, du riz, du fromage, de la charcuterie, ainsi que cent vingt bouteilles de Bordeaux et vingt bouteilles de champagne ! Notre périple passe par Plaisance, Turin, Paris – où nous séjournons quelques jours –, Berlin et Varsovie. Nous arrivons à Saint-Pétersbourg le 6 décembre 1861 : nous sommes accueillis très chaleureusement par l'imprésario et quelques membres de l'orchestre. Logés dans un bel appartement confortable, nous avons à notre disposition une voiture et un attelage de deux chevaux. Lors d'une promenade, je dissimule comme tu l'avais fait plusieurs années auparavant une bouteille de champagne dans un panier en osier et, cette fois, c'est moi qui l'ouvre et fais sauter le bouchon par la fenêtre dans un grand éclat de rire. Tu me regardes avec beaucoup de tendresse. Tes yeux brillent. Je mesure intérieurement tout le chemin parcouru depuis la première fois où nous nous sommes aimés.

Saint-Pétersbourg est une ville magnifique. Fondée par Pierre le Grand au tout début du XVIIIe siècle, elle est la seconde capitale de la Russie. Les monuments splendides construits sous le règne de Catherine II sont l'œuvre d'architectes et artistes principalement français et italiens ; j'ai adoré visiter le « cabinet des merveilles », le palais d'Hiver, le palais Voronstov et Strogonov qui allient baroque et classicisme. Par-dessus tout, je suis subjuguée par les beautés exposées au musée de l'Ermitage. Toi aussi mon Peppino. Nous avons d'exquis moments de connivence intellectuelle.

Ton nouvel opéra intitulé *La Forza del destino (La Force du destin)* doit être chanté par la *prima donna*, Ella La Grua, cantatrice sicilienne renommée à qui est confié le rôle d'Eleonora. Elle a un accident et tu refuses d'engager une remplaçante de première soprano au pied levé. Tu demandes à annuler les représentations ! Le théâtre impérial bien sûr refuse puis, après diverses tergiversations accepte que *La Forza del destino* soit joué l'hiver suivant.

Nous prenons donc le chemin du retour en passant par Moscou, Berlin, Varsovie, puis Paris où nous restons un mois. Après quoi, nos routes se séparent momentanément : je pars à Londres pour l'Exposition universelle et toi pour Turin. Ton amie Clara Maffei t'y présente Arrigo Boito qui t'écrit l'*Inno delle Nazioni* (Hymne des nations) sur lequel tu composes la cantate que tu comptes proposer pour l'exposition internationale de Londres. Tu me rejoins en mai 1862, très contrarié car l'exposition ne te choisit pas pour la composition de ton hymne. Personnellement je traverse également une période où je suis souvent sombre, mais je parviens à être d'humeur égale auprès de toi. Mes angoisses me submergent de plus en plus quand je m'y attends le moins.

J'ai plaisir à retrouver notre propriété de Sant'Agata dans le courant de l'été, non sans être passée à Triulzi voir ma famille. Je ramène avec moi ma plus jeune sœur Barberina qui est alors au plus mal. Les médecins parlent de tuberculose. Elle m'apprend un soir qu'elle a été amenée, comme moi, à abandonner un enfant qu'elle a mis au monde, faute de père pour l'aider à s'en occuper. Je tâche de la convaincre de taire l'incident et de prendre pour époux un bourgeois qui saurait sûrement la rendre heureuse, mais en vain.

Durant cet été-là, Loulou, notre petit chien adoré nous quitte. Je pleure toutes les larmes de mon corps et tout le chagrin qui m'accable depuis plusieurs mois saisit cette occasion de s'exprimer. Je suis inconsolable et tu fais bâtir sur sa tombe dans notre jardin un petit monument avec une épitaphe rappelant ce que Loulou a été pour nous.

Barberina reprend le chemin de Triulzi, me promettant de mettre de l'ordre dans sa vie privée et nous préparons à nouveau notre départ pour Saint-Pétersbourg. La première de *La Forza del destino* doit avoir lieu, avec la cantatrice Caroline Barbot dans le premier rôle de soprano.

Acte III

Elle se déroule magnifiquement le 10 novembre 1862 au théâtre impérial de Saint-Pétersbourg : les lieux sont prestigieux, tu es fier de ton travail, les interprètes sont excellents mais tu n'as qu'un retour très modéré de la presse. Il est vrai que dans ce nouvel opéra, tu t'es un peu éloigné de ce qui te caractérise habituellement. Tu sembles avoir renouvelé le genre du mélodrame en faisant en quelque sorte du « grand opéra » avec un souffle, un rythme, une tension émouvante, des airs entêtants, une tension palpable. Le drame principal, violent jusqu'à la férocité, passe au second plan pendant des tableaux entiers de scènes de foule ou de tableaux de bataille bien plus efficaces. L'histoire met en scène deux amants, Leonora et don Alvaro : il est en fuite après avoir tué par mégarde le père de celle qu'il aime, sur fond d'Espagne et d'Italie au XVIIIe siècle.

D'aucuns te comparent à Meyerbeer ; on parle de succès d'estime, ce qui ne t'empêche pas, mon Pasticcio, de recevoir l'insigne de l'ordre impérial de Saint-Stanislas de l'empereur et de l'impératrice en personne qui viennent assister à la quatrième représentation. Cet insigne nous ouvre la porte des salons de l'intelligentsia russe. Nous sommes invités partout ! Nous prolongeons d'un mois notre séjour.

Au retour, nous restons trois semaines à Paris avant de nous rendre en Espagne où une adaptation de *La Forza del destino* est programmée au Teatro Real de Madrid, merveilleux monument situé en face du Palais royal, la résidence officielle des rois. La première est prévue avec des chanteurs illustres, le 11 février 1863, et comme l'action se déroule à Séville, tu as beaucoup plus de succès qu'à Saint-Pétersbourg. Tu signes un contrat avec l'opéra pour diriger une production des *Vêpres siciliennes* qui va hélas se solder par un conflit. Nous passons ensuite deux semaines de bonheur à découvrir l'Espagne – Tolède, Jerez, Séville, Cordoue, Grenade et Cadix – et tu conserves en mémoire bon nombre de ces paysages pour tes créations à venir. De retour à Madrid, tu es ovationné comme jamais lors de l'ultime représentation de *La Forza del destino* : des gerbes de fleurs te sont jetées, les interprètes sont applaudis de longues minutes : tu es galvanisé. Nous sommes grandement honorés pendant tout le reste de notre séjour là-bas, jusqu'en mars 1863. Nous nous arrêtons de nouveau à Paris pour profiter de la vie culturelle qui nous fait tant défaut à Sant'Agata et ses alentours.

Je suis une inconditionnelle de Paris. Depuis le début des travaux réalisés par le baron Haussmann, je ne reconnais plus la capitale : de grandes artères découpent la ville, les villages périphériques comme mon cher Passy sont annexés à Paris, augmentant sa superficie, bien au-delà des fortifications édifiées sous le règne de Louis-Philippe qui marquaient les limites de la ville. Partout, de grandes places et car-refours : l'Étoile, le Trône, Saint-Augustin, la Bas-tille. Des espaces verts sont aménagés, plusieurs rues et boulevards portent dorénavant le nom des conquêtes de Napoléon III en Crimée et en Italie : Sébastopol, Magenta, Solferino, Alma. Je suis sub-juguée par l'avancée des travaux de l'opéra depuis deux ans. La direction en a été confiée à Charles

Garnier, trente-cinq ans, un architecte qui n'a pas encore fait ses preuves en la matière, mais qui a séduit le jury et qui séduira tous les Parisiens dans l'avenir.

C'est à Paris, courant juin 1863, que j'apprends une nouvelle épouvantable : mon Camillino vient de mourir à l'hôpital de Sienne au service des indigents. Il a contracté une maladie incurable et est mort dans la misère à l'âge de vingt-cinq ans. Camillino était en passe de devenir un artiste réputé. Quand j'étais allée le voir à Florence l'automne précédent, il entamait une carrière prometteuse, et les commandes commençaient à affluer.

Ivre de chagrin, je sors dans la ville et descends les Champs-Élysées. En proie à ma douleur, je m'écroule sur les marches du palais de l'Industrie. Par trois fois on me propose de l'aide, mais je reste prostrée. Il se met à pleuvoir : des petites gouttes éparses tout d'abord puis de plus en plus saccadées jusqu'à une forte pluie sous laquelle je reste, seule, les yeux tendus vers le ciel. Cette eau va-t-elle me laver de ma détresse et m'aider à accéder enfin à la rédemption ou suis-je condamnée toute ma vie au malheur ? Une petite plume blanche vient tournoyer à mes côtés et se pose sur ma jupe. Ce signe du ciel me rappelle à la vie et me signifie que mon Camillino sera toujours là à sa façon, aussi léger et discret qu'une plume d'ange, comme il l'a finalement toujours été.

Le soir même, j'apprends la nouvelle à Giuseppe qui est affecté par mon chagrin. Plein de compassion et de gentillesse à mon égard, il m'encourage à partir à Sienne m'occuper des obsèques de mon fils. Il sait mieux que personne la douleur que suscite la mort d'un enfant. J'aurais préféré qu'il m'encourage à accueillir Camillino dans notre foyer quand il était encore en vie et plus d'une fois je lui en ai voulu de son indifférence à l'égard de cet enfant qui m'était si cher. Les frasques de mon passé ne justifiaient pas son attitude envers ce fruit d'amours illicites.

Je fais enterrer Camillino aux côtés de mon père, le grand-père qu'il n'a jamais connu. Je lui choisis un très joli cercueil, j'y glisse un courrier d'excuse et de repentir, et je lui organise des funérailles dignes de lui : si je n'ai pas su être présente de son vivant auprès de lui, je souhaite faire quelque chose pour lui au moment de sa mort. Très peu de monde vient à l'enterrement : sa mère d'adoption extrêmement vieillie, son maître protecteur sculpteur, et, contre toute attente, Lanari que j'avais contacté depuis Paris pour lui demander de m'aider à préparer le transfert du corps de Sienne à Lodi durant mon voyage. Lanari est fâché après Cirelli qu'il a prévenu et qui a refusé de venir, estimant que cet enfant n'était pas de lui, bien qu'il l'ait reconnu. Son absence ne me peine nullement. Aussitôt les funérailles terminées, je reprends le chemin de Paris, la seule ville qui peut dissiper mon chagrin, la ville qui m'a toujours permis de tourner la page, quand la vie était trop blessante.

Acte III

Giuseppe, tu ne feras plus jamais allusion à mon Camillino, ce dont je souffre. Je l'accepte car j'ai choisi d'oublier mon passé en t'épousant mais suis-je payée vraiment en retour ? Ton amour pour moi vaut-il le sacrifice de mon cœur de mère ? Est-il grand et pur comme celui que je te porte ? Est-il à l'épreuve du temps ?

L'érosion des sentiments

Les années ont passé depuis la mort de Camillino. Le décès de mon fils a brisé mon enthousiasme et ma joie de vivre. Ne t'es-tu donc jamais aperçu de mon mal-être, toutes ces années où je pleurais en silence chaque fois que le souvenir de mes enfants me revenait en mémoire ? Non, tu étais bien trop tourné vers tes propres ennuis, ta propre gloire, persuadé que tes centres d'intérêt étaient aussi les miens. Tu ne prêtes plus attention à mes lamentations.

Au courant de l'année 1865, tu as des démêlés avec le conseil de Busseto. Il est en train de construire un théâtre dans la ville et il te demande de donner ton nom au bâtiment et de prendre certains engagements. On te rappelle qu'en tant qu'élu, tu as des obligations et on souligne en outre que tu dois en quelque sorte ta carrière à tes administrés puisque tu as reçu, au cours de tes années d'études, une aide financière pour les poursuivre à Milan. Tu n'apprécies pas cette façon qu'ils ont de te demander d'acquitter une dette que tu aurais avec eux et ton sang ne fait qu'un tour. Tu consignes devant notaire tous les torts que tu estimes avoir subis des Bussetans, après quoi tu discutes un compromis avec les élus locaux. Tu acceptes que ton nom soit donné au nouveau théâtre mais tu refuses toute participation à son inauguration ainsi que le « cadeau » de la loge permanente à dix mille lires : tu en acquittes le montant, tout en jurant de ne jamais mettre un pied dans ce théâtre ! Le soir de l'inauguration, les femmes sont habillées de vert et les hommes portent un gilet de la même couleur en hommage à ton nom. Tu restes sur tes positions et refuses de venir. Parfois ton orgueil te pousse à agir de façon peu honorable. Tu refuses ainsi d'être membre de la commission chargée de remettre sur pied le conservatoire de Milan, témoignant là aussi de rancœur : tu n'y avais pas été accepté quelques décennies plus tôt, faute de « bon positionnement de ton doigté sur le clavier du piano » !

En revanche tu es très touché par ton élection à l'académie des Beaux-Arts en France, par vingt-trois voix sur trente-sept dans le fauteuil de Meyerbeer, décédé en mai de l'année 1864. Tu es sensible au respect et à l'intérêt que te porte la France, ce pays si cher à mon cœur. Les honneurs pleuvent sur toi, quand un malheur te frappe. En mars 1867, ton père, Carlo, décède. Il était malade depuis longtemps mais semblait aller bien mieux depuis peu. Il meurt à Busseto, dans notre palazzo Cavalli où il vient chaque année passer l'hiver. C'est le notaire Carrara qui s'occupe des obsèques, car nous sommes à Paris et il nous est impossible de quitter la ville, puisque tu prépares activement *Don Carlo* pour l'opéra parisien. Ton père est enterré aux côtés de son épouse. J'essaie d'obtenir de toi que tu te rendes à la cérémonie et oublies un peu tes obligations professionnelles au moment de la mort de ton père, mais tu entres dans une telle furie que je n'insiste pas. Certes, tu t'es opposé à lui durant des années : la manière dont il s'était comporté avec moi t'avait véritablement blessé, presque plus que moi. Cela n'explique pas néanmoins ton amertume : peut-être remonte-t-elle à ta plus tendre enfance ? Peut-être n'as-tu jamais vraiment eu la reconnaissance affective de ton père au travers de tes succès ? Ce que je devine est autrement plus profond que les quelques différends qui t'ont opposé à lui durant des années. Tu restes muré dans le silence de longues semaines, au retour de Paris. Rien ne te divertit, pas même la visite de Piave, Barezzi ou encore notre fidèle Muzio, revenu d'Amérique où il a fait carrière. Il est accompagné de sa jeune épouse, une cantatrice américaine, et s'apprête à endosser la fonction de directeur d'orchestre de la Fenice. Quel chemin parcouru depuis sa formation auprès de toi ! Tu dois être secrètement fier de lui ! Mais pour le moment, ton humeur est sombre.

Suite au décès de ton père, tu as été heureux malgré tout de revoir certains membres de ta famille et notamment un oncle, le frère de Carlo. Ce dernier, déjà fort âgé, a recueilli une petite fille quelques années plus tôt en raison des difficultés financières de sa famille et cherche une famille d'accueil digne de confiance pour l'adopter : il te demande conseil, ayant entendu parler de mes actions caritatives dans ce domaine. Tu lui proposes alors d'adopter cette enfant de sept ans qui se prénomme Filomena-Maria, comme nous ne pouvons avoir d'enfants et que Camillino est mort : tu penses que cette décision ne peut que me faire plaisir. La nouvelle me réjouit en effet sur le moment, mais suscite en moi une foule de sentiments contradictoires et de questions. J'ai abandonné mes enfants et n'ai jamais pu être une mère pour eux et je m'apprête à prendre soin d'une petite fille qui n'est pas de moi ? J'ai l'âge d'être grand-mère – j'ai cinquante-deux ans –, et le ciel m'envoie une enfant à chérir alors que j'ai enfin réussi à tourner la page de la maternité ? Quelle maladresse de ta part mon Peppino ! Et en même temps, quel bonheur ! Bien sûr, je vais aimer cette fillette, mais ma culpabilité n'en sera que plus profonde à l'égard de ceux que j'ai enfantés. Mais comment aurais-je pu te le faire comprendre ?

Nous devons accueillir Filomena-Maria l'été de cette même année, et j'ai hâte d'apprendre à la connaître. Toi aussi d'ailleurs, et peut-être même presque plus que moi. Certes, nous sommes déjà âgés pour élever une enfant aussi jeune, mais nous allons faire tout ce qui est en notre pouvoir pour lui apporter les soins, l'amour et l'attention dont elle a besoin.

Filomena-Maria sera notre unique héritière et nous comblera de bonheur. Après quelques jours d'adaptation à son nouveau mode de vie, elle égaie la maison tout entière avec sa joie de vivre. Nous la regardons grandir et sa gentillesse, sa douceur, sa générosité et son bon esprit font d'elle la petite compagne parfaite de notre quotidien. Elle a l'âme d'une musicienne, et je prends plaisir à lui donner des cours de piano, instrument pour lequel elle montre d'étonnantes aptitudes : en revanche, elle n'a pas de prédispositions pour le chant. Hélas, tes affaires, nos déplacements fréquents à Gênes et à l'étranger nous conduisent à une constatation amère : nous ne pouvons offrir un cadre structuré, régulier et rassurant à cette enfant et notre vie sociale n'est pas des plus adaptée pour une petite fille. Deux ans après l'avoir accueillie, nous choisissons un établissement réputé où elle fera ses études jusqu'à sa majorité. Cette solution, si elle me prive de la présence si chaleureuse de ma fille, apaise un peu mes démons intérieurs et ma culpabilité à m'occuper d'une enfant qui n'est pas de moi.

Quand les portes de la pension se referment sur elle, je prends la mesure du vide qu'elle laisse dans nos cœurs, mais aussi du vide qui s'est creusé entre nous. Durant ces deux ans, Filomena a comblé les longues heures de silence que nous partagions de plus en plus souvent toi et moi, Giuseppe. Tu es devenu extrêmement irascible depuis la mort de ton père. Certes, vingt ans ont passé depuis que nous avons décidé de vivre ensemble, vingt longues années où j'ai été ton assistante, ta secrétaire, ton inspiratrice, ta femme et ta maîtresse. Mais le couple que nous formons subit l'usure du temps. Nos rapports se sont dégradés, nous n'avons plus la même complicité qu'avant, et malgré tes efforts parfois, nos disputes sont fréquentes et tu critiques, souvent à tort, certaines de mes maladresses : celle d'être trop dépensière ou de ne pas savoir trouver le ton juste dans nos conversations avec nos amis, par exemple. Tu me reproches aussi de ne pas avoir su me départir de mon âme de tragédienne qui t'a tant charmé pourtant quand nous nous sommes rencontrés ! Tu ne sais pas voir simplement que je me sens souvent seule et incomprise. Tu me reproches même de ne pas savoir jouer au billard ! Je sais que tu ne parles jamais en mal de moi à nos amis, je sais aussi que tu te reproches bien souvent tes colères et tes écarts de conduite, alors je te pardonne tout, mais je commence à être lasse de tes humeurs. J'ai perdu une part de ma confiance en moi, je ne me reconnais plus physiquement tant j'ai pris de l'embonpoint. Je souffre intérieurement de ce décalage entre l'état de mon cœur et mon apparence physique : je ne suis pas au fond de moi cette matrone que j'aperçois dans le miroir. Je sais que cela contribue à t'éloigner de moi, Giuseppe.

Depuis que nous avons effectué des travaux d'embellissement à Sant'Agata, nous recevons beaucoup plus qu'avant nos amis, et plus longuement, puisque nous avons enfin des dépendances pour les loger. Durant l'été 1867, nous avons la visite de mon très vieil ami Corticelli. Je l'ai connu à Bologne, lorsque, au faîte de son succès, il tenait une agence de spectacles. Nous ne nous sommes jamais perdus de vue et correspondons très souvent depuis toutes ces années. Secrétaire depuis quelque temps d'une grande comédienne, Adélaïde Ristori, il vient d'être congédié et j'ai l'idée de lui confier la charge de régisseur de Sant'Agata. Nous avons besoin d'une présence permanente dans nos domaines lors de nos nombreux déplacements ; ce poste lui convient parfaitement et lui redonne goût à la vie. Je t'arrache tant bien que mal un accord de principe car tu n'as jamais apprécié Corticelli que tu trouves hautain et stupide. Je suis bien obligée de reconnaître que tu n'as pas tort de ne pas lui faire entièrement confiance : je dois le rappeler à l'ordre, lorsque, loin de s'inquiéter de la bonne marche du domaine, il passe son temps à courir après les jeunes filles de notre personnel. Je suis attachée néanmoins sincèrement à cet homme, du fait de nos liens passés, malgré ses travers et sa propension à jouer au petit chef tyrannique et je me confie à lui, lorsque, seule durant tes absences prolongées, je sens que ton amour pour moi n'est plus le même. Corticelli contribue pourtant indirectement à creuser le fossé qui nous sépare de plus en plus. Il s'apitoie sur mon sort et pointe chaque témoignage de ton indifférence à mon égard, m'encourageant à me plaindre de ta négligence. Quant à toi, tu es toujours auprès de ton ami Mariani.

Angelo Mariani est chef d'orchestre, et a en charge, depuis 1852, la direction musicale au théâtre Carlo Felice de Gênes. Appelé à la direction de l'orchestre pour la création d'*I due Foscari*, il a su te plaire par sa prestation. Une profonde amitié va vous lier durant des années. Mariani t'a toujours voué une profonde admiration. Lors de la saison de printemps 1847, tu as fait donner à la Scala une représentation de *Nabucco* sans en référer aux autorités autrichiennes d'alors ; c'est Mariani qui fut

convoqué par la police à l'issue du spectacle et
menacé d'emprisonnement pour avoir contribué à
donner à ta musique un caractère révolutionnaire !
Il dut s'exiler jusqu'en 1851 au Danemark puis à
Istanbul où il fortifia sa carrière de chef d'orchestre
et de grand bourreau des cœurs : il est vrai que cet
homme est très beau. Personnellement, sa beauté
ne m'a jamais touchée tant je déteste son âme. Cet
homme volubile, enthousiaste et démesurément
excessif dans son expression a un humour grivois
qui ne me plaît guère. Mais devinant l'importance
de son amitié pour toi, je n'exprime pas ouvertement mon ressentiment à son égard et je feins
l'amitié.

Mariani nous convainc d'aller à Gênes l'hiver
suivant, et nous nous installerons au-dessous de
chez lui, dans ce palais magnifique que je vais
prendre plaisir à décorer et que nous allons habiter
chaque hiver par la suite.

En juillet 1867, peu de temps après le décès de
Carlo, Barezzi disparaît lui aussi. Pour toi mon Giuseppe, c'est une perte terrible car tu étais proche
de cet homme, plus que de ton père : il a été un
bienfaiteur, un mécène, un confident et un ami, et
n'a jamais cessé de croire en toi. Ce deuil exacerbe
encore ton irritabilité durant de longs mois. Tu
deviens de plus en plus cyclothymique et je ne sais
plus comment prévenir tes sautes d'humeur : je
pèse chaque mot que j'emploie avant de parler.
Cela devient épuisant. Nos rapports se détériorent
à vue d'œil. Tu ne souhaites plus composer pour

quiconque et déclares à qui veut l'entendre que tu souhaites mettre un terme à ta carrière de compositeur. Mariani à cet instant joue un rôle crucial : il te suggère de monter *Don Carlos* sur une grande scène italienne. L'opéra n'a rencontré qu'un succès mitigé à Paris, un peu meilleur à Londres, mais il est certain qu'en Italie, il remportera tous les suffrages ! Enthousiaste et possédant bon nombre d'arguments pour te convaincre, Mariani obtient l'accord du Teatro comunale de Bologne, où on lui propose la direction de l'orchestre. *Don Carlos* devient *Don Carlo*. Il engage dans le rôle d'Élisabeth une certaine Teresa Stolz, diva au faîte de sa gloire, âgée de trente-cinq ans. Inconditionnelle du registre verdien – elle a joué dans *Giovanna d'Arco, I Lombardi alla prima crociata, I vespri siciliani*, et *Uno ballo in maschera*, elle a accepté la proposition avec joie. Mariani tombe très rapidement amoureux d'elle. La première représentation a lieu le 27 octobre 1867, mais tu ne juges pas utile de te déplacer. Tu confies toute la responsabilité du déroulement à Mariani, chose que tu te reprocheras ensuite : la première est un triomphe indescriptible que le chef d'orchestre s'attribue malgré lui. Le roi en personne propose à Mariani la médaille du commandeur de la couronne d'Italie, médaille que, sur une saute d'humeur, tu avais refusée (elle ne t'était pas proposée par le roi, mais par le ministre Broglio). Mariani ne peut quant à lui refuser car il commettrait un crime de lèse-majesté : tu es passablement contrarié, malgré les tentatives de Mariani d'apaiser ta colère, en accusant au passage Corticelli de t'avoir manipulé pour que tu déclines l'offre du ministre ! Je suis scandalisée par l'aplomb de cet homme et ne dissimule plus mon aversion pour lui.

Cette affaire est suivie par celle du requiem dédié à Rossini qui entache durablement cette fois-ci ton amitié avec Mariani. Rossini meurt le 13 novembre 1868 et tu proposes que soit composé en son honneur un requiem écrit collectivement par les meilleurs musiciens d'Italie. Il sera joué pour le premier anniversaire de sa mort à Bologne, patrie musicale de Rossini. Tu es fier de ton idée : par la synergie de talents italiens, tu souhaites signifier que toute l'Italie honore un artiste qui lui-même avait honoré son pays. Ricordi appuie le projet, on trouve treize musiciens et l'on demande au bout de six mois à Mariani de diriger l'orchestre. Celui-ci tarde à donner sa réponse : l'imprésario du théâtre fait preuve de mauvaise volonté car il ne veut pas supporter la charge financière de cette manifestation gratuite. Cet imprésario est au demeurant un ami de l'éditeur Lucca, concurrent direct de Ricordi, qui ne serait pas mécontent de saborder le projet. Lucca a d'ailleurs cherché à recruter Mariani sur deux projets d'une autre ampleur : conduire l'opéra de Wagner *Lohengrin* et l'ensemble des célébrations de Rossini dans sa ville natale, à Pesaro. Tu entres dans une rage folle ! Non seulement ton idée originale est détournée, mais Mariani va diriger de surcroît un opéra de ton rival juré sans ton consentement, dans un festival où tu n'es qu'invité !

La nouvelle école musicale dont le chef de file est Wagner est alors florissante en Italie : la *Scapigliatura* va condamner à jamais le drame romantique et bientôt remettre en cause le grand Verdi et ses acolytes. Outre une menace pour toi, la montée en puissance de cette influence allemande porte atteinte au mouvement nationaliste que tu t'évertues à préserver pour le bien de l'unité de l'Italie. Tu attends de tes amis proches de la solidarité et voilà que Mariani s'apprête à jouer du Wagner ? Il proteste de son amitié mais tu ne réponds pas à ses multiples lettres de supplication où il te fait toutes ses excuses.

Un projet de version remaniée de *La Forza del destino* se prépare à la Scala de Milan, avec dans le rôle phare Teresa Stolz, la compagne de Mariani et sans doute sa future épouse : il l'a demandée en mariage pendant l'été 1868. Tu l'as à peine remarquée lors de nos séjours à Gênes, lorsqu'elle partageait l'appartement de Mariani qui jouxtait le nôtre, mais quand tu assistes à une reprise de *Don Carlo* où elle tient le rôle d'Élisabeth, tu es subjugué.

Peppino, mon Peppino, tu as les yeux qui brillent lorsque tu parles de sa façon d'évoluer sur scène et d'interpréter le personnage. Je n'aime pas cet engouement soudain, ces compliments que je ne connais que trop bien... Et la suite des événements me prouve que mes inquiétudes sont fondées.

Bientôt, tu pars à Milan pour les répétitions de *La Forza del destino* avec elle. Notre couple va mal.

Tu me fais comprendre que tu ne souhaites pas ma présence, que tu as besoin d'être seul, besoin de voir clair dans ta vie. Installé tout près de la Scala au grand hôtel Corsia del Giardino, tu m'écris début février 1869, sans doute pris de remords, pour me prier de venir assister à quelques-unes de tes répétitions : tu juges bon de préciser qu'il faut cependant que je te laisse mener ta vie de garçon, tenant par-dessus tout à ta liberté. Ma réponse est à la hauteur de ta proposition :

> *Après mûre réflexion, je ne viendrai pas à Milan. Je t'épargnerai aussi la peine de venir en secret, la nuit à la gare, pour me faire passer en douce comme un ballot de marchandise de contrebande. J'ai beaucoup pensé au silence profond que tu as observé avant ton départ pour Gênes, à ce que tu m'as dit à Turin, à ta lettre de mardi et mes sentiments profonds me dictent de refuser la proposition de venir à Milan et d'assister à des répétitions de* La Forza del destino. *Tout me laisse penser que cette invitation est forcée et j'estime sage de te laisser tranquille et de rester où je suis. Certes, je ne m'amuse guère ici, mais au moins, je ne m'expose pas à de nouvelles remarques acerbes et inutiles, et toi, tu gardes toute ta liberté. S'il te plaît, accepte que mon cœur amer mette sa fierté à te dire non et que Dieu te pardonne la blessure déchirante, humiliante, que tu m'as infligée.*

Je te connais suffisamment pour savoir que ce courrier va te culpabiliser et susciter ta générosité et ta compassion. On pourrait parler de manipulation de ma part, quand ce n'est que l'expression de ma souffrance. J'ai besoin que tu t'intéresses encore à moi, que tu te soucies de ma santé morale et physique, que tu me séduises de nouveau, que tu me fasses de grandes déclarations d'amour comme par le passé. Tout cela, je suis incapable de le formuler devant toi. J'ai trop peur que tu te moques de moi, de mes envies, de mes désirs. Ou que tu balaies le tout d'un soupir d'agacement.

Ma lettre provoque en toi tant de remords que tu viens me chercher à Gênes et m'emmènes à Milan : non seulement je ne quitte pas la chambre d'hôtel durant tout le séjour mais je me lamente dès que tu me retrouves. Je récolte logiquement les fruits de cette attitude plaintive : tu rentres de plus en plus tard à l'hôtel et vas directement te coucher.

Je reçois tous les jours la comtesse Maffei à qui je raconte mes malheurs ; elle m'accorde généreusement une à deux heures de son temps et tente chaque fois de m'inviter mais je décline invariablement son offre, n'ayant pas le cœur à sortir en société, seule sans mon Peppino. Clarina me rassure sur l'amour que tu me portes et je me laisse bercer par cette illusion.

Je sors de mon isolement pour assister à la première de *La Forza del destino,* le 27 février 1869 à Milan. Le public de la Scala fait un triomphe à mon Verdi : tu es rappelé vingt-sept fois.

Lors du banquet de la troupe, tu ne taris pas d'éloges sur Teresa Stolz. Moi aussi, j'ai été subjuguée par son jeu de scène, que j'ai trouvé, sans prétention aucune, assez similaire au mien : une même capacité à s'oublier pour habiter son personnage, une tessiture de voix et des prouesses vocales comparables. Cette Teresa te rappelle sans nul doute la Giuseppina trentenaire que tu as connue et que tu as conquise. Elle est en revanche très différente de moi physiquement : grande, massive, son visage a des traits sévères. Il émane d'elle un charme indéniable même si son enthousiasme et sa façon de parler fort sont un peu masculins à mon goût. Née en Bohême, elle a fait ses études à Prague et a mené une carrière internationale avant de s'imposer sur les scènes italiennes depuis deux ans. Son parcours est lumineux, ses intentions aussi : sa façon de te regarder, Giuseppe, de te chercher des yeux pendant ce repas et de prendre un air mutin quand vous vous parlez sont suffisamment éloquents pour moi.

Cet éclat dans tes yeux, Peppino, cette propension à rire de tout ce qu'elle dit et à lui toucher le bras, l'épaule ou la taille au moindre prétexte, parlent tout seul : cette femme de quinze ans ma cadette te séduit. Moi, je n'existe plus, je ne suis plus qu'une vieille dame qui assiste, impuissante, aux prémices de votre idylle. Tu tends à Teresa une coupe de champagne et elle rit du trait d'esprit que tu viens de lui glisser à l'oreille. Je ferme les yeux. Longue et lente descente aux enfers dans le désert de mon cœur.

Jusqu'à la lie

Pour des raisons de bienséance, au début de l'année 1870, tu as dû provisoirement réviser ton jugement sur Mariani, pour rendre possible notre cohabitation au palais Sauli de Gênes où nous sommes voisins. Même si nous n'y sommes que les mois d'été, nous ne pouvons pas vivre les uns à côté des autres sans nous parler. Malgré les courriers envoyés par Mariani qui tentait de s'excuser vainement d'une erreur qu'il juge ne pas avoir commise, tu restais intraitable. Je soupçonne Teresa Stolz, alors sa concubine, d'avoir tenté de vous rapprocher à des fins personnelles. Elle interprète tes opéras depuis des mois et aime profondément ta musique. Le succès qu'elle a recueilli avec *La Forza del destino* te grandit encore à ses yeux et son admiration ne peut que te toucher, toi qui es si sensible à la ferveur dont on peut faire preuve à ton égard. En défendant la cause de Mariani, son futur mari, elle se rapproche de toi. Elle vient par ailleurs d'apprendre que celui qu'elle doit épouser est atteint d'une maladie incurable, qui le fait terriblement souffrir et qui va bientôt l'empêcher de

265

se déplacer jusqu'à le condamner définitivement. Teresa se désintéresse alors de cet homme pourtant fort épris d'elle.

Teresa, c'est l'allégresse, la joie de vivre et l'enthousiasme incarnés et tu changes à son contact. Votre connivence, votre complicité est évidente : j'espère seulement secrètement que votre attirance ne sera qu'un feu de paille. Un jour où nous nous promenons tous les deux dans le parc du palais Sauli, j'aborde le sujet, bien décidée à te parler clairement. Le jeu a assez duré et je me sens flouée dans mon rôle d'épouse.

— Je la trouve charmante, cette Teresa... et je crois ne pas me tromper en affirmant que toi aussi ?

— J'apprécie en effet énormément cette jeune femme : son talent de cantatrice est impressionnant.

— C'est drôle, elle me rappelle la jeune fille que j'étais !

— On ne peut pas vous comparer, ma chérie. Deux époques, deux personnalités, deux styles différents ! À quoi bon faire des comparaisons ? Tu étais une cantatrice éblouissante, elle est une cantatrice extraordinaire.

— Peppino, j'ai besoin que tu me dises la vérité. Nous ne sommes plus des enfants. Tu es attiré par Teresa, je le sais, c'est évident. Comptes-tu longtemps entretenir cette liaison ?

— Tu veux que je te parle avec franchise... La vérité ma Peppina, c'est qu'elle m'a ébloui. Elle m'a ébloui par sa jeunesse, sa jovialité, son charisme et sa forte personnalité. Je ne saurais pas te dire pourquoi, mais le feu que je sens derrière sa froide apparence me bouleverse. J'ai encore un immense appétit de vivre et d'aimer. Notre amour, ma Peppina, demeurera toujours, mais la passion s'en est allée avec les années. Tu es malheureuse et toujours en train de te lamenter et ce n'est pas drôle d'entendre tes plaintes interminables.

— Giuseppe ! Tu es injuste ! Tu ne tiens pas compte des heures que j'ai passées à t'attendre dans ma vie ! Auprès de toi, je suis devenue une femme rangée et discrète, tellement discrète que je me suis éteinte ! J'ai perdu la flamme qui m'animait, car je me suis fait un devoir de l'éteindre pour toi. Tu m'as tant de fois reproché d'être expansive !

— Oui, peut-être, parce que alors je trouvais qu'un tempérament fougueux te desservait. Mais tu as remplacé la fougue par les gémissements ! Lorsque je m'éloigne de toi, tes courriers sont plaintifs, déchirants.

— Tu n'as pas le droit de me parler ainsi... Je t'ai tout donné ! Tout ! dis-je en m'effondrant en larmes.

— Et pourtant ma Peppina, comme je t'ai aimée, me dis-tu en me caressant la joue. Comme je t'ai admirée ! Et comme je t'admire encore. Toi, à l'intelligence si vive, qui m'as tellement aidé dans la gestion de mes affaires. Mais j'approche de la soixantaine, et je veux encore croquer la vie à pleines dents. Avec Teresa, la vie me donne une autre chance. Teresa m'impressionne, me fascine, elle fait que je me sens vivre ! Ce n'est pas qu'elle soit belle – tu l'étais bien plus au même âge – mais elle me rend fou. Oui, je suis follement épris de cette femme, Peppina ! Oui, je l'adore corps et âme...

— Giuseppe ! Arrête ! Je ne souhaite pas en entendre plus ! Tu me déchires le cœur !

— C'est toi qui as voulu qu'on ait un échange sincère...

— Tout ce que tu me dis, je le savais déjà. Je sais que tu me trompes depuis des mois !

— En effet, tout a commencé lorsque j'ai mis en scène *Aïda* à la Scala à la saison d'automne 1871-1872, juste après l'avoir fait au Caire. Teresa n'y a pas chanté car ses prétentions étaient exorbitantes, mais j'ai réussi à la faire engager à Milan. Quand je l'ai invitée à répéter son rôle à Sant'Agata durant trois semaines pour qu'elle soit fin prête pour la représentation, nous étions amants depuis peu. Je n'avais plus qu'une idée en tête : faire de cette première un triomphe. Je décidai même de ne pas me rendre à la représentation du 24 décembre 1871 au Caire, alors que tous les notables d'Égypte, et même le khédive, y assistaient. J'ai appris par les dépêches que cela a été un triomphe, à la hauteur des moyens mis en œuvre. J'en ai été satisfait mais sans plus. J'étais obnubilé par Teresa et sa prestation sur la scène de la Scala. Je la faisais répéter plusieurs heures par jour. Je n'entendais pas tes conseils, Giuseppina, qui trouvais indécent que je ne me rende pas en Égypte. Je misais tout sur ce qui allait se dérouler à la Scala : c'est là où trente ans plus tôt s'était jouée ma carrière. Mais au-delà de la symbolique, il y avait Teresa que je cherchais à conquérir définitivement. Nous sommes devenus amants à Parme, alors qu'elle se produisait encore dans *La Forza del destino*. Je l'y avais rejointe pour lui parler des grandes lignes d'*Aïda*. Me retrouver à Parme trente ans après y être venu avec toi, ma Peppina, et lui déclarer là ma flamme m'a sur le moment laissé songeur. Pourquoi ma passion à ton égard avait-elle à ce point décliné ? La force de l'habitude ? Des enjeux différents ? L'image que j'avais de toi à nos débuts était totalement différente de celle d'aujourd'hui. Tu as changé, tu t'es éteinte, en effet. En t'éloignant du monde lyrique, pour mieux te rapprocher de toi-même, tu as comme perdu l'écorce qui masquait ta vulnérabilité. Aujourd'hui, tu n'es plus que plaintes et lamentations là où j'aurais besoin d'énergie et d'enthousiasme. Mais comment te le dire sans te blesser ? Comment te parler de l'érosion de mon désir ? Teresa a su réveiller ce feu sacré qui brûlait en moi. Tout en elle m'inspire et m'attire. J'adore son esprit de contradiction, j'aime jusqu'à ses accès de colère lorsqu'elle est contrariée ou déçue et réagit en diva ! Parfois, je me reconnais en elle. Et j'avoue tout particulièrement aimer son regard admiratif. Certes, je suis son aîné de dix-huit ans : je pourrais être son père... Si d'aucuns, jaloux, estiment que je recherche une seconde jeunesse, mon cœur lui, sait pourquoi il s'est offert ainsi à cette femme aimante et attachante. Je suis devenu fou d'elle.

— Giuseppe... arrête... s'il te plaît...

— Mais dans ma folie, je t'accorde toujours une place sacrée à toi, Giuseppina. À aucun moment je n'ai souhaité t'exclure de ma vie. Tu étais et resteras celle qui a su me faire renaître à la vie. J'ai toujours besoin de toi, de vous deux : quand je suis avec l'une, l'autre me manque cruellement...

— J'ai senti très tôt que tu me reléguais au second plan. Je me voyais déjà finir mes vieux jours au palazzo Cavalli, à Busseto. J'ai même pensé que c'était à moi d'anticiper la demande pour ne pas t'entendre la formuler. J'avais deviné bien avant toi, je pense, l'attrait que cette femme exerçait sur toi. Tu n'étais plus le même homme. Quand tu m'as appris que tu partais pour Parme avec elle, j'ai su qu'elle allait devenir ta maîtresse. Je me suis souvenue de notre séjour d'il y a trente ans : ainsi tournait la roue de la vie. Mais je m'en veux plus à moi-même qu'à toi : ces dernières années, il n'était pas facile de vivre à mes côtés. Je me suis laissée aller depuis la mort de mon Camillino, et je t'ai éloigné de moi par mes jérémiades. J'ai contribué à saborder notre union.

— Nous sommes tous deux responsables de ce qui nous arrive ma Peppina.

— J'avais pris le parti de feindre l'amitié envers Teresa : je savais que montrer de l'animosité aurait précipité ma rupture avec toi. Et je n'y aurais pas survécu. J'ai toujours procédé ainsi avec ceux que je considérais comme des intrus et des parasites dans notre vie : plutôt que leur déclarer la guerre, je les prenais dans les fils de mon amitié jusqu'à les rendre honteux. Pour Teresa, je ne lui ai jamais laissé penser que je me doutais de quoi que ce soit. C'eût été lui faire trop d'honneur.

— Toujours cette propension à l'orgueil, Peppina... J'étais pour ma part réticent à l'idée que

270

Teresa sympathise rapidement avec toi. Je ne souhaitais pas que vous deveniez amies car tes lamentations et ta tristesse profonde auraient pu la culpabiliser. Cela l'aurait éloignée définitivement de moi. Je faisais donc en sorte d'espacer les rencontres, mais lorsque le besoin d'elle s'est fait plus irrépressible, il a bien fallu s'accommoder de votre amitié naissante. La préparation d'*Aïda* et les répétitions pendant plusieurs semaines à Sant'Agata ont créé des liens entre vous. Je me souviens, Teresa répétait des heures « O cieli azzuri », une romance que j'avais introduite dans l'acte III, spécifiquement pour la Scala. C'est Teresa qui m'a suggéré de remplacer le prélude par une ouverture symphonique. Ses désirs étaient des ordres, j'adorais ses conseils.

— Jusque-là, c'étaient les miens que tu adorais... Tu étais tellement irascible et insupportable à vivre pendant ces fameuses semaines : tu t'énervais d'un rien auprès de moi, tu étais devenu plus susceptible que jamais et absolument détestable. Avec Teresa en revanche, tu étais attentionné. Un seul de ses sourires dissipait ta mauvaise humeur. Je détournais le regard dès que je vous sentais trop proches et je m'entêtais à garder sur les lèvres un sourire artificiel que ma raison me dictait mais en aucun cas mon cœur. Lorsque tu me demandais ce qui n'allait pas, je te répondais que Filomena-Maria me manquait. Elle préparait un diplôme d'institutrice et je lui rendais souvent visite, te ramenant des nouvelles d'elle qui nous faisaient chaud au cœur et nous rapprochaient un peu. Mais tes centres d'intérêt étaient ailleurs. Tout le monde est au courant depuis longtemps ! Les ragots et commérages du milieu ont commencé à envahir la presse déjà depuis six mois. Je les ai tous lus, même si tu as cherché à me les dissimuler.

— Ma Peppina. Je suis obligé de constater que je ne peux me passer d'elle. Trouvons un arrangement, faisons en sorte que tu souffres le moins possible. Pars t'installer à Gênes, je viendrai souvent te rendre visite...

— Aussi longtemps que je vivrai, je serai ta femme, et nous vivrons sous le même toit. Je te demande juste d'avoir la décence de respecter ma dignité et donc de ne pas m'imposer sa présence dans la mesure du possible. Un jour, tu me reviendras...

L'hiver de cette même année 1874-1875, nous le passons dans notre nouvelle demeure de Gênes : tu as choisi le somptueux palais Doria, espérant que je noie dans ce décor fastueux ma solitude et mes chagrins. Teresa nous y rend visite, mais tu n'as pas l'outrecuidance d'être son amant sous mon propre toit. Tu préfères retrouver les bras de ta maîtresse à Crémone, Milan ou Gênes, où tu vis avec elle une seconde jeunesse. Je sens que je ne pourrai plus longtemps me taire. J'appréhende les semaines où tu m'imposes sa présence sous prétexte de « travailler », et la vue de vos échanges épistolaires quand vous êtes séparés me brise le cœur : leur nombre est de plus en plus élevé, et elles sont toujours signées « Aïda » de ses mains. Je te laisse un message un soir par dépit sur le coin d'une enveloppe qui contient une liasse de lettres de Teresa : « Seize lettres ! En si peu de temps ! Quelle

activité ! » Nous n'avons plus de discussion
d'aucune sorte, nous ne communiquons presque
plus du tout. Cela me manque, mon Peppino. Les
jours défilent, je me vois vieillir, impuissante face
à cette femme plus jeune, plus belle, plus vivante
que moi.

Après le séjour passé au palais Doria, tu te prépares pour ta tournée européenne au cours de
laquelle tu dois diriger le *Requiem* que tu viens de
composer et plusieurs représentations d'*Aïda*. La
troupe quitte Milan pour Turin le 10 avril 1875, et
ensuite pour Paris. Je vous accompagne bien évidemment. Nous nous installons à l'hôtel de Bade,
dans une suite juste à côté de celle de Teresa. Elle
est un peu ébranlée par un échec retentissant,
essuyé quelques mois plus tôt à Rome où elle a dû
sortir de scène en s'excusant auprès du public, sa
voix lui ayant fait défaut. Je la rassure en lui relatant
mes expériences personnelles, mes échecs et mes
succès, mes nombreuses déconvenues souvent rat-
trapées par des gloires éphémères. Après trois
concerts à l'Opéra-Comique où est joué le *Requiem*,
nous partons pour Londres pour une seule date.
De là, nous nous rendons ensuite à Vienne le 3 juin.
Nous avons une suite à l'hôtel Munsch, tout près
de celle de Teresa une fois de plus. C'est Ricordi
qui, sous tes ordres, Giuseppe, a réglé toutes les
questions d'ordre pratique durant le séjour, jusqu'aux menus : chaque jour, un déjeuner et un
dîner seront servis pour trois dans l'appartement
de la diva. C'est à cette époque que je situe notre

« ménage à trois ». Pour le 5 juin, date d'anniversaire de ma rivale, le dîner est des plus festifs : j'ai rarement vu une telle profusion de plateaux de crustacés, de mets délectables et de vins de grands crus. Je n'ai pas le souvenir d'avoir ainsi été fêtée par mon mari. J'ai souvent envie de quitter la table tant les échanges de regards entre toi et Teresa sont éloquents, mais je ne veux pas vous faire ce plaisir. Je reste jusqu'à la fin de la soirée et c'est avec moi que tu rentres et avec moi que tu dors.

Piètre victoire d'une femme qui a pourtant déjà perdu la partie.

Le 19 juin, a lieu la première d'*Aïda* à Vienne. Sans doute s'agit-il d'une de tes créations les plus originales. Tu obtiens une fois de plus un immense succès. Tu es reçu comme un véritable chef d'État à la cour impériale et es même décoré par François-Joseph en personne, juste avant de partir pour Venise.

Votre bonheur est souvent gâché par ma présence mais quelle satisfaction puis-je tirer de tout cela : je ne ressors certainement pas grandie de ce ménage à trois ni à tes yeux ni aux miens. Ni bientôt aux yeux de tous.

Corticelli, le sourire aux lèvres, me met entre les mains, un jour de novembre 1875, un exemplaire de la revue *La Rivista Independente,* une publication florentine spécialisée dans les scandales de célébrités. Elle rend publique la liaison de Giuseppe et de Teresa, la mettant en scène dans une affaire de portefeuille perdu, sorte de vaudeville où quatre personnages, Giuseppe, Teresa, Mariani et moi, sont la cible de nombreux sarcasmes. Teresa est

274

traitée de « courtisane en carte », toi Giuseppe de « collégien qui demande à son maître la permission d'aller au petit coin » ; on y parle de ta vieillesse, de ton avarice, et de la voix « rauque et stridente » de ta maîtresse. Moi, je suis décrite comme la « douce moitié » du compositeur, « accueillant à bras ouverts l'orgueilleuse soprano » et l'on tourne en ridicule mon innocence et ma naïveté. Le récit approximatif d'un épisode survenu à Vienne constitue l'intrigue :

Voyez comme ces gens sont corrects ! Ils habitent le même hôtel, le maestro Verdi court chez l'opulente et attirante soprano. Visite platonique peut-on dire ! Voici le couple d'amoureux étendu ou plutôt se détendant, se reposant sur un sofa moelleux ; en vérité, nous ne savons pas ce qu'ils peuvent faire sur ce sofa, s'ils se disputent, s'ils se battent, s'ils se rouent de coups, car la porte de la chambre est fermée. Seulement voilà, dans le feu de leur échange, la Stolz et Verdi ne se rendent pas compte que le portefeuille de Verdi, contenant cinquante mille lires, est tombé de sa poche. Échappant à l'attention des deux protagonistes, le portefeuille a glissé sur le sofa. Les deux lutteurs se calment. Verdi rentre dans sa suite et la Stolz reste chez elle pour vaquer à ses occupations. Bientôt Verdi constate qu'il a perdu son portefeuille et commence à ameuter le personnel de l'hôtel.

Tu as en effet perdu ton portefeuille à Vienne et tu as diligenté un inspecteur pour le retrouver : tu m'as dit que ledit portefeuille avait été retrouvé dans le salon de l'hôtel où tu avais l'habitude de lire ton journal, juste avant de te rendre à tes répétitions.

L'histoire a très vite fait le tour de Milan, et notre couple est durant l'hiver la risée de tous. Je reçois beaucoup de lettres de personnes m'assurant de leur amitié et de leur estime envers la femme bafouée que je suis. Ces courriers me vexent terriblement. Il est maintenant de notoriété publique que tu me trompes. Je ne laisse à aucun moment Teresa se douter de la douleur que suscite en moi votre liaison et lui garde en apparence mon amitié, mais je règle mes comptes avec toi, Giuseppe, responsable principal de ce malheur dans ma vie. Tout d'abord, je te demande que nous déménagions à Milan. Je veux ainsi t'éloigner de Teresa qui ambitionne de s'installer à Busseto et qui t'a déjà demandé d'y chercher une habitation pour elle.

Au printemps 1876, a lieu à Paris la représentation d'*Aïda* avec la Stolz dans le rôle-titre ; le succès est considérable et l'œuvre est prolongée et représentée trente-six fois ! Je laisse un soir exploser ma colère après une représentation : tu ressors aussitôt et passes la nuit à l'extérieur. Je m'exile trois jours seule en Normandie.

Nous reparlons de la situation après notre retour à Sant'Agata et tu me dis clairement que tu es incapable de réfréner les élans de ton cœur à l'égard de cette femme, et que je dois accepter cet état de fait ! Tu ne veux plus que j'en parle de nouveau, et me menaces de ta colère le cas échéant.

À l'automne de la même année, Teresa passe trois semaines chez nous à Sant'Agata. Je suis de moins en moins capable de rester amicale avec elle :

elle se conduit en favorite du maître et, depuis peu, elle prend ses aises sans aucun ménagement pour moi. À plusieurs reprises, je dois lui faire comprendre que je resterai encore longtemps la maîtresse de maison. Le climat entre nous demeure malgré tout amical : nous avons des conversations animées sur bien des sujets, et nous rions même parfois comme des amies ! Si j'en crois ses dires, elle n'a eu aucun état d'âme à refuser la proposition de mariage de Mariani, quand bien même l'état de santé de ce dernier décline. Je comprends qu'elle est une ambitieuse, gouvernée par l'intérêt davantage que par les sentiments. Devenir la compagne d'un homme aussi illustre que toi, Verdi, est favorable à sa carrière ; elle souhaite aller toujours plus loin et toujours plus haut. Mais tant que je serai vivante, j'empêcherai votre amour de s'épanouir. Je sais être patiente. Hélas, lors d'un séjour chez nous à Sant'Agata, je suis incapable de supporter plus longtemps votre amour adultérin sous mon propre toit et je pars à Crémone chez Barberina ma sœur, juste après t'avoir fait une mémorable scène.

Je n'ai qu'elle à qui je peux confier mon malheur. Je sais qu'elle m'écoutera sans me juger. J'ai fui ma propre maison pour échapper à ma désillusion. Je t'aime de toute mon âme, tu es resté pour moi l'amour des premiers jours. Je t'ai donné ma vie et j'ai bu jusqu'à la lie ton ingratitude.

Après que je suis partie, Teresa a souhaité rompre avec toi. Elle ne veut pas susciter autant de dégâts dans ta vie. Par ailleurs, Saint-Pétersbourg lui a fait des propositions alléchantes récemment et elle pense aller faire carrière à l'étranger où on la réclame, craignant que sa popularité ne soit en baisse dans son pays. Tu souhaites la suivre mais elle ne l'accepte pas :

— Non Giuseppe ! Je veux m'affranchir de toi. Je n'arrive plus à assumer notre situation. Je ne peux accepter de faire souffrir autant Giuseppina ; j'ai appris à la respecter malgré tout. Je n'y peux rien, je suis désolée. Et puis l'ampleur de ton amour pour moi m'effraie.

— Teresina, mon amour, dis-moi la vérité : m'aimes-tu comme je t'aime ? Dis-tu tout ça par esprit de sacrifice parce que tu refuses de voir souffrir Peppina ?

— Je te dis cela parce que je sais, Giuseppe, que jamais tu ne quitteras ta femme, et moi je souhaite faire ma vie avec un homme qui ne soit qu'à moi. Et puis, je ne suis pas sûre de t'aimer autant que tu m'aimes... La passion ne dure de toute façon qu'un temps. Je préfère partir plutôt que constater le déclin de notre amour. Pardonne-moi.

Tu es interdit. Tu m'avais laissée partir pensant qu'elle serait heureuse de ma rupture, et voilà qu'elle part à son tour.

Teresa disparaît ce jour-là de notre vie. Elle qui était sur le point de mettre un terme à sa carrière de diva pour s'installer à proximité de Sant'Agata, elle accepte les propositions des agents de Moscou et de Saint-Pétersbourg – pour cent mille francs or, une véritable consécration ! – et part en Russie. Je n'avais pas pensé cette issue possible un jour, mais je remercie le ciel de me débarrasser d'elle. Et je retrouve la foi qui m'avait tant manqué ces dernières années. Je me mets de nouveau à prier de tout mon cœur avec beaucoup de gratitude.

Tu viens me chercher à Crémone en me demandant pardon. Nous pleurons dans les bras l'un de l'autre. Tu me pries de revenir à Sant'Agata et de reprendre la vie avec toi comme avant. J'émets quelques conditions car je ne veux plus faire certaines concessions : je souhaite vivre en étant pleinement heureuse. Tu entends mon discours et le comprends. Tu comprends aussi ton erreur – cette femme était sans doute plus intéressée par ta carrière qu'amoureuse de toi – tu t'excuses mais ajoutes que tu conserveras à vie pour elle un respect teinté d'amitié franche et sincère.

En mars 1878, nous nous faisons toi, Filomena-Maria et moi une cure à Monte-Carlo des plus profitables, tâchant de jouir de nos retrouvailles. Je retrouve en toi le compagnon fiable, sincère et loyal que j'avais connu. Cette aventure t'a néanmoins fait perdre de ta superbe : je te sens un peu désabusé. Tu as connu l'émerveillement, la passion, la déception puis la résignation à un âge où tu aurais dû apprendre à réfréner tes ardeurs. J'ai pour ma part compris que je ne possède plus ton cœur : seuls nous lient une vieille complicité, un peu de tendresse et un reste d'admiration.

Une série de deuils t'affecte moralement et accentue tes maux de gorge et d'estomac : Piave, le sculpteur Vincenzo Lunardi, Solera. Victor-Emmanuel II et Pie IX disparaissent également début 1878. Tu n'as plus envie de composer quoi que ce soit durant cinq ans : tu veux juste te contenter de gérer ton patrimoine musical en veillant à contrôler tes œuvres par l'intermédiaire d'éditeurs français, italiens et anglais. Jusqu'alors, les règles qui régissaient la propriété des droits étaient on ne peut plus floues, les contrefaçons se multipliaient sans que l'artiste auteur puisse faire quoi que ce soit. Dix ans plus tôt, tu avais eu l'idée de te servir de ton rang auprès de la Chambre pour protéger les droits des auteurs et des compositeurs de musique. L'idée première était d'interdire à tout imprésario de monter un spectacle sans l'accord du compositeur et de l'auteur, ces derniers devant conserver un regard absolu sur chacune de leurs productions. La loi de 1865 a donc stipulé que « l'approbation d'une production par l'auteur devient obligatoire après publication de l'œuvre complète dans une édition imprimée ». Ce qui était considéré dans le milieu comme une avancée gigantesque. Tu t'interroges aujourd'hui sur les problèmes de plagiat des thèmes de tes œuvres. Tu as beau tourner la problématique dans tous les sens, tu dois te rendre à l'évidence que rien ni personne ne pourra jamais empêcher quiconque de copier les bonnes idées.

Les saisons se succèdent et nous naviguons entre Sant'Agata et Gênes où tu es de plus en plus réticent à te rendre, mon Peppino. Très attaché à tes propriétés, tu adores passer des heures à te promener dans le parc et à contempler les arbres que tu as plantés toi-même et à qui tu as attribué un nom d'opéra : le saule « Traviata » est venu s'ajouter à Trouvère et Rigoletto, complétant la trilogie. Je te surprends souvent le front collé à la vitre de ton bureau, perdu dans tes pensées pendant des heures à observer tes terres, oubliant toute notion du temps. Au fil des années, tu as agrandi le domaine autour de notre demeure. C'est Corticelli qui le gère : il veille à en exploiter une petite partie et à donner le reste en métayage ou fermage à de petits exploitants. Tu es donc indirectement à la tête d'une entreprise dans laquelle tu fais preuve d'une grande exigence. Vers la fin des années 1870, l'Italie entre dans une crise agraire terrible. Nous qui vivons confortablement de tes droits d'auteur, nous décidons de manifester notre solidarité envers les déshérités du monde rural. Les pauvres, les vieillards, les malades, les femmes seules, les enfants abandonnés, les paysans qui ne peuvent honorer leur loyer, tous ces gens des alentours de Busseto reçoivent de quoi survivre quelque temps ; je tiens le registre des demandes de secours, et bientôt je suis submergée. Nous tentons néanmoins de répondre à chacune, ce qui occasionne une dépense considérable durant quelques années, mais nous sommes fiers et heureux de pouvoir aider notre prochain et de partager. Et surtout, nous nous sentons de nouveau exister pour une cause où nous sommes réunis.

Tu vieillis. Lorsque je réussis à te faire un peu voyager, tu t'arranges pour écourter nos séjours et vite retrouver tes terres. Nous avons convenu que tu aurais des moments loin de moi, indépendant et libre : tu pars souvent à Milan où tu fréquentes le salon de Clara Maffei, et tes relations nouées depuis vingt ans dans cette ville qui a en partie construit ta célébrité. Je t'accorde ces instants de liberté dont tu as tant besoin et me résous à employer mon temps libre à prendre soin de moi : je pars de mon côté en cure sans toi, vais souvent à Crémone, lis énormément, apprends pour le plaisir des langues étrangères comme le russe, joue du piano, me déplace pour acquérir des meubles et autres éléments de décoration pour notre appartement de Gênes ou invite des amis de toujours à me tenir compagnie. J'ai compris que tu n'es pas un homme qu'on musèle et qu'on possède. Non, tu es épris de liberté d'action et de pensée et qui ne le comprend pas risque de te perdre. J'en prends mon parti afin de ne jamais retrouver à mes côtés le compagnon irascible et odieux des cinq dernières années. Toi comme moi, nous nous en accommodons.

Nous sommes obligés de nous séparer de Corticelli, dont nous découvrons qu'il est l'auteur de malversations financières : il a pour habitude de profiter de son ascendant sur le personnel féminin pour gérer l'argent de certaines domestiques et parfois le détourner, comme il vient de le faire avec ta cuisinière bien-aimée. Corticelli, bien qu'il ait été ces dernières années mon unique vrai confident, me déçoit profondément par cette aventure. Je m'attendais à plus de noblesse de sa part. J'ai jusque-là tout fait pour le protéger, mais je ne peux faire plus. Et je ne peux que lui adresser – après son renvoi – de l'argent pour qu'il ne tombe pas dans la misère la plus absolue. Je prends conscience après son départ que son amitié a été vraiment nocive pour notre couple, Giuseppe.

Teresa nous adresse à peu près deux courriers par an durant les quatre ans qui suivent, nous tenant informés de l'évolution de sa carrière. Les années ont passé, ma rancœur s'est estompée et je garde un profond respect pour elle et la façon qu'elle a eue de tirer sa révérence, pressentant sans doute une issue fatale à notre trio. Je lui écris un matin, lui témoignant mon amitié sincère et lui proposant de la revoir. Je t'en parle et constate que tu as vraisemblablement tiré définitivement un trait sur cet amour : tu acceptes de bon cœur de retrouver celle qui avait enflammé ton cœur quelques années plus tôt.

Nous la revoyons à Paris en février 1880. Nous logeons à l'hôtel de Bade, notre fief, boulevard des Italiens. Je la retrouve avec plaisir tous les matins et nous nous promenons, sillonnant les Grands Boulevards tandis que tu répètes *Aïda* à l'Opéra pour une représentation le 22 mars qui va être un triomphe et qui te sacrera grand officier de la Légion d'honneur.

Tu es aimable mais garde tes distances par rapport à Teresa. Je vois bien que vous n'éprouvez plus l'un pour l'autre que respect mutuel et amitié désintéressée. Pour ma part, je suis fière d'avoir su te pardonner et de m'être fait une amie sincère. L'amour valait mieux que la haine.

Derniers applaudissements

Les saisons s'enchaînent sans se ressembler vraiment. Milan, Gênes, Paris, parfois Crémone. Notre petite Filomena finit ses études en 1876 et se fiance presque aussitôt à Alberto, le fils du notaire Angelo Carrara, petit-fils de Giuseppe Demaldè, ton grand ami, Peppino. Le mariage est célébré en 1878 dans la petite chapelle de Sant'Agata, et notre fille d'adoption part s'établir à Venise, où nous pouvons aller la retrouver de façon très régulière. Nous sommes tous les deux heureux pour elle : en octobre 1879, naît une petite fille qu'ils prénomment Giuseppina, et que tu appelles « Pépen' » avec toute la tendresse et la gentillesse qu'un grand-père peut avoir pour sa petite-fille. Moi, je me découvre en grand-mère affectueuse et patiente.

Les jours s'ajoutent aux jours, les regrets aux regrets. Je pense toujours à mes enfants : si Camillino et Adelina ne sont plus de ce monde, Sinforosa devrait encore être en vie. Malheureusement, je ne peux plus me manifester auprès d'elle depuis qu'elle a été adoptée et il ne me sera jamais possible de la rencontrer un jour ; elle est âgée de quarante ans, et est sans doute établie, mariée et maman. Je lui souhaite tellement ce bonheur. Oh, comme j'aurais aimé la serrer sur mon cœur rien qu'une fois...

Un jour, je te dirai tout Peppino. Absolument tout. Si je me suis tue durant toutes ces années, c'est plus par honte de mon passé que par volonté de dissimulation. J'aurais dû être autrement récompensée de m'être donnée à la scène avec autant de force et de détermination. Je devrais être fière et non honteuse, fière du chemin que j'ai parcouru, car je ne le dois qu'à moi. En te rencontrant Giuseppe, j'ai voulu faire table rase de mon passé pour te mériter. Et je ne regrette pas ce renoncement, même si c'est tout un pan de ma vie, de ma personnalité et de mon âme que j'ai condamné. Aujourd'hui cependant, je suis aux portes de la vieillesse et je comprends mieux où se situent les vraies valeurs de la vie : dans l'amour assurément, l'amour de l'autre mais aussi de soi. J'ai su aimer, j'ai su donner, tellement que je me suis oubliée, peut-être même perdue. En reniant absolument tout de mon passé jusqu'à mes propres enfants, c'est moi-même que j'ai reniée et en me reniant, je n'ai pas su m'aimer. Mon bonheur ne peut donc pas être complet. Il ne me reste plus qu'à retrouver la foi et prier Dieu, le prier d'être indulgent, le prier d'être compassion et pardon à mon égard. Car ce que j'ai fait, je l'ai fait à contrecœur et je l'ai payé au prix d'une grande souffrance. Et aujourd'hui que le mal est fait et qu'il est trop tard, il ne me reste plus qu'à attendre la mort patiemment. Peppino, tu es et resteras l'amour de ma vie, malgré toutes les difficultés que nous avons traversées. Le 21 avril 1880, je t'écris alors que tu es resté à Paris pour la représentation d'*Aïda* :

> *Non seulement, tu es le même homme de génie qu'il y a six mois, mais tu es le même homme que j'ai connu à l'époque de* Nabucco *et des luttes artistiques ! La différence est la suivante : jadis il fallait à la foule de bonnes lunettes pour voir l'astre qui montait dans le ciel, aujourd'hui que cet astre éclaire partout où il se montre, tous veulent être éclairés pour se faire voir et chacun aimerait être plus éclairé que les autres afin d'être remarqué. [...] Laissons donc le chœur de louanges s'élever jusqu'au ciel pourvu que tu me prennes avec toi. Tu verras que je ne t'assourdirai pas, je te dirai seulement, émue et à voix basse, que je t'aime et que je t'estime [...], je te salue, je t'embrasse et t'étreins. Je te souhaite un bon appétit et j'espère te voir arriver très bientôt parce que je t'aime toujours follement et parfois, lorsque je suis de mauvaise humeur, je suis prise d'une fièvre aimante qu'aucun médecin n'a jamais observée, pas même Todeschini. Que de bêtises, je t'écris.*

Je t'aime toujours profondément, d'un amour hors du commun, entier, pur et intègre. Mais toi, as-tu vraiment su m'aimer ? Je préfère balayer cette interrogation chaque fois qu'elle se présente à mon esprit : je ne t'ai pas suffi, tu me l'as prouvé. Mais je suis indispensable à ta vie. N'est-ce pas là tout ce qu'une femme peut espérer d'un homme qu'elle adule ? Je me suis progressivement murée dans un mutisme dont je ne parviens pas à sortir. Nous continuons à recevoir quelques amis à Sant'Agata, mais de moins en moins du fait des décès successifs. Nous nous forçons à conserver nos habitudes de villégiature à Gênes et à Paris, mais l'élan n'est plus le même.

L'année 1886 marque une rencontre avec un artiste de grand talent à qui j'ai aussitôt donné toute mon estime et mon affection : Giovanni Boldini, un compatriote rencontré à Paris, alors que tu y étais pour travailler les répétitions d'*Otello*. Je t'ai accompagné à reculons, tant mes rhumatismes me font souffrir.

Tu as bien fait d'insister pour que je te suive. Depuis l'hôtel de Bade où nous descendons toujours, nous avons pour habitude d'aller flâner sur les Grands Boulevards à pied, souvent après le petit déjeuner. En ce 25 mars, il fait doux, le printemps arrive. Sur le boulevard des Italiens (au nom prédestiné), nous regardons l'avancée des travaux d'un bâtiment et avançons donc le nez en l'air lorsque tu te cognes avec un homme pressé et encombré de toiles et de chevalets. Giovanni Boldini, alors en retard à une séance de travail chez une comtesse à quelques pas de là, se hâtait sans trop regarder non plus devant lui. Dans la collision, des croquis s'envolent et atterrissent sur le trottoir. D'abord en colère, tu apostrophes l'étourdi un peu rudement en italien. Lequel étourdi répond en italien également assez vertement. Outré par son outrecuidance mais l'œil attiré par les esquisses répandues à terre, tu te saisis d'un des dessins et t'exclames :

— Boldini !! Le Boldini dont me parle Muzio depuis deux ans ?

— Muzio ? Le chef d'orchestre ? Vous le connaissez donc ? C'est un de mes plus chers amis ici à Paris !

— Il a été mon élève ! Mon cher Boldini ! Pardonnez mes injures ! Je suis Giuseppe Verdi, un grand admirateur de vos œuvres !

— Ça alors ! Verdi ! Je suis enchanté de vous rencontrer enfin ! Je suis moi-même un inconditionnel de votre musique ! Je suis presque flatté d'avoir été insulté par vous !

Les deux hommes ne se lâchent plus la main, sous l'effet de la surprise et du plaisir de s'être trouvés aussi fortuitement. Tu ramasses machinalement une paire de gants que Boldini a fait tomber dans la collision tandis que Boldini te remet ton écharpe blanche. Tu me présentes et m'expliques que Muzio a cherché à vous réunir depuis des années, sans que vos agendas ne le permettent. C'est le destin qui te met sur son chemin ! Boldini a apparemment esquissé un portrait de Muzio saisissant et tu étais très désireux de connaître celui qui était ainsi capable de saisir l'âme humaine.

— Mais dites-moi, à quel hôtel êtes-vous descendu ? Je suis relativement en retard à un rendez-vous, je ne peux m'attarder, mais peut-être peut-on se revoir ?

— À l'hôtel de Bade, nous y sommes encore quelques jours, peut-être dix ou quinze jours.

— Dans ce cas, peut-on s'y retrouver ce soir ?

— Ce soir, nous nous rendons au théâtre du Vaudeville, peut-être pouvez-vous vous joindre à nous ? J'y ai ma loge, vous êtes mon invité. Retrouvons-nous à l'hôtel à dix-huit heures ?

C'est ainsi qu'est née une belle et franche amitié entre deux artistes italiens : vous avez assurément beaucoup de choses en commun. Les toiles de Boldini sont fascinantes. Grand adorateur de la femme, il affirme que chacune recèle une beauté personnelle. Même si elle ne correspond pas parfois aux critères de beauté courants, une femme peut avoir un charme extraordinaire si elle est en accord avec elle-même. Bon nombre de ses modèles sont des femmes de riches industriels ou bourgeois : il sait sublimer la beauté de chacun de ses modèles ou très bien – quand c'est le cas – faire ressortir l'âme impure de ces duchesses ou comtesses. L'exclamation « Quelle jolie femme ! » peut s'appliquer à toutes ses toiles. Pour moi, Boldini est un maître dans l'art d'aimer une femme.

À dix-huit heures précises, il nous attend au grand salon de l'hôtel. De petite taille, une fine moustache, un sourire permanent sur ses lèvres fait écho à une lumière amicale dans ses yeux. Au cours de la conversation, il nous confie qu'il a besoin d'écouter de la musique pour peindre : le piano l'inspire beaucoup, le violoncelle aussi et le clavecin est ce qu'il préfère.

— Cher Verdi, accepteriez-vous de poser pour moi avec votre chapeau haut de forme et votre étole blanche ?

— C'est que... je déteste poser !

— Faites-le pour moi, s'il vous plaît. À l'automne s'ouvrira une exposition où je pourrai faire figurer votre portrait. J'en serai tellement heureux et je suis sûr que cela augmentera votre popularité auprès du public parisien.

— Oh mon Peppino, dis oui, c'est une excellente idée !

Je t'encourage à saisir cette proposition. En trinquant, vous convenez de vous retrouver dès le lendemain à l'atelier du peintre. Ce portrait, esquissé le 26 mars sur la toile, Boldini l'exécutera au pastel le 9 avril 1886 en seulement cinq heures. La toile fera quasiment le tour du monde. Elle sera maintes fois copiée. Boldini nous fera l'honneur de nous l'offrir sept années plus tard. Entretemps, il l'aura copiée deux fois pour les nombreux salons auxquels il participera. Le portrait connaîtra un véritable succès à l'exposition et circulera dans bon nombre d'autres expositions, telle que celle de Bruxelles en 1897 et à la première biennale de Venise. Ce portrait de toi est celui qui restitue le plus fidèlement ta noblesse et ta grandeur d'âme, ta finesse et ton expression altière. Malgré tes soixante-treize ans, tu es encore jeune et séduisant. Un Giuseppe à la fois grandiose et touchant : le bleu-gris de tes yeux, le regard dans le vague et l'air à la fois soucieux et empreint de nostalgie exprime à lui seul toutes tes années de souffrance, tes bonheurs et tes désenchantements, tes drames et tes victoires et tes nombreuses revanches.

Mais ce portrait est bien plus encore, car il se fait l'écho de tous les sentiments que j'ai pour toi au fond de mon cœur.

Boldini, ce premier soir à l'hôtel de Bade, me dit ceci, à un moment où tu t'es momentanément absenté :

— Bien chère Giuseppina, je devine en vous la femme d'excellence qui a su transcender le génie de son compagnon. Sans vous, Giuseppe ne serait assurément pas ce qu'il est aujourd'hui. Laissez-moi rendre hommage à la femme que vous êtes en vous dessinant, vous aussi...

— Oh, Giovanni, je suis très touchée, mais je ne saurais accepter. Giuseppe ne m'a pas attendue pour être grandiose, je n'ai fait que lui prodiguer mon admiration pour tous ses chefs-d'œuvre.

— Justement, un portrait de vous serait un juste hommage à ce que vous avez fait pour lui et pour tous ceux qui aiment sa musique aujourd'hui. Laissez-moi juste saisir votre âme, celle de la canta-trice peut-être, presque plus que celle de l'épouse ? Il y a tant d'émotions dans votre regard que je sou-haiterais les coucher sur la toile.

— Cantatrice, vous me parlez là d'une époque révolue mon ami. Oubliez mon portrait, mais des-sinez-moi auprès de lui. Aujourd'hui, je lui dois beaucoup. C'est Giuseppina sans Verdi qui ne serait rien.

— Avec tout le respect que j'ai pour le maestro et Dieu sait combien j'en ai, permettez-moi de vous dire que vous faites fausse route en raisonnant ainsi. Il est ce qu'il est grâce à votre amour. Vous êtes ce que vous êtes grâce à son amour mais aussi et surtout grâce à vous... Libérez donc cette Giu-seppina exubérante et fascinante qui sommeille en vous !

J'ignore ce qui lui fait tenir ce discours. Connaît-il ma relation avec Verdi ? Pourquoi insister ainsi sur le fait que je ne suis pas rien sans Verdi ? Lit-il donc réellement dans les âmes ? Moi qui aurais dû réagir vivement à son commentaire, pourquoi en comprends-je à ce point le sens et pourquoi ne m'en offusqué-je point ? Bien au-delà de son audace, j'ai perçu la portée amicale et bienfaisante de son intuition. Je suis tout à mes réflexions lorsque tu nous rejoins : nous nous rendons au spectacle comme convenu. Ce soir-là, au théâtre du Vaudeville, la pièce jouée a pour titre *Renée* : elle est tirée du roman *La Curée* d'Émile Zola, un auteur français dont j'aime beaucoup la précision dans la description. Boldini se place juste derrière nous. Il dessine quelques croquis pendant la représentation qu'il laissera à la postérité : Giuseppe et moi, son profil et le mien déclinés en plusieurs esquisses. Il nous les montre avec beaucoup de pudeur à la sortie du spectacle. La vieille dame assise à côté du bel homme aux cheveux gris, c'est moi. Il a saisi mon allure à la fois nonchalante, éprouvée et résignée. Et cela me ressemble parfaitement. Je suis touchée par son geste. Nous décidons d'aller souper tous les trois à la Brasserie des artistes, non loin de là : nous avons tant de choses à nous raconter. Je lui demande ce qui l'inspire et comment il parvient à restituer autant de féminité, d'évanescence et de grâce à ses modèles. Il me répond qu'il aime les femmes avant tout, au-delà des apparences, au-delà de ce qui les met en valeur – les étoffes, les bijoux : ce qui l'intéresse c'est leur âme. Toutes les femmes lui plaisent car l'âme de chacune a quelque chose à lui raconter, quelque chose qu'elles n'expriment pas dans la vie, faute d'oreilles pour les entendre et les comprendre : il est comme un « accoucheur d'âme féminine ».

— Eh bien je m'apprête à être l'un des rares modèles à vous frustrer ! t'exclames-tu.

— Détrompez-vous, Verdi ! Il est certains hommes plus féminins intérieurement que des femmes ! Mais trêve de plaisanterie, comme ma mission est avant tout de coucher sur ma toile la sensibilité et le génie d'une âme, avec vous, je vais être servi !

Boldini devient un de nos plus chers amis italiens de Paris : il nous donnera des preuves de sa fidélité par la suite, en se déplaçant à chaque première représentation à la Scala pour *Otello* en 1887 et *Falstaff* en 1893, et en nous introduisant dans le cercle de ses plus fidèles amis comme Degas, Manet, Sisley ou Caillebotte. Il nous fait connaître cette nouvelle école picturale décriée, le « courant impressionniste », et nous parle avec regrets d'un de ses maîtres, Corot, décédé depuis onze ans. En bons amateurs d'art que nous sommes, nous écoutons avec curiosité les arguments de ces jeunes talents mais nos goûts, mon Giuseppe, continuent de se porter sur un art plus académique. Nous adorons cependant passer des heures à échanger avec eux : leurs perceptions nouvelles du monde qui nous entoure nous amusent, car nous aimons ces artistes qui osent innover et briser les convenances. Degas d'ailleurs te confie un soir que ta musique est le prolongement de sa peinture dans ce qu'elle a de noble, de différent et de réaliste : une musique qui parle autant au cœur ne peut que saisir une réalité des sentiments, comme le font ses toiles qui captent la réalité de la vie.

Je suis tellement fière de toi, et de tout cet appétit artistique : créateur, référent, inspirateur, tu es tout cela à la fois. Et tu ne cesses jamais de composer : j'adore t'entendre la nuit te lever et coucher quelques notes sur une partition. Si nous faisons chambre à part depuis de nombreuses années, nous n'en sommes pas moins désireux de contacts rapprochés. Il suffit que l'un se réveille pour que l'autre accoure aussitôt. Plus jamais toi sans moi ni moi sans toi. Même si l'enthousiasme et la joie sont moins présents.

Quelques événements viennent encore parfois bouleverser la monotonie de notre vie. Le succès d'*Otello* par exemple. Je t'ai rarement vu t'investir autant auprès de ton librettiste fétiche d'alors, Boito, poète admirable pour une œuvre de maturité. Ton style est résolument italien et toujours avec des consonances patriotiques. Ton rival principal, Wagner, a distillé une nouvelle inspiration – germanique – et malgré sa mort trois ans plus tôt, elle continue à influencer la nouvelle génération de compositeurs. Tu cherches de ton côté plus que jamais à confirmer encore le style verdien. Tu te consacres pendant deux ans à ce qui va devenir une œuvre magistrale. Pour les dernières répétitions, tu es dans un état de transe indescriptible. Nous quittons Gênes le 4 janvier 1887 et nous arrivons au grand hôtel de Milan en début d'après-midi. La représentation aura lieu un mois après. La ville a changé. De nombreux travaux d'amélioration urbaine y ont été réalisés. Et surtout, fait notoire et absolument impressionnant, l'électricité a fait son apparition à certains endroits, dont notre hôtel et la Scala. *Otello* inaugure ce nouveau mode d'éclairage de la scène et de la salle, supplantant des siècles d'éclairage au gaz, au pétrole et à la bougie. Le public est ébahi. Nous aussi.

Je ne reconnais plus le Milan de ma jeunesse. Un grand magasin a poussé, « Aux villes d'Italie », semblable aux Galeries Lafayette de Paris. Les premières succursales des grandes banques de dépôt poussent comme des champignons et les sièges d'entreprise industrielle et commerciale fleurissent. Un monde nouveau se développe sous nos yeux. Pour l'exposition universelle, est installée, entre la place du Duomo et les rues qui mènent à la Scala, la galerie Vittorio-Emanuele, sorte d'immense assemblage de fer et de verre, emblématique des technologies de la seconde révolution industrielle qui bat son plein. Autant de transformations et de changements suscitent dans nos cœurs une étrange confusion de sentiments : une nouvelle ère s'ouvre et nous remplit d'excitation, cependant nous sommes également envahis par la nostalgie car nous ne retrouvons aucun visage familier. Adieu Clara Maffei décédée quelques mois plus tôt, adieu Piave, Mariani et tous les autres déjà partis. Quelques derniers fidèles sont encore là : Boito, Ricordi, et Muzio qui nous rejoignent bientôt à l'hôtel. L'effervescence grisante des préparatifs m'électrise moi aussi. Verdi s'occupe de tous les détails et j'aime participer à l'élaboration de cette immense machine à bonheur, même si je le fais de façon très discrète et modeste. Mon Peppino, comme à l'accoutumée dans ces moments-là, tu es d'une humeur massacrante : toute l'équipe redoute tes crises de nerfs et fait profil bas. Tu souhaites prouver à la face du monde lyrique que tu es encore capable, malgré ton âge, de composer un véritable chef-d'œuvre et je t'ai vu haranguer les acteurs, leur hurler tes exigences, allant jusqu'à mimer leur scène en te jetant toi-même par terre, jouant la folle douleur et la rage. Tu décortiques tout, scène après scène, les chanteurs sont exténués mais maîtrisent au final parfaitement leur rôle. Tout est passé au crible. Je ne cesse d'être impressionnée par tout ce travail dont tu es encore capable. Où puises-tu cette énergie ?

La première d'*Otello* est l'un des derniers événements auxquels ma santé déclinante me permet d'assister. J'ai encore en mémoire ton état d'anxiété mon amour, le brouhaha ambiant d'avant-scène, les angoisses multiples des acteurs et enfin la liesse délirante durant la représentation. Le 5 février 1887 couronne une fois de plus le compositeur le plus fou, le plus inventif, le plus perfectionniste de son temps. L'orchestre, toujours au service de l'action et de la voix, intervient comme dans un dialogue avec les chanteurs. L'œuvre débute allegro et conduit à un coup de tonnerre terrifiant. Il faut attendre la troisième mesure pour voir le rideau s'ouvrir et un déluge s'abattre sur un port de Chypre. La tempête se joue aussi bien sur scène qu'au sein de l'orchestre : le spectateur est aussitôt au cœur de l'action. Puissance du chant, envoûtement de la musique, le public vibre à l'unisson !

Le chœur chantant « Fuoco di gioia » recueille des applaudissements nourris. À la fin du premier acte, on vient te chercher dans l'orchestre pour te faire monter sur scène et recueillir tous les vivats du public. Les directeurs d'opéras d'Italie et d'Europe sont quasiment tous dans la salle, les critiques des principaux magazines aussi, sans parler d'amis venus de Paris, de Vienne ou de Prague rien que pour l'événement. Tu dois monter sur scène à chaque fin d'acte. Les plus beaux airs sont bissés. Un tonnerre d'applaudissements vient saluer le tomber de rideau. Comme tu es beau, Peppino ! Comme tes yeux brillent : une lumière de victoire, la fierté de l'accomplissement d'un travail abouti. Je crois que tu pleures de joie. Tes jolies rides autour de tes yeux, le mouvement lent et suave de tes révérences au public, ton inclinaison de tête, ta façon de réfréner timidement un sourire trop franc, le clignement de tes yeux sous le flot d'émotions débordantes, tout cela me ravit le cœur jusqu'aux larmes. Les chanteurs sont longuement applaudis, ainsi que Boito, le librettiste que tu vas chercher par la main. Je suis assise entre Muzio et Boldini au premier balcon côté jardin. Nous sommes fous de joie, submergés par l'émotion. Le public reste là à applaudir de nombreuses minutes le maître et sa troupe. Puis, il arrive quelque chose d'extraordinaire. Quelque chose que tu n'as jamais fait. Depuis la scène, tu me regardes, tu me souris, puis tu m'applaudis en me désignant d'une main, puis posant tes deux mains sur ton cœur. Tout le parterre de la Scala regarde dans ma direction, me sourit, et applaudit à tout rompre ! Je ne m'y attendais tellement pas que je fonds en larmes sans pouvoir contenir un flot d'émotions soudain. Je ne peux pas croire que c'est moi qu'on applaudit. Tu viens de me témoigner devant tous ta reconnaissance, ton estime et ton amour. Être ainsi applaudie, quarante ans après ma toute dernière représentation sur scène, me rappelle toutes mes sensations d'alors : elles s'emparent à nouveau de moi. Je me lève et salue, juste avant de t'envoyer des baisers de mes deux mains. Le public ressent tout l'amour qui existe entre nous, et je vois des larmes couler sur les visages. Je reste debout un long moment, mes vieilles jambes me font mal, mais l'instant est tellement fort, que je passe outre la souffrance pour mieux aspirer toute cette allégresse, ce déluge de reconnaissance et ce flot d'amour gigantesque. Nous sommes trois dans la salle à savoir ce que signifie réellement cet hommage : toi, Boldini et moi. Boldini me prend d'ailleurs la main et la presse très tendrement. Je me tourne vers lui. Son regard signifie : « Voilà un bien juste hommage, tout cela est tellement mérité. » Je me souviens d'avoir pensé à cet instant que je pouvais mourir dorénavant. Et si ces applaudissements ne saluaient pas l'artiste que j'ai été, ils me sont bien plus précieux puisqu'ils m'assimilent à toi.

Tu m'as publiquement consacrée.

Je suis définitivement réhabilitée.

Nous resterons tous deux éternellement liés.

Après avoir retrouvé mes esprits, je te rejoins en coulisses. Je t'embrasse très affectueusement en te félicitant et en te remerciant. Toi, tu as l'air exténué : je vois bien que tu as du mal à revenir à la réalité. Je te conseille d'attendre que le public se disperse pour sortir, et je te propose de rester avec tous nos amis dans ta loge, mais tu as hâte de retrouver l'hôtel où un dîner festif est préparé pour célébrer l'événement. Tu n'écoutes pas mes conseils et tu proposes à Boito, Muzio, Ricordi et Boldini de te suivre jusqu'au Grand Hôtel. À la sortie des artistes, comme je l'ai pressenti, une foule inouïe nous attend. Nous avons du mal à atteindre notre carrosse qui est encerclé par une foule en délire. Certains admirateurs ont dételé les chevaux et veulent nous porter en triomphe jusque chez nous ! Tu as un instant d'hésitation, tu te retournes vers moi et me confies à Boito, lui recommandant de héler un autre véhicule pour rejoindre l'hôtel. Tu montes dans notre carrosse avec Muzio et te prêtes au jeu du public. Arrivé devant l'hôtel, tu te fraies difficilement un chemin jusqu'à l'entrée. Tes admirateurs t'applaudissent encore, te touchent, certains cherchent à déchirer un bout de ton vêtement en souvenir. Une fois dans la chambre, les cris ne cessent pas et le directeur de l'hôtel en personne monte te supplier de te montrer au balcon pour satisfaire ton public ; ainsi il se dispersera plus vite. Il fait très froid, tu n'as pas ton manteau et je demande alors au ténor Tamagno de te relayer pour que tu n'attrapes pas froid. Il entonne l'air du « Esultate » du premier acte et la foule exulte. Loin de se disperser, elle chante et joue de la musique jusqu'à cinq heures du matin ! Pendant ce temps, nous célébrons l'événement dans les salons de l'hôtel, avec toute la troupe et nos amis les plus proches. Merveilleux moment où tu te détends enfin, heureux et fier de ce que tu viens d'accomplir. Nos regards se croisent un instant et tu me prends la main, la gardant dans la tienne durant un long moment tandis qu'on continue de te célébrer.

Après ce triomphe, tu es nommé citoyen honoraire de la ville de Milan. Et la Scala te commande encore un opéra ! Une étoile est née il y a soixante-quatorze ans et continue de briller au firmament de son génie.

Après ce succès d'*Otello* à la Scala, tu préfères te retirer à la campagne, retrouver tes champs et tes arbres pour échapper aux honneurs et hommages qui pleuvent. Avant la générale, le roi Humbert t'a remis la croix de l'ordre de Saint-Maurice et de Saint-Lazare. Il s'agit d'une des plus hautes distinctions dont dispose la Couronne. Tes douleurs d'estomac ont repris de plus belle : curieusement, le temps où tu composes, toutes tes petites douleurs – rhumatismes, insomnies, maux de gorge, d'estomac – disparaissent comme par enchantement. À croire que la création te préserve de tout, même des ennuis de santé.

Tes amis organisent en février 1889 la célébration solennelle de ton jubilé : cinquante ans que tu composes ! Cinquante ans que tu es présent sur la scène lyrique italienne : depuis la première d'*Oberto*. Tu n'aimes pas être le centre d'attraction mais tu es touché par les nombreux témoignages d'admiration et d'amitié sincères. Tu reçois jusqu'à cent courriers par jour que je trie patiemment : je

réponds à tous. Le directeur de la Scala en personne te propose de t'élever une statue aux côtés
de Bellini et de Donizetti : tu refuses tout net sa
proposition, préférant de loin rester dans le cœur
de milliers de gens plutôt que dans le marbre. Ce
qui te préoccupe, c'est de savoir qui va prendre ta
relève pour faire perdurer l'esprit italien dans l'art
lyrique ? Puccini suit d'un peu trop près les traces
de Wagner. Il y a bien Leoncavallo ou encore Mascagni... L'avenir dira si ce sont des compositeurs
de talent.

Dernier acte de la diva

Seule la postérité te préoccupe, mon Peppino.
Tu ne t'aperçois pas de mon long et lent déclin. Tu
vois que je vieillis, tu t'inquiètes parfois pour mes
rhumatismes, mon arthrose et mes troubles respiratoires chroniques mais tu n'aimes pas me voir
défaillante. Tu te plais à me dire que c'est moi qui
t'enterrerai, qu'il ne peut en être autrement. Déjà
avec ton ami Boito, tu te lances dans la composition
d'un nouvel opéra. Ce projet se met en place au
moment du décès de Muzio, atténuant la douleur
de cette perte : ton cher et fidèle assistant devenu
un homme brillant, tellement plus jeune que toi et
déjà disparu. Tu te jettes corps et âme dans
l'aventure de *Falstaff*, inspiré d'une pièce de ton
cher Shakespeare : un opéra bouffe qui met en
scène un chevalier obèse et doit venger l'œuvre qui
a été le seul échec de ta carrière, *Un giornio di regno*.
À la fin de l'été 1892, la partition est achevée. Je
suis heureuse de te voir aussi optimiste et ton dynamisme est communicatif.
Le 9 février 1893, a lieu la première de *Falstaff* à
laquelle je ne peux assister à cause de mon arthrose

qui m'interdit les déplacements. Et tu connais de nouveau une véritable apothéose. Acclamé et accompagné par une foule en délire jusqu'à ton hôtel, tu es accueilli dans le hall par toute une cohorte de hautes personnalités et tu reçois les plus vifs compliments du roi, par l'entremise du ministre Martini. Ricordi et Piontelli, le nouveau directeur de la Scala, sont fous de joie : ils viennent de réaliser la meilleure recette du siècle, quatre-vingt-dix mille lires, un véritable record ! Des milliers de courriers affluent à Sant'Agata, des encouragements, des propositions de production à l'étranger. J'ai beaucoup de mal à faire face mais je mets mon point d'honneur à répondre à chacun. En avril 1894, *Falstaff* est produit au Teatro Costanzi, à Rome et je suis cette fois parmi les spectateurs avec Teresa Stolz, Boito et le couple Ricordi. Le roi Humbert et la reine Margherita, les notables ainsi que tout le public romain te font une véritable ovation. Nous nous rendons ensuite à Paris, où *Falstaff* doit être joué le 18 avril 1894 à l'Opéra-Comique. Le chanteur du rôle-titre se permet néanmoins d'effectuer des modifications qui amputent considérablement ton œuvre ce qui te rend furieux. Nous repartons sur le champ à Sant'Agata, et ne revenons qu'à l'automne où cette fois-ci *Falstaff*, dont la partition a été rétablie en partie, est agrémenté d'un ballet et produit par l'opéra Garnier. Le président de la République, Casimir Périer, donne un déjeuner en ton honneur à l'Élysée, une façon de saluer un artiste italien qui a été fait grand officier de la légion d'honneur française, la plus haute distinction qu'on puisse accorder ici à un étranger. Je suis l'épouse la plus fière qui soit au bras de ce génie dont le talent est consacré par tous. Quels honneurs plus importants peux-tu avoir encore ?

Paris représente tant pour notre couple. Hélas, c'est mon dernier séjour dans cette magnifique capitale. Mes rhumatismes s'accentuent. Il m'arrive de souhaiter m'endormir un soir sans me réveiller le lendemain. À Gênes, je passe des heures derrière l'immense baie vitrée à regarder la mer sans parler. À Sant'Agata, je n'ai même plus de plaisir à me promener dans le parc. Je suis d'humeur sombre et laconique et tu as bien du mérite à me supporter ainsi sans trop te plaindre de moi.

Toi, tu es toujours actif et soucieux de mener à bien des projets qui te tiennent à cœur. Comme cet hôpital que tu as fait construire pour les artistes malades, l'hôpital de Villanova sull'Arda. Tenu par des religieuses, l'établissement est entretenu par la commune et les musiciens actifs. Il a ouvert le 6 novembre 1888 ; nous sommes souvent allés rendre visite à ces nécessiteux qui ne manquaient pas de nous témoigner tout leur respect et leur reconnaissance. Début 1889, après m'avoir concertée, tu avais acheté un terrain à Milan, sur lequel tu avais décidé de faire construire une maison de retraite pour les musiciens âgés n'ayant pas assez de moyens pour vivre comme nous décemment. Tu as financé toute la construction de la Casa di Riposo et as suivi le bon déroulement des travaux. Le frère de Boito, architecte, a conçu l'édifice, achevé en

1899. La cause est noble : tout artiste ayant travaillé par et pour la musique peut couler des jours paisibles dans cette maison. Souvent malades et dans le besoin, ces artistes sont démunis, seuls et dans une grande détresse, passé le temps de la création. L'établissement accueillera ses premiers hôtes en 1902 : jamais je n'aurai le bonheur de le visiter. Au travers de ce projet généreux, tu tiens, presque plus qu'au travers de tes œuvres musicales, à laisser une trace sur cette terre. Je t'ai encouragé vivement en ce sens, et l'ébauche de cette idée remonte même à notre voyage de Saint-Pétersbourg, où la pauvreté nous avait marqués. Parmi tous ceux qui étaient dans le besoin, nous avons choisi de venir en aide à ceux qui faisaient partie de notre monde mais n'avaient pas eu la même chance que nous.

Tu es dans une forme étourdissante par rapport à moi. Tu parais plus jeune que ton âge et tu restes agile et dynamique. Tout début janvier 1897 cependant, j'ai la frayeur de ma vie en te découvrant étendu sur ton lit, immobile et incapable de prononcer le moindre mot. Tu as eu une attaque. Prise de panique, j'appelle Anita, notre femme de chambre et lui demande de préparer à la hâte un café bien serré. La boisson te fait beaucoup de bien, tu te remets petit à petit de tes émotions et quelques jours plus tard tu es de nouveau sur pied. Tu gardes toutefois une légère paralysie faciale durant quelques semaines.

Mon état de santé en revanche se détériore subitement. Je n'ai plus aucun appétit, je maigris à vue d'œil et souffre terriblement de l'estomac. Tu es bien plus présent que d'ordinaire, tentant de me divertir, me parlant sans cesse et m'entourant de tes soins. Consciente de mon état, je t'encourage néanmoins à partir retrouver tes amis à Milan.

L'été 1897 est difficile : je souffre de la trop grande chaleur et je crois voir arriver mes derniers jours. Pourtant dès septembre, je vais bien mieux. Nous fêtons en bonne compagnie tes quatre-vingt-quatre ans, mon Giuseppe. Ce jour-là, la conversation nous amène à parler de nos vœux pour notre enterrement. Je te dis que je souhaite être enterrée à tes côtés dans le cimetière monumental de Milan, la ville de nos gloires respectives. Quant à toi, tu veux être inhumé à la Casa di Riposo. Nous convenons d'un compromis : en fonction du moment où cela arrivera et de l'avancée des travaux de la Casa di Riposo, nous nous ferons enterrer dans l'un puis transporter dans l'autre. Cette idée nous amuse, car nous imaginons les difficultés d'ordre logistique que cela va entraîner : le ton léger dont nous usons masque l'angoisse de l'évocation de notre mort. Je te précise que je ne souhaite pas un trop grand cérémonial : si la vanité a guidé mes premières années, l'authenticité et la simplicité accompagneront ma mort. Tu es fondamentalement d'accord avec moi et tu fais d'ailleurs stipuler dans ton testament que tes funérailles devront également être sobres et solennelles : pas de grande cérémonie nationale. Ta mort est de l'ordre du privé et tu ne souhaites que la présence de tes proches : tes amis, ta fille d'adoption et moi peut-être ? Au fond de moi, je pressens que je disparaîtrai avant toi et je ne me trompe pas. Je ne le redoute pas, je suis même apaisée, confiante en Dieu. Je ne suis pas seule puisqu'Il est avec moi. J'ai alors l'idée de rédiger un courrier qui te sera transmis si je pars avant toi. Un courrier dans lequel je t'avouerai tout au sujet de mes enfants. Cela libérera ma conscience, et j'espère que tu accorderas une partie de mon héritage à mon unique survivante, Sinforosa. Je t'imagine faire les recherches nécessaires pour retrouver sa trace, des retrouvailles chaleureuses où Sinforosa te demande de lui parler de moi. Toi, tu lui parles de la moitié de sou accrochée à son lange et de sa famille d'adoption à qui j'ai versé de l'argent pour qu'elle ne reste pas à l'orphelinat. Je demande au notaire de garder cette lettre sous scellés jusqu'à ma mort et la mentionne dans mon testament. Par ailleurs, je couds dans la doublure de ma robe noire la plus soyeuse – celle avec laquelle on m'enterrera – la lettre d'amour que tu m'as écrite en 1842 lorsque j'hésitais à partir m'installer à Paris : je la connais par cœur et me la suis récitée les fois où j'ai douté de nous.

L'automne me voit décliner de façon vertigineuse. Début novembre, je n'ai plus aucune énergie et je suis alitée toute la journée. Tu me fais patiemment la lecture des journaux, mais je n'entends presque plus. Ta voix me parvient de façon lointaine, ma vue est trouble. Je souffre terriblement des lombaires et des jambes, mais ce qui m'oppresse le plus, c'est ma difficulté à respirer. Le 12 novembre, la fièvre s'empare de moi : des douleurs thoraciques et des difficultés respiratoires me tourmentent jour et nuit. On appelle le médecin du village : il diagnostique une pneumonie aiguë. Puis il demande à s'entretenir en privé avec toi. Quand tu reviens à mon chevet, tu es blême et désespéré. Je devine que le médecin ne t'a laissé aucun espoir quant à une amélioration de ma santé. Je ne te pose aucune question, déterminée à mourir au plus vite. Tu restes auprès de moi dans le lit, me tenant par la main et veillant sur moi comme on veille sur ce qu'on a de plus précieux ; je vais sans doute mourir dans tes bras et cette perspective m'enchante et me soulage. Le lendemain est une journée particulière. Tu ne me quittes pas. Nos repas sont servis au lit, je n'avale rien, n'ayant même pas la force de m'asseoir. J'entends vaguement des paroles, je sens la pression de ta main sur la mienne. Tu es là, c'est ce qui compte le plus pour moi. Je vois arriver dans la chambre Filomena-Maria. Elle m'embrasse, son visage est humide de larmes. Je n'ai pas la force de lui parler, je me contente de lui sourire avec beaucoup d'amour. Mes petits-enfants d'adoption défilent à leur tour, ainsi que leur papa. Tu me laisses quelques heures seule, le temps pour toi de dîner au salon avec ce petit monde, me confiant à ma femme de chambre, puis tu reviens passer la nuit à mes côtés. Je dors jusqu'au lendemain midi, mon sommeil est entrecoupé de très violentes quintes de toux. Je suis à bout de forces, la tête me tourne, et mes souffrances ont comme dépassé un seuil de tolérance.

Puis, tout devient flou. Je suis dans une grande salle, entourée de centaines de visages familiers. Je

revois des têtes du passé, des amants, des adora-
teurs, des amis. Je me fraie un chemin parmi eux,
ils me font une haie d'honneur, me fixent, me dévi-
sagent et me saluent comme pour me dire au
revoir. Leur expression est incroyablement nette et
leur sourire me va droit au cœur : tu es là Giuseppe,
et derrière toi, Cirelli, Merelli, Lanari, ma mère,
mon père, mes frère et sœurs ! Tout au bout, des
petits enfants se tiennent par la main. Je ne les
reconnais qu'une fois à leur hauteur : il s'agit de
Camillino qui a à peu près cinq ans, ma petite Sinforosa et Adelina, toutes petites, marchant à peine.
Je les serre tous les trois très fort sur mon cœur.
L'instant dure longtemps. Je ne veux plus les
lâcher, je leur dis que plus rien maintenant ne
pourra jamais nous séparer, que je suis revenue et
que je vais être une bonne mère. Mais une lumière
blanche m'éblouit, m'aspire et me détourne d'eux.
Je suis entraînée dans un tourbillon, tout s'efface,
tout se dissipe, tout devient noir... Je ne sens plus
mon cœur battre. Et cette musique que j'entends...
cette musique. C'est celle de Papa !

*

Dimanche 14 novembre 1897 à 14 h 32. Tu fermas les
yeux et ne les rouvris plus jamais mon ange. Je restais là,
interdit, à espérer un semblant de souffle de ta bouche que
j'avais si souvent embrassée.
Un souffle qui ne vint pas. Tu étais morte, ma Peppina.
Mon Dieu, allais-je pouvoir vivre sans toi ?
Pourquoi avais-je tant de mal à lâcher ta main ?
Peppina ! Tu allais te réveiller. J'embrassais tes yeux, ta

*main, et ta bouche encore et encore. Tu ne réagissais plus.
La vie avait quitté ton corps. Adieu ma chérie, tu fus une
compagne unique. Sans toi, je n'aurais jamais été ce que
je suis aujourd'hui. Sans toi, je ne serais rien.
Je te dois tant.*

Filomena-Maria me prit doucement mais fermement par
les épaules et m'entraîna à l'extérieur de la chambre. On
allait prévenir les services funèbres, il nous restait à préparer le corps pour la mise en bière. Filomena-Maria me
suggéra d'envoyer des télégrammes aux amis les plus
proches : les Ricordi, Teresa Stolz, qui vint aussi vite
qu'elle le put, les frères Boito. Je n'eus le courage d'envoyer
aucun autre faire-part pour les obsèques de ma Peppina.
La nouvelle de sa mort se répandit néanmoins par
l'entremise des domestiques, et des centaines d'habitants de
la région prirent le chemin de Sant'Agata pour lui rendre
hommage. Après l'avoir haïe, tous avaient appris à
l'aimer et vinrent témoigner de leur respect, de leur estime
et de leur reconnaissance pour elle, pour tout le bien qu'elle
avait fait autour d'elle. Dès six heures du matin, le surlendemain de sa mort, ils arrivèrent à la villa, et restèrent
derrière les grilles, le long du petit pont qui enjambe
l'Ongina qu'elle aimait tant. Ils attendirent, silencieux,
portant des torches. La scène me parut irréelle : la tête
appuyée contre la vitre, je regardai, fasciné et une musique
s'éleva alors dans mon cœur, une musique sublime, qui
rendait hommage à celle qui avait passé cinquante ans de
sa vie à mes côtés.

Elle fut vêtue de sa plus jolie robe de soie et mise dans
un cercueil. Entre les mains, un rosaire. Le jour de son
enterrement, j'attendis le tout dernier moment pour suivre
le convoi jusqu'à l'église. Une haie s'était formée et je

reconnus sur mon passage des habitants reconnaissants, des notables, de hauts fonctionnaires, des conseillers municipaux et des maires de Busseto, Villanova, Cortemaggiore et Parme. Je ne pus m'empêcher de m'arrêter à leur hauteur, de les regarder fixement avec un air de reproche qui leur signifia tout le mépris que j'avais eu pour eux ou leurs prédécesseurs du temps où Giuseppina ne demandait qu'à être acceptée et où elle avait été jugée sur son passé. Les mains dans le dos, la gorge nouée, les larmes aux yeux, ma colère monta. Ils baissèrent tous les yeux. Il était inutile de prononcer le moindre mot. C'était de toute évidence bien trop tard. Je poursuivis ma route. Des enfants des écoles avoisinantes et tous les représentants d'établissements ayant bénéficié des grâces de ma femme offrirent une immense gerbe. À ceux-là, j'accordai un sourire sincère car je savais qu'elle aurait été très heureuse de leur présence. Sa dépouille fut acheminée jusqu'à Milan, en passant par Fiorenzuola, puis Parme. On l'inhuma comme elle l'avait souhaité, avec la plus grande sobriété au cimetière monumental de Milan. Nous n'étions qu'une toute petite dizaine présents. C'est ce qu'elle avait demandé.

Mon cœur était lourd. Cette tristesse ne me quitta plus jusqu'à ma mort, trois ans plus tard, malgré les tentatives de Teresa de se substituer à elle auprès de moi. Giuseppina était et resterait mon unique amour. Personne ne pouvait la supplanter.

Une semaine après l'enterrement, le notaire vint nous lire son testament. Elle me désignait comme unique légataire universel. Des dizaines de milliers de lires étaient destinées à de pieux établissements et à sa famille dont ses frère et sœur Barberina et Davide. Elle donnait quelques bijoux à Teresa. À moi également, avec pour mission de les transmettre à Barberina ou Filomena-Maria après ma mort.

Son testament évoquait également une certaine Sinforosa à qui elle souhaitait transmettre une partie de sa fortune. Mais qui était-elle ?
Sa dernière pensée était pour moi : Et maintenant adieu mon Pasticcio. De même que nous fûmes unis dans la vie, fasse Dieu que nos esprits soient réunis dans le Ciel. Cette ultime enveloppe est précieuse. Je te laisse la découvrir et en aucun cas me juger. Je t'ai aimé de toute mon âme.
Carrara me tendit une enveloppe jaune, sur laquelle il y avait écrit « Pasticcio ». Préférant rester seul, j'allai devant le parvis de la maison, non sans omettre de me vêtir de mon gros manteau noir pour affronter le froid du mois de novembre : j'obéissais inconsciemment à l'ordre qu'elle m'aurait donné si elle avait été là. J'étais brisé, j'avais la gorge nouée. Qu'avait-elle à me dire que je ne savais déjà ? J'ouvris l'enveloppe, je dépliais le courrier. Il y avait quatre pages écrites recto-verso.
Je lus le courrier d'un trait...

*

Le vieil homme avait les mains qui tremblaient quand il termina sa lecture. Une bourrasque de vent souffla et emporta le courrier qui virevolta parmi les feuilles, dépassa Rigoletto le peuplier, Trouvère le grand chêne et se perdit dans les branches de Traviata le saule...

Après tout, là était sa véritable place !

En février 1899, aidé de Filomena-Maria, Giuseppe retrouva la trace de Sinforosa. Cette dernière vivait indigente dans un village près de Modène.

Elle ne s'était pas mariée et n'avait jamais été mère. Incapable de la rencontrer en personne, maintenant que Giuseppina était décédée, Giuseppe demanda à Filomena-Maria d'informer Sinforosa de l'identité de sa mère, de lui remettre certaines coupures de presse sur la carrière de la diva, ainsi que de l'argent lui permettant de finir confortablement sa vie. Souffrant d'une déficience mentale, Sinforosa ne prit jamais la mesure de la nouvelle. Giuseppe demanda à Barberina, la tante de la jeune fille, de veiller sur elle jusqu'à la fin de ses jours. Barberina accepta de bon cœur et s'établit à Modène où Sinforosa décédera en 1919 dans un asile d'aliénés.

Le 26 janvier 1901 au soir, Verdi sombra dans un coma profond. Il s'éteignit le lendemain, un dimanche, un peu avant quinze heures. Les drapeaux furent mis en berne, les monuments revêtus de draps noirs, les rideaux des magasins abaissés. On proclama un deuil national et l'éloge du grand disparu fut prononcé au Sénat et à la Chambre. Verdi avait souhaité dans son testament que ses funérailles soient des plus modestes : il avait écrit qu'elles devaient avoir lieu « au lever du jour ou à l'Ave Maria du soir, sans chant ni musique. Deux prêtres, deux cierges, et une croix suffiront. » Le 30 janvier à six heures du matin, un char funèbre, sobre et modeste, quitta la villa Manzoni. Les parents et les amis les plus proches prirent place autour du corbillard, ainsi que plusieurs nobles milanais et les trois compositeurs de la nouvelle génération Puccini, Mascagni et Leoncavallo. La dépouille fut bénie à l'église San Francesco Di

Paolo puis acheminée vers le cimetière communal .
quelque deux cents personnes formant une double
haie furent autorisées à suivre le cortège. Verdi fut
inhumé aux côtés de Giuseppina en toute simplicité. La chapelle de la Casa di Riposo fut ter-
minée fin février : le gouvernement donna son
accord pour que les deux corps y soient transférés.
Ils furent exhumés le 27 février et les deux cercueils
furent transportés sur un char monumental tiré
par six chevaux, au milieu de centaines de fleurs
et de couronnes : plus de trois cent mille Milanais
suivirent le cortège et plus de huit cents choristes
accompagnés par l'orchestre de la Scala dirigé par
Toscanini entonnèrent le « Va pensiero » de
Nabucco et le « Misere » d'*Il Trovatore*.

Épilogue

Mon Amour,

Quand tu liras ces lignes, je ne serai plus. Il est étrange de concevoir qu'on puisse vivre l'un sans l'autre, nous qui avons été si intimement liés durant plus de cinquante ans. Nous avons partagé notre quotidien, nous nous sommes aimés, bien souvent conseillés, guidés ; nous nous sommes fait du mal aussi et nous nous sommes pardonnés. Mais nous connaissons-nous vraiment ? Aurais-je pu deviner que ton cœur allait me préférer une femme plus jeune alors que tu me déclarais ton amour comme aucun homme ? Oh, mon cœur, comme j'ai souffert, mais comme aussi j'ai compris mes erreurs. Et comme je m'en suis voulu ! Je t'ai pardonné, j'ai grandi grâce à toi, mais au final, que retenons-nous de notre histoire ? Une renaissance à bien des égards pour toi, pour moi, pour nous. Une histoire de connivence, de même langage musical, une histoire d'admiration absolue mais aussi un immense sacrifice, que je n'ai jamais eu le courage d'évoquer devant toi. Et pourtant mon Pasticcio, et pourtant....

J'ai été enceinte, tu le sais, enceinte d'un fils, Camillino, mon Camillino décédé bien trop tôt. Mais pas seulement. *Mon ventre a connu trois autres gros-sesses dont une qui m'a fait accoucher d'un bébé mort-né. Sinforosa est née peu de temps après Camillino, puis ce fut au tour d'Adelina. Oui, j'ai eu deux filles : la dernière a été emportée par la maladie à l'âge de deux ans. Mais ma Sinforosa vit encore : je l'ai confiée à une famille d'adoption et ai prêté serment de ne jamais chercher à la retrouver. C'était au temps où je manquais d'argent, où j'avais en charge un premier enfant et toute ma famille avec mes frère et sœurs, sur laquelle je devais veiller. J'avais fait la promesse à mon père de m'occuper des miens et de devenir une grande diva. Je voulais qu'il soit fier de moi, tu comprends ? Lorsque je t'ai rencontré, tout m'a paru clair. J'avais longtemps été dans l'erreur. J'ai compris mes fautes mais mes enfants faisaient partie d'un passé dont j'avais honte. Ils n'y étaient pour rien, ils n'avaient pas demandé à naître, mais ils étaient nés impurs car hors mariage. J'ai cherché à leur donner un statut social avant de les laisser à leur destin. Camillino devait être sculpteur et vivre d'une rente que je lui avais allouée jusqu'à son indépendance, Sinforosa devait avoir un mari et une famille : il était inutile que je cherche à entrer dans leur vie sans pouvoir les assumer dans la mienne. Alors je me suis effacée. Et en m'effaçant, c'est mon estime per-sonnelle que j'ai piétinée. Mon cœur de mère. Je tenais tellement à reconstruire ma vie sur des bases nobles et solides avec toi, alors j'ai tu la vérité. J'ai cru que jamais tu n'accepterais mes petits, qui t'auraient rappelé ma vie d'avant. Et j'ai surtout d'abord pensé qu'on aurait des enfants ensemble. Mais nous n'avons pu en concevoir. Dieu m'a punie. Un jour, tu m'as proposé d'adopter Filomena-Maria. Il était déjà trop tard pour tout t'avouer. Finalement, rattrapée par mes regrets et mon amour maternel, traversant des périodes de remords et de résignation, je me suis juré de t'écrire ce courrier que tu ne découvrirais qu'au moment de ma mort. Ne me juge pas mal mon amour, sache que j'ai souffert plus qu'aucune mère. Alors ce que je m'apprête à te demander ne dédouanera jamais mes années d'absence, mais je t'en prie, continue jusqu'au bout cette lecture et tâche de comprendre la motivation de ma requête : Sinforosa vit encore. Retrouve-la. Parle-lui de moi. Dis-lui combien elle compte dans mon cœur. Et donne-lui une part de mon héritage pour qu'elle coule des jours paisibles. Je l'ai empêchée de connaître mon existence, mais maintenant que je ne suis plus, je n'ai plus à redouter son rejet. Qu'elle profite au moins d'un confort matériel.*

Comme je t'en ai voulu souvent de ne pas comprendre le sacrifice que je m'imposais pour notre amour, quand toi tu ne te souciais que de ta carrière. Ce ne sont pas là des reproches mon Pasticcio. Je t'ai aimé pour ce que tu es : j'ai été ce que je suis et tu m'as aimée en retour à ta mesure. Et Dieu sait combien tes mesures en général sont harmonieuses.

Je termine ce courrier en te disant merci, malgré tout. Merci de m'avoir aimée ; merci de m'avoir défendue auprès de ton père, des notables et des habitants de Roncole et ses alentours, merci de m'avoir portée et supportée jusqu'à mon dernier souffle. Merci, même si toi non plus tu ne m'as pas suffi. Il manquait mes enfants à mon bonheur. Qui auraient pu être les nôtres aussi.

Enfin je dis merci à la vie. À force de renier mon passé, j'en ai presque oublié ma carrière personnelle. Et

Épilogue

je suis fière d'avoir honoré dignement le monde lyrique italien.

Je m'en vais rejoindre les étoiles, soulagée de savoir que mon secret est enfin levé.

Je t'aime.

Ta Peppina.

À jamais.

Remerciements

Merci Shayan : la force et la confiance que tu m'as insufflées m'ont permis de mener à bien ce roman.

Un grand merci à Alain Duault pour ses encouragements et sa bienveillance, ainsi qu'à Jacques Santamaria pour avoir aussitôt cru en mon projet.

Beaucoup de gratitude envers toi, Mamie, ma première vraie lectrice !

À Jean-Baptiste : parce que tu m'as fait mère d'une petite merveille.

Enfin, un ultime merci à toi, Giuseppina : puisse ton cœur être enfin libéré.

Bibliographie

Merci aux auteurs dont les œuvres m'ont aidée
à orchestrer les fruits de mon imagination.

ARNAUD, Alain, *Alexandre Dumas père et fils : relations
familiales et hommages posthumes,* http://www.histoire
aisne.fr

BRICE, Catherine, *Histoire de l'Italie,* Paris, Hatier, 1992.

CAZZULANI, Elena, *Giuseppina Strepponi,* Lodi, éditions
Lodistraf, 1990.

CONAT, Marcello, *La Strepponi insegnante di canto a
Parigi,* Curci, Rassegna musicale, 1979.

DUAULT, Alain, *Verdi, une passion, un destin,* Paris, Gal-
limard, coll. « Découvertes », 1986.

MILZA, Pierre, *Verdi et son temps,* Paris, Perrin, coll.
« Tempus », 2001, rééd. 2004.

OBERDORFER, Aldo (dir.), trad. Sibylle Zavriew, *Giuseppe Verdi. Autobiographie à travers la correspondance,*
Jean-Claude Lattès, 1984.

PHILIPPS-MATZ, Mary-Jane, *Giuseppe Verdi,* Paris, Fayard,
coll. « Bibliothèque des grands musiciens », 1996.

SERVADIO, Gaia, *Traviata : Vita di Giuseppina Strepponi :
varia saggistica italiana,* Milan, éditions Rizzoli,
1994.

Cet ouvrage a été imprimé
en mai 2013 par

FIRMIN-DIDOT

27650 Mesnil-sur-l'Estrée
N° d'édition : 53181/01
N° d'impression : 117966
Dépôt légal : mai 2013

Imprimé en France

*Cet ouvrage a été composé et mis en pages
par ÉTIANNE COMPOSITION
à Montrouge.*